网络游戏出海合规指南

Video Games Overseas Compliance Guide

孙　磊／编著

知识产权出版社
全国百佳图书出版单位
—北京—

图书在版编目（CIP）数据

网络游戏出海合规指南/孙磊编著. —北京：知识产权出版社，2019.11
ISBN 978-7-5130-6386-9

Ⅰ.①网…　Ⅱ.①孙…　Ⅲ.①网络游戏—知识产权保护—研究—中国
Ⅳ.①D923.404

中国版本图书馆 CIP 数据核字（2019）第 166327 号

内容提要

全书共有四编，分别为韩国游戏政策、韩国与游戏相关的政策、东南亚地区游戏政策、日本游戏政策。作者细致梳理、透彻分析了韩国、马来西亚、泰国、印度尼西亚、越南、印度、日本等国游戏相关的法律、法规、政策，为应对游戏出海实践中存在的风险、问题等提供切实有效的指导和建议。

责任编辑：王志茹　　**责任印制**：孙婷婷
封面设计：汪奇峰

网络游戏出海合规指南
WANGLUO YOUXI CHUHAI HEGUI ZHINAN
孙　磊　编著

出版发行：知识产权出版社有限责任公司	**网　址**：http://www.ipph.cn
电　话：010-82004826	http://www.laichushu.com
社　址：北京市海淀区气象路50号院	**邮　编**：100081
责编电话：010-82000860 转 8761	**责编邮箱**：laichushu@cnipr.com
发行电话：010-82000860 转 8101	**发行传真**：010-82000893
印　刷：北京建宏印刷有限公司	**经　销**：各大网上书店、新华书店及相关专业书店
开　本：720mm×1000mm　1/16	**印　张**：20.5
版　次：2019年11月第1版	**印　次**：2019年11月第1次印刷
字　数：366千字	**定　价**：98.00元

ISBN 978-7-5130-6386-9

/序/

国产游戏如何扬帆出海

我第一次认识孙磊，是在五年前的一个版权法的微信群里，当时大家正在争论一个关于游戏版权的问题。正在不可开交之际，突然一个群友横空出现，他用严密的逻辑和幽默的风格，从本国实践、西方经验的不同角度阐述了自己的见解。我以为他是一位从海外留学归来的高校学者，后来一打听才知道，他和我一样，是位年轻法官，给我留下了很深的印象。

很快，我们成为无话不谈的朋友。孙磊是一位非常优秀的知识产权法官。他潜心研究各类典型的游戏案件，并从中抽出一些有价值的规则，与国外游戏进行比较，组织了多个颇有影响力的调研项目，获得了丰富而有价值的调研成果。迄今为止，他已经出版《网络游戏知识产权司法保护》等专著，在《中国版权》《电子知识产权》《中国知识产权》等期刊上发表多篇与网络游戏相关的文章，2015 年至今已累计发表 60 余万字。

当第一次看到本书的样稿时，我除了震撼，还有佩服。2015 年，我第一次见到孙磊时，他就向我吐露立志要做“中国游戏第一人”，全面研究国外先进的游戏法律规则、理念，更好地帮助我国游戏企业实现做大做强、扬帆出海的目标。当时我虽然非常赞叹，但感觉由于语言、文化上的障碍，此项研究必然是一个难以完成的艰巨任务。没想到，经过 5 年的时间，孙磊铁杵磨针、厚积薄发，使这一目标变成现实。本书涉及韩国、日本、印度、马来西亚等国家的游戏政策，正是我国在游戏产业层面贯彻“一带一路”倡议、大力建设本土游戏产业需要参考和借鉴的。看完书稿，我除了了解到韩国、印度等国在游戏产业方面的过人之处外，更预感到我国游戏企业在借鉴创新的基础上完全可以做到自强于世界游戏产业之林。如今，为了实现更好的职业规划，孙磊离开法院而加入知名律所。我虽感遗憾，但觉得他以后会有更多的精力投入到国家游戏产业的振兴之中。

有志者，事竟成！

上海市第二中级人民法院法官　袁博

2019 年 3 月

目　　录

·第一编　韩国游戏政策·

·第二编　韩国与游戏相关的政策·

·第三编　东南亚地区游戏政策·

·第四编　日本游戏政策·

第一编

韩国游戏政策

韩国游戏产业振兴法、施行令

韩国游戏产业振兴法*

［法律　第 14424 号，2016-12-20 部分修订］［2017-06-21 施行］

第 1 章　总则

（目的）为构建游戏产业基础，明确使用游戏物的相关事项，建立游戏产业振兴和国民健康的游戏文化，以促进国民经济发展和国民文化生活质量提高，制定本法。

第 1 条　（定义）本法使用的用语定义如下。（2007-01-19；2008-02-29；2016-02-03；2016-12-20 修订）

1. “游戏物”，是指利用计算机程序等信息处理技术或机械装置提供娱乐，或者与此相伴的能促进休闲娱乐、学习及运动效果等而制作的影像物，或以使用影像物为主要目的，制作的机器和装置，但下列各项除外：

①射幸游戏商品；

②《观光振兴法》第 3 条规定的观光产业规制的对象；

③文化体育观光部长官明确公告的游戏物和非游戏物的混合物。

1-2　“射幸游戏商品”，是指下列各项根据其结果不同在财产上获得收益或遭到损失的游戏商品：

* 本部分由孟爱华编译，孙磊校对。

①以赌博或红利为内容的游戏商品；

②用偶然的方法决定结果的游戏商品；

③《韩国马事会法》中规制的竞马和模仿竞马的游戏商品；

④《赛车、竞艇法》中规制的赛车、竞艇和模仿赛车、竞艇的游戏商品；

⑤《观光振兴法》中规制的赌场及描写赌场的游戏商品；

⑥除此之外，总统令中规定的其他游戏商品。

2. “游戏物内容信息”，是指关于游戏物内容是否包含暴力性、色情性、射幸性及其程度，以及游戏物运营相关的信息。

3. “游戏产业”，是指游戏物或游戏商品（是指利用游戏物创造的经济附加价值的有形、无形财产、服务及混合产物，下同）的制作、流通、提供使用，及与此相关的服务产业。

4. “游戏制作业”，是指策划或者复制、制作游戏物的行业。

5. “游戏发行业”，是指以进口游戏物（包括原版进口），或者享有、管理其著作权并向游戏提供业者等提供游戏物的行业。

6. “游戏提供业”，是指为让公众能接触使用游戏物而提供游戏的行业，但下列各项除外：

①《观光振兴法》中规制的赌博业；

②《射幸行为的规制及处罚特别法》规定的具备射幸性质、进行射幸行为的设施；

③在第 4 款至第 8 款规定的营业范围外进行营业，以招揽顾客或广告等为目的，依照总统令中规定的游戏种类、方法等给营业场所的顾客提供使用游戏物的；

④第 7 款规定的互联网计算机游戏设施提供业；

⑤属于第 22 条第 2 款规定的射幸性游戏商品，接到驳回等级分类决定后仍提供的。

6-2　第 6 款的游戏提供业中，在一定的实体场所，具备必要设备，提供游戏物的行业如下：

①青少年游戏提供业：设置并向公众提供使用第 21 条规定的等级分类游戏物中“全体可用”游戏物的行业；

②一般游戏提供业：设置并向公众提供使用第 21 条规定的等级分类游戏物中为“青少年不可用”游戏物和“全体可用”游戏物的行业。

7. “网络游戏设施提供业”，是指具备计算机等必要设备，让公众使用游戏物或游戏附带的信息物的行业。但第 4 款至第 6 款、第 6 款-2、第 7 款及第 8 款规定的业务之外营业，为招揽顾客或广告为目的，具备计算机等必要设备，依照总统令中规定的游戏种类、方法等给营业场所的顾客提供使用游戏物或者附属信息物的除外。

8. “复合流通游戏提供业”，是指在同一场所中，经营青少年游戏提供业，或者互联网计算机游戏设施提供业和依本法规定的其他业务或者依其他法律规定的业务的。

9. “游戏物相关事业者”，是指第 4 款至第 8 款的经营者。但第 6 款-3 及第 7 款但书中规定的经营者仅适用于第 28 条的游戏物相关事业者。

10. “青少年”，是指未满 18 岁者（依据《初、中等教育法》第 2 条规定，包括高中在读生）。

第 2 条　（游戏产业振兴综合计划的制定、施行）1. 文化体育观光部长官会同相关中央行政机关的长官，旨在为游戏产业振兴，制定、施行综合计划（下称“综合计划”）。

2. 综合计划中应当包含下列事项：

①综合计划的基本方向；

②游戏产业相关制度和法令的改善；

③激活游戏文化及创作活动；

④建立游戏产业基础和均衡发展；

⑤游戏产业国际合作及进入海外市场；

⑥对非法制作、流通或提供的游戏物进行指导、管制；

⑦游戏产业健全发展和使用者保护；

⑧除此之外，总统令规定的为振兴游戏产业的必要事项。

3. 地方自治组织的长官推进第 2 款第③项至第⑤项规定的事业时，应当提前和文化体育观光部长官进行协商。

第 2 章　游戏产业振兴

第 3 条　（鼓励创业等）1. 政府为鼓励游戏产业相关的创业、优秀游戏商品的开发及游戏物相关设施改进，可以给予创业者及优秀游戏商品开发者必要的财政支持。

2. 政府为鼓励游戏产业，可以对非营利目的的业余游戏物制作活动，提供财政支持。（2011-12-31 新设）

3. 关于第 1、2 款规定的支援程序和方法等由总统令规定。（2011-12-31 修订）

第 4 条 （专业人员的培养）1. 国家或地方自治组织为培养游戏产业相关专业人员，应当树立并执行下列各项计划：（2013-05-22 修订）

①游戏产业相关专业人员供需分析及人员资源开发；

②为培养游戏产业专业人员，强化学界、产业界及公共机关间的合作。

2. 为培养游戏产业专业人员，依据总统令的规定，政府指定大学、研究机关及其他专业机关作为专业人员培养机关，并给予全部或部分教育、训练费用支持。

第 5 条 （推进技术开发）为使游戏产业相关的技术开发和技术水平提高，政府可以推进下列各项事业：

①对游戏产业动向和需要进行调查咨询；

②游戏应用技术研究开发、评价及运用；

③游戏技术转让和信息交流。

第 6 条 （合作开发及研究）1. 为了游戏物或游戏商品的开发、研究，政府应当为建立通过人员、设施、器材、资金及信息等的合作开发和研究而努力。

2. 对于第 1 款规定的促进合作开发和研究者，合作开发及研究所需费用政府可以提供全部或部分财政支持。

第 7 条 （推进标准化）略。

第 8 条 1. 对于游戏物相关事业者，除《产业标准化法》规定的以外，对于总统令规定的游戏物规格等，政府可要求其标准化。

2. 为推进第 1 款规定的标准化事业，必要时政府指定游戏物专门机关和组织实施标准化事业，并对相关机关或组织进行标准化事业所需费用的全部或部分予以支持。

第 9 条 （流通秩序的确立）1. 政府应当建立健全的游戏物及游戏商品流通秩序。

2. 政府应当树立并推进相关政策，以提升游戏物、游戏商品的质量和防止不法复制品及赌博性游戏的流通。（2007-01-19 修订）

3. 为确立游戏物及游戏商品的健全流通秩序和形成健全的游戏文化，市长、郡守（一个郡的行政长官，译者注）、区长可以以游戏物相关事业者为对象，实施总统令规定的一年 3 小时以内的教育。

4. 为形成健全的游戏文化，市长、郡守、区长依据文化体育观光部令规定，将营业秩序、营业环境等优秀的游戏营业场所指定为模范营业所并进行财政支持。若不再符合指定条件时，取消指定，中断支持。

第 10 条　（国际合作及海外出口支持）1. 政府为游戏物及游戏商品进入海外市场，推进下列各项工作：

①在国内举办国际游戏展览会；

②海外营销及宣传活动，招揽外国人投资；

③提供海外出口的相关信息。

2. 政府向第 1 款中各项工作推进者给予全部或部分费用支持。

第 11 条　（现状调查）1. 为树立、实施游戏产业相关政策，政府应当对游戏产业的现状进行调查。（2007-01-19 修订）

2. 关于第 1 款规定的现状调查的对象、方法等必要事项，由总统令规定。（2007-01-19 新增）

第 3 章　游戏文化的振兴

第 12 条　（游戏文化基础的形成）1. 为形成健全的游戏文化基础，政府应该推进下列各项工作：（2007-01-19 修订）

①预防游戏沉溺或助长射幸性、暴力性、色情性等游戏副作用，进行政策制定及施行；

②设置并运营游戏文化体验设施或者咨询、教育等公共目的的游戏文化设施；

③对为形成健全的游戏文化从事经营活动的组织进行财政支持。

2. 为形成青少年游戏文化基础，对第 21 条第 2 款第④项规定的提供青少年使用不可游戏物之外的游戏物的相关事业者，文化体育观光部长官可以推进制定支持政策。（2007-01-19；2008-02-29 修订）

3. 第 1 款、第 2 款规定的推进工作和支持等必要事项，由总统令规定。

第 12 条-2　（游戏沉溺的预防等）1. 为了防止游戏沉溺或预防游戏物的射幸性、色情性、暴力性等（以下称“游戏沉溺等”），政府应该建立并实施下列各项政策：

①为预防和缓解游戏沉溺等，建立、实施基本计划；

②对游戏沉溺等进行现状调查和制定政策方案；

③为游戏沉溺，进行咨询、教育和宣传活动；

④为预防游戏沉溺，资助培养专业人员；

⑤为预防游戏沉溺，对专业机构和组织进行支援；

⑥除此之外，总统令规定的预防游戏沉溺的其他必要政策。

2. 为实行第 1 款规定的事项，文化体育观光部长官应当依据总统令规定，

可以设立预防游戏沉溺的专业机构，并给予财政支持。（2008-02-29 修订）

3. 为预防游戏沉溺，必要时，文化体育观光部长官可以向中央行政机关、地方自治组织，及除此之外的相关法人、组织，以及游戏物相关事业者发出协助邀请。收到协助邀请的机关、组织等如无特别理由，须予以协助。（2008-02-29 修订）

4. 游戏物相关事业者应当配合执行第 1 款规定的上述预防游戏沉溺的政策。

（2007-01-19 本条新增）

第 12 条-3 （游戏沉溺、上瘾的预防措施等）1. 游戏物相关事业者（仅限于通过《信息通信网使用促进及信息保护等相关法》第 2 条第 1 款第①项规定的信息通信网，向公众提供游戏物服务者，本条下同），为预防游戏物使用者游戏沉溺和上瘾，应当采取包括下列各项内容的防止过度使用游戏物的措施（下称“预防措施”）：

①游戏物使用者注册会员时，确认实名、年龄；

②青少年会员加入时获得监护人等法定代理人的同意；

③青少年本人或者法定代理人要求时，对游戏物的使用方法、游戏物使用时间等做出限制；

④对提供的游戏物特点、等级、收费政策等相关基本事项和游戏物使用时间、结算信息等游戏物使用明细，向青少年本人和法定代理人告知；

⑤为防止过度使用游戏物，张贴提示标语；

⑥在游戏使用画面上提示使用时间；

⑦除此之外，由总统令规定的为防止游戏物使用者过度使用的事项。

2. 女性家族部长官依据《青少年保护法》第 26 条规定，对深夜时间段提供时间限制的游戏物的范围是否适当进行评价时，应与文化体育观光部长官协商。

3. 第 1 款中的设置预防措施的游戏物的范围、方法及程序和第 2 款的评价方法和程序，以及除此之外的事项，由总统令规定。

4. 文化体育观光部长官依照总统令规定，可以要求游戏物相关事业者提交与预防措施相关的资料和报告，收到通知者如无特殊理由，应当提供。

5. 对游戏物相关事业者依据第 4 款规定提交或报告的内容，认为预防措施不充分时，文化体育观光部长官可以命令相关游戏物事业者进行改正。

6. 游戏物相关事业者依据第 5 款收到改正命令时，应当在 10 日内将处理结果报告给文化体育观光部长官。

7. 文化体育观光部长官依据第 5 款规定，对预防措施进行评价时，可听取中央机关的长官、专家、青少年、学生家长、相关组织的意见，并公布评价结果。

（2011-07-21 本条新增）

第 12 条-4　（游戏物使用教育支持等）1. 政府对游戏物正确使用教育给予必要的财政支持。

2. 政府应尽力在学校教育中实施游戏物正确使用教育。

3. 为将正确地使用游戏物教育内容纳入《幼儿教育法》第 13 条和《初、高等教育法》第 23 条规定的教育课程中，文化体育观光部长官可向教育部长官发出协助请求。（2013-02-23 修订）

4. 文化体育观光部长官可以将游戏物使用教育委托给相关机关或组织。

（2011-07-21 本条新增）

第 13 条　（知识产权保护）1. 为保护和培养游戏创作活动，政府应当研究游戏物知识产权保护政策。（2011-05-19 修订）

2. 为保护游戏物的知识产权，政府可以推进下列各项事业：

①游戏物的技术保护；

②鼓励为识别游戏和游戏物制作者信息等的权利管理信息标识；

③游戏领域的著作权等相关知识产权的教育和宣传。

3. 政府依据总统令的规定，指定知识产权领域的专业机关或组织，来推进第 2 款规定的各项工作。

4. 为保护游戏物知识产权，必要时文化体育观光部长官可就相关制度的改善和运营合理化向中央行政机关的长官发出协助邀请。（2016-12-20 新增）

（2011-05-19 标题修订）

第 14 条　（使用者权益保护）为保护游戏物使用者的权益，政府应当推进下列各项事业：

①为落实健全的游戏使用文化，进行教育、宣传；

②预防和救济游戏物使用者有可能的损害；

③预防有害游戏物，对青少年进行保护。

第 15 条　删除。（2012-02-17）

第 4 章　等级分类

第 16 条　（游戏物管理委员会）1. 为保障游戏物的道德性和公共性，防止诱导和助长射幸性，保护青少年，防止非法游戏物流通，设立游戏物管理

委员会（下称“委员会”）。(2011-04-05；2013-05-22 修订)

2. 委员会审议、议决下列各事项：（2007-01-19；2007-12-21；2011-04-05；2011-12-31；2013-05-22；2016-05-29 修订）

①游戏物等级分类事项；

②对青少年是否有害的确认事项；

③游戏物的射幸性确认事项；

④是否依据游戏物等级分类来制作、流通和使用提供游戏物的确认等，等级分类事后管理事项；

⑤为保障游戏物等级分类的客观性，进行调查研究事项；

⑤-2 依据第 21 条-3 第 1 款第⑦项进行的教育，游戏物使用者和游戏物事业者教育事项；

⑥委员会规定的制定、修订及废止相关事项；

⑦第 17 条-2 第 2 款规定的委员回避申请事项；

⑧对通过信息通信网提供游戏物或者广告、宣传物，是否构成第 38 条第 7 款的建议改正对象做出判断。

3. 委员会由包含委员长 1 名的 9 名以内的委员组成，委员长为常任。(2007-01-19；2011-12-31；2013-05-22 修订)

4. 委员会的委员由从事文化艺术、文化产业、青少年、法律、教育、传媒、信息通信领域，或者依据《非营利民间组织支援法》在非营利民间组织中活动且对游戏产业、儿童或者青少年具有专业经验的人担任，并考虑总统令确定的性别等事项，由总统令规定的组织机构的领导推荐，文化体育观光部长官委任。委员长从委员中自选。(2013-05-22 修订)

5. 委员长和委员的任期为 3 年。

6. 为使得委员会的业务有效执行，必要时，可设立分支机构。(2007-01-19；2013-05-22 新增)

7. 委员会的构成、运营相关必要事项由委员会规定明确。(2007-01-19；2013-05-22 修订)

(2013-05-22 标题修订)

第 16 条-2 （委员会法律人格等）1. 委员会为法人。

2. 委员会在获得文化体育观光部长官认可后，在主要办事所在地设立登记而成立。

3. 委员会的委员视为理事。

4. 委员会相关规定，除本法和《公共机关运营相关法》规定的以外，适用《民法》中财团法人的规定。

（2013-05-22 本条新增）

第 17 条　（监事）1. 为监督委员会的业务和会计相关事项，委员会设监事 1 名。（2013-05-22 修订）

2. 监事由文化体育观光部长官任命，为常任。（2007-01-19；2008-02-29；2013-05-22 修订）

3. 监事的任期为 3 年。

第 17 条-2　（委员的回避）1. 委员会委员符合下列任一情况，应对审议、决议事项回避：（2013-05-22 修订）

①委员，或其配偶，或曾为其配偶的人，依据第 21 条第 1 款规定就游戏物等级分类等依本法向委员会提出申请的事项（下称“申请”）；

②和委员、或其配偶、或曾为其配偶的人为共同权利人，或者共同义务人关系的人提出申请的事项；

③和委员有亲属关系，或者曾有亲属关系的人提出申请的事项。

2. 申请人有充足的理由认为委员将会做出不公正决议时，可以提交书面事实证明，申请回避。

3. 委员在符合第 1 款任一项或者属于依据第 2 款规定的回避申请事由时，可自己提出对相关事项的审议、决议回避。

4. 第 1 款至第 3 款规定的委员回避相关的必要事项，由委员会规定明确。（2013-05-22 修订）

（2007-01-19 本条新增）

第 17 条-3　（会议录）1. 委员会依照委员会规定制作会议录。（2013-05-22 修订）

2. 第 1 款的会议录依据委员会规定进行公开。但具有商业秘密保护等特别事由时，由委员会会议决议，可以不公开。（2013-05-22 修订）

3. 第 1 款和第 2 款规定的公开的范围、方法和程序等必要事项，由委员会规定明确。（2013-05-22 修订）

（2007-01-19 本条新增）

第 18 条　（事务局）1. 为辅助委员会事务和对等级分类事后管理进行相关检查等，委员会设事务局。（2007-01-19；2013-05-22 修订）

2. 事务局设事务局长 1 名，由委员长获得委员会同意后任命。（2013-05-22 修订）

3. 事务局的有关等级分类事后管理业务的必要事项，由总统令规定；关于组

织和如何运营的必要事项，由委员会规定明确。（2007-01-19；2011-12-31；2013-05-22 修订）

第 19 条 （委员会规定的制定和修订等）1. 在准备制定或修订委员会规定时，应当将制定、修订案等在官报等上预告 20 日以上。对已制定、修订的委员会规定，应当将其在官报等上刊登、公布。（2013-05-23 修订）

2. 委员会在依照第 21 条第 7 款规定决定等级分类标准或者变更时，应当听取青少年组织、非营利组织、学界或者产业界的意见。

第 20 条 （财政支持）1. 委员会运营所需必要经费可由国库补贴。（2013-05-22 修订）

2. 对包含国库预算内容的事业计划，委员会应该事先和文化体育观光部长官商议。（2008-02-29；2013-05-22 修订）

第 21 条 （等级分类）1. 以游戏物的流通或提供使用为目的制作或发行的游戏物者，在相关游戏物制作或发行前，应当从委员会或者依照第 21 条-2 第 1 款指定的事业者处获得游戏物内容相关的等级分类，但符合下列任一项的游戏物除外：（2007-01-19；2011-04-05；2013-05-22；2016-05-29；2016-12-20 修订）

①在由中央行政机关的长官推荐的游戏大会或者展览会等上使用、展示为目的，制作、发行的游戏物；

②由总统令规定的，用于教育、学习、宗教或者公益宣传活动等而制作、发行的游戏物；

③在游戏物开发过程中，用于评测性能、安全性、使用者满意度等的测试用游戏物，由总统令规定的对象、标准和程序等的游戏物；

④删除。（2016-05-29）

2. 游戏物的等级如下分类：（2007-01-19 修订）

①全体可用：任何人都可使用的游戏物；

②12 岁以上可用：未满 12 岁者不可使用的游戏物；

③15 岁以上可用：未满 15 岁者不可使用的游戏物；

④青少年不可用：青少年不可使用的游戏物。

3. 除第 2 款规定之外，由青少年游戏提供者和一般游戏提供者提供的游戏物，分为全体可用和青少年不可用游戏物。（2007-01-19 修订）

4. 委员会应当对等级分类申请的游戏物是否存在射幸因素进行确认。（2007-01-19；2013-05-22 修订）

5. 依照文化体育观光部令规定，对已获得等级分类的游戏物内容进行修改时，应在 24 小时内向委员会申报。若委员会认为修改内容导致需要变更等级时，自收到申报 7 日内，应该通报其为等级再分类对象。收到通报的游戏物，视为新游戏物，应当依照委员会规定的程序，重新进行等级分类。（2007-01-19；2008-02-29；2013-05-22 新增）

6. 依照第 5 款规定，进行需要变更等级分类的修改，不申请新的等级分类或者提供的游戏物与获得等级分类的内容不同时，委员会可以依职权进行调查，或者由游戏物制作者或游戏物发行者申请，进行等级再分类。

7. 依照第 1 款、第 2 款的等级分类标准和第 4 款的确认射幸性标准等相关必要事项，由文化体育观光部令规定。（2007-01-19；2008-02-29；2013-05-22 修订）

8. 委员会为确认游戏物的射幸性，可依照总统令规定进行技术审查。（新增 2007-01-19；2013-05-22）

9. 第 24 条-2 规定，受委托进行等级分类业务的机关（下称“等级分类机关”）的等级分类决定不符合第 7 款等级分类标准时，委员会可以依职权进行等级分类。（新增 2011-12-31；2013-05-22；2016-05-29）

第 21 条-2　（自行等级分类事业者的指定）1. 文化体育观光部长官可以从符合第 2 款规定条件的企业中，在审查下列各事项后，可将其指定为 3 年期间内自行等级分类的企业。该种情况下，文化体育观光部长官赋予其相关业务运营条件。

①自行等级分类业务运营计划的可行性；

②对游戏产业发展和形成健全游戏文化的贡献计划的可行性。

2. 依据第 1 款规定被指定企业应具备如下要件：

①符合下列任一项的法人：

A. 经营游戏制作、游戏发行及游戏提供的企业，最近 3 年间平均销售额超出文化体育观光部令指定的金额；

B. 从事游戏产业和游戏文化振兴业务的，依照《公共机关运营相关法》而设立的公共机关或者非营利法人；

C. 依据《广播法》设立的综合有限广播事业者、卫星广播事业者，或者依据《互联网多媒体广播事业者法》成立的互联网多媒体广播提供事业者。

②配备可自行等级分类的等级分类负责人（指定的企业的高管或者与等级分类相关业务部门的负责人地位相当的人）和专门人员（包括签订业务委托合同的人）。

③委任 2 人以上的对符合第 3 款第②项游戏物等级分类的适当性，提出

相关咨询意见的外部专家。

④为实施自行等级分类业务，建立网上业务处理系统（包括具有连接委员会网络系统的功能）。

⑤最近 3 年，没有因违反本法而受到停止营业以上的行政制裁或者罚金以上的刑罚的事实。

3. 依据第 1 款指定的事业者，可对如下游戏物进行分类。但符合第 21 条第 2 款第④项或者青少年游戏提供业和一般游戏物提供业提供的游戏物除外。

①签订提供或代理游戏物的协议（下称“代理协议”，仅共享玩家信息的协议除外），并提供服务的游戏（包括依据《云计算发展和使用者保护法》第 2 条第 3 款规定，通过云计算服务提供的游戏物）；

②自行等级分类事业者制作的游戏物。

4. 自行等级分类事业者可进行的等级分类业务如下：

①依据第 21 条第 1 款各项外的部分正文规定，等级分类决定及通报；

②依据第 21 条第 5 款规定，受理游戏物内容修改的申请，对等级再分类对象进行通报及处理。

5. 依据第 1 款的指定（包括第 21 条-6 规定的再指定）的必要程序事项和从第 2 款第②项至第⑤项规定的对事业者所需具备要件的详细事项，由文化体育观光部令确定。

第 21 条-3 （自行等级分类事业者遵守事项）1. 自行等级分类事业者应当遵守下列各事项：

①依据第 21 条第 7 款规定的等级分类标准或者和委员会另行协议的标准（包括等级标示方法）自行进行等级分类，但依据第 21 条第 7 款规定的等级分类标准，属于同条第 2 款第④项的游戏物除外；

②依据第 1 款进行等级分类后，让签订游戏物代理协议的事业者进行标示，但该规定不适用于第 21 条-5 第 1 款等级分类情况；

③对属于第 22 条第 2 款规定事由的游戏物，不提供等级分类服务，并将该事实通知给委员会；

④对第 1 款的等级标示和与此相关的服务适当性与否进行确认，直至代理协议终止之日。在代理协议终止时，自终止日起 5 个工作日内将该事实通知给委员会；

⑤为能将依据第 21 条第 1 款进行的等级分类决定（包括游戏物内容信息事项）和同条第 5 款的内容修改申请事项在 5 个工作日内向委员会报告，依据第 21 条-2 第 2 款第④项规定，保持网络系统连接；

⑥执行第 21 条-8 第 2 款和第 21 条-9 第 2 款规定的措施，并将结果报告给委员会；

⑦依据文化体育观光部令规定，等级分类负责人和专门人员每年须接受 4 次委员会实施的等级分类业务培训；

⑧向委员会提交其要求的与等级分类业务相关的资料；

⑨将依据第 21 条-2 第 2 款第③项规定委任专家的工作报告书，在第 10 款规定的评价活动举行前 1 个月提交至委员会；

⑩关于实行自行等级分类业务的适当性，依据文化体育观光部令规定，在获得委员会每年一次的评价后进行改善；

⑪在实行第 21 条-2 第 4 款业务时，不将同条第 3 款第①项规定的游戏物和同款第②项的游戏物进行差别处理；

⑫遵守文化体育观光部令规定的，为维持自行等级分类业务的适当性所需的其他必要事项。

2. 签订代理协议的游戏相关事业者应当遵守下列各事项：

①自行等级分类事业者为遵守从第 1 款第①项至第④项、第⑥项、第⑧项、第⑩项及第⑫项规定，实行相关措施时进行协助；

②依据第 1 款第①项规定获得等级分类的游戏物并非由自行等级分类事业者实际运营的，将该事实通知给委员会。

3. 委员会应当对代理协议终止与否，或者对依据第 2 款第②项流通的游戏物的等级标示情况和相关服务的适当性与否进行确认。

4. 代理协议终止后，通过非自行等级分类事业者提供第 1 款第①项规定的等级分类游戏物时，如果修改游戏物内容，应当按照第 21 条第 5 款进行申请。在此情况下，内容修改的游戏物被看作新游戏，依照委员会规定的程序，委员会应当使其获得新的等级分类。

（2016-05-29 本条新增）

第 21 条-4　（自行等级分类的效力）1. 由自行等级分类事业者进行等级分类的游戏物视为从委员会获得等级分类，但其他自行等级分类事业者想对自行等级分类事业者等级分类的游戏物代理发行时，应当重新进行等级分类。

2. 自行等级分类事业者之间等级分类结果相异的游戏物，由非自行等级分类事业者实际经营流通时，应当按照第 2 条第 10 款规定，标示与青少年标准最接近的等级。

3. 因变更信息通信平台而修改游戏物内容，应限于不需要等级变更的程度，依据第 21 条-3 第 1 款第①项规定，可维持原等级分类效力。但青少年游戏提供业和一般游戏提供业提供的游戏物除外。

(2016-05-29 本条新增)

第 21 条-5 （海外游戏物的使用提供）1. 自行等级分类事业者具备下列各要件时，可以将非国内流通的游戏物（下称“海外游戏物”）向使用者提供，但符合第 21 条第 2 款第④项规定，或者青少年游戏提供业和一般游戏提供业提供的游戏物除外。

①自行等级分类事业者和海外流通事业者就海外游戏物的国内发行签订协议的；

②自行等级分类事业者对海外游戏物进行等级分类的；

③自行等级分类事业者为让用户使用海外游戏时，可以清楚认知游戏等级分类结果而进行标示的；

④自行等级分类事业者应将海外游戏物等级分类结果在 5 个工作日内备案委员会。

2. 依据第 1 款规定，自行等级分类事业者对海外游戏进行等级分类后，其他事业者不得将该游戏提供给使用者。

(2016-05-29 本条新增)

第 21 条-6 （自行等级分类事业者的再指定）1. 自行等级分类事业者指定期间届满后，欲继续进行自行等级分类业务时，应当获得文化体育观光部长官的再指定。

2. 文化体育观光部长官审查下列各事项后，可以就第 1 款中的事项再指定：

①第 21 条-2 第 1 款各项计划的履行与否，将来计划的可行性；

②第 21 条-2 第 2 款第①项规定的标准满足与否；

③第 21 条-2 第 2 款第②项至第④项规定的运营业绩和将来计划的可行性；

④第 21 条-2 第 2 款第⑤项规定的要件符合与否；

⑤第 21 条-3 第 1 款第⑩项规定的改善措施履行与否。

(2016-05-29 本条新增)

第 21 条-7 （取消自行等级分类事业者的指定等）1. 文化体育观光部长官在自行等级分类事业者出现下列任一情形时可取消指定，或者命令其在 6 个月内停止第 21 条-2 第 4 款规定的业务，但符合第 1 款规定情形，应当取消指定。

①通过虚假或不正当方法获得指定的；

②不具备第 21 条-2 第 2 款规定的指定要件的；

③违反第 21 条-3 第 1 款规定的遵守事项的。

2. 文化体育观光部长官依据第 1 款规定，撤销指定或者责令停止业务时，应当依据《行政程序法》举行听证会。

3. 依据第 1 款取消指定的自行等级分类事业者取消指定之前做出的等级分类效力不受影响，但因第 1 款第①项事由取消指定的除外。

4. 文化体育观光部长官在第 1 款第②项、第③项事由发生时，在撤销指定或者责令停止业务之前，可以明确改正方案，劝告自行等级分类事业者 10 日内接受。

5. 文化体育观光部长官在自行等级分类事业者依据第 4 款的改正方案采取措施时，可以不做出第 1 款的取消指定或者责令停止业务命令。

（2016-05-29 本条新增）

第 21 条-8　（职权等级再分类等）1. 如自行等级分类事业者进行等级分类的游戏物属于第 21 条第 2 款第④项情形，或者属于第 22 条第 2 款规定的拒绝等级分类对象的，委员会依文化体育观光部长官的要求或者依职权，可做出等级分类决定，或者取消自行等级分类事业者的等级分类决定。

2. 委员会依照第 1 款做出等级分类决定或者取消决定的情形，应及时通知给自行等级分类事业者。

3. 自行等级分类事业者接到第 2 款规定的通知之日起，应当及时采取相关措施。

4. 文化体育观光部长官在自行等级分类事业者不依据第 3 款采取措施时，可以命令其进行改正。

（2016-05-29 本条新增）

第 21 条-9　（等级调整措施等）1. 在自行等级分类事业者做出的等级分类结果显著违背等级分类标准，或者自行等级分类事业者之间的等级分类结果出入较大时，委员会可以要求自行等级分类事业者调整等级。

2. 自行等级分类事业者依照第 1 款要求，应当采取相关措施。

3. 自行等级分类事业者不实行第 2 款规定的措施时，文化体育观光部可以命令其改正。

（2016-05-29 本条新增）

第 22 条　（等级分类的驳回和通知等）1. 委员会依据第 16 条第 2 款第①项至第④项规定执行业务必要时，可向等级分类申请者要求提交等级审查的必要材料。（2011-04-05；2013-05-22 修订）

2. 依据《射幸行为等规制和处罚特别法》《刑法》等其他法律规定，有本法规制或处罚的行为，或针对机器设备提出等级分类申请，或无正当权利来源或用虚假及其他不正当方法申请等级分类，或对射幸性游戏物申请等级分类，委员会可以驳回。（2007-01-19；2013-05-22 修订）

3. 委员会做出等级分类决定时，将下列各文件送达给申请人，属于射幸性游戏商品的，在做出驳回等级分类决定时应及时将记载决定内容及理由的文件送达给申请人。（2007-01-19；2013-05-22 修订）

①记载游戏物所属等级的等级分类证书；

②记载等级分类义务事项的文件；

③记载游戏物内容信息的文件。

4. 获得等级分类的游戏物依照第 2 款规定属驳回等级分类对象的情况出现时，委员会在得知后应当及时取消等级分类决定。（2007-01-19；2013-05-22 修订）

5. 关于第 1 款至第 3 款规定，文化体育观光部令确定：提交资料的要求标准、程序、方法，等级分类决定、驳回决定及对射幸性游戏物的决定程序，等级分类证书的交付和游戏物内容信息中包含的内容等必要事项。（2008-02-29 修订）

第 23 条 （等级再分类等）1. 对委员会或者等级分类机关依据第 21 条做出的等级分类决定或者依据第 22 条做出的等级分类驳回决定有异议者，在收到决定通知之日起 30 日内，可以向委员会提交记载具体理由的异议申请，再次获得等级分类。（2007-01-19；2011-12-31；2013-05-22 修订）

2. 委员会在收到依据第 1 款规定提出的异议申请后，应当进行审查，认为确有理由的，自受理申请书 15 日内，重新做出等级分类，并将该结果通知给申请人或代理人。审查发现理由不成立的，应当通知理由不成立。（2007-01-19；2013-05-22 修订）

3. 第 1 款和第 2 款规定的申请程序、决定通知等相关必要事项，由文化体育观光部确定。（2008-02-29 修订）

第 24 条 （等级分类的通知等）委员会在做出下列任一决定或者取消决定，或者依据第 24 条-3 第 1 款规定，收到等级分类机关的等级分类决定或者等级分类取消决定的通知时，将结果书面通知给总统令确定的行政机关的长官和第 39 条规定的协会或者组织（下称“协会等”），以及除此之外认为必要的机关、组织，并应当依据文化体育观光部令的规定将内容向社会公布。（2007-01-19；2008-02-29；2011-12-31；2013-05-22 修订）

1. 第 21 条第 1 款规定的等级分类决定或者第 22 条第 2 款规定的射幸性

游戏物的等级分类驳回决定。

2. 第 22 条第 4 款规定的等级分类决定的取消。

3. 第 23 条第 2 款规定的异议申请决定。

第 24 条-2 （等级分类业务的委托等）1. 委员会可以将第 21 条第 2 款第①项至第③项规定的游戏物下列各项业务，委托给由文化体育观光部长官指定的具备总统令规定的人员、设备等的法人。其作为等级分类机关，5 年内可以从事相关业务。

①第 21 条第 1 款本文规定的等级分类决定；

②第 21 条第 5 款规定的内容修改的游戏物申请受理，等级再分类对象的通知和处理；

③第 22 条第 1 款规定的要求申请人提交资料（仅限于第 16 条第 2 款第①项和第②项规定的履行业务时必要的资料）；

④第 22 条第 2 款规定的等级分类驳回决定（射幸性游戏物除外）；

⑤第 22 条第 2 款规定的等级分类决定相关文件的交付；

⑥第 22 条第 4 款规定的等级分类决定的取消。

2. 对第 1 款规定的委托机关，文化体育观光部长官应当在委托期间届满前的 6 个月内，依据总统令规定对其业务执行适当性进行评价。（2013-05-22 新增）

3. 对第 2 款中得到业务执行适当的判定评价的等级分类机关，委员会可在 5 年期限内再委托业务。（2013-05-22 新增）

（2011-12-31 本条新增）（2013-05-22 标题修改）

第 24 条-3 （等级分类机关的遵守事项）等级分类机关应遵守下列各事项：（2013-05-22 修订）

①依据第 21 条第 1 款本文做出等级分类决定，或者依据第 22 条第 4 款做出取消等级分类决定时，10 日内将结果通知给委员会；

②制作包含游戏物每个等级分类申请现状、等级分类决定和驳回决定，等级分类驳回决定时的事由，以及等级分类所需期限等内容的年度报告书，每年 2 月底之前提交至委员会；

③等级分类机关的管理人员和职员每年须接受 10 个小时以内的委员会实施的游戏物等级分类业务必要培训；

④对委员会要求的有关等级分类业务资料，如无特殊事由需提交。

（2011-12-31 本条新增）

第 24 条-4 （等级分类机关的取消指定）文化体育观光部长官对等级分

类机关有下列任一情形时，可以撤销指定或者命令其 6 个月内停止业务。但符合第①项规定情形时，应当取消指定。(2013-05-22 修订)

①以虚假或不正当手段获得指定的；

②第 24 条-2 第 1 款规定的指定要件不具备时；

③第 24 条-2 第 2 款规定的评价中获得否定判断评价时；

④违反第 24 条-3 规定的事项。

(2011-12-31 本条新增)

第 5 章　完善经营秩序

第 1 节　营业的申报、等级、运营

第 25 条　(游戏制作业等的登记) 1. 计划从事游戏制作业或者游戏发行业的，应当依据文化体育观光部令的规定向市长、郡守、区厅长申请登记。但属下列各项任一情形的，可不经登记，直接从事相关业务。(2007-01-19；2008-02-29 修订)

①国家或地方自治组织制作游戏时；

②依法设立的教育机关或者研修机关，以自身教育或研修的目的制作游戏时；

③依据《政府投资机关管理基本法》第 2 条规定的政府投资机关或者政府出资机关为其业务宣传使用而制作游戏时；

④除此之外，制作本身无游戏内容的游戏机器等总统令明确的情形。

2. 依照第 1 款登记的，变更文化体育观光部令规定的重要事项时，应该进行变更登记。(2007-01-19；2008-02-29 修订)

3. 市长、郡守、区厅长在收到第 1 款或第 2 款规定的登记或变更登记申请时，应该向申请人颁发登记证。(2007-01-19 修订)

4. 第 1 款至第 3 款规定的登记和变更登记的程序、方法、登记证的发放等相关必要事项，由文化体育观光部令确定。(2007-01-19；2008-02-29 修订)

(2007-01-19 标题修订)

第 26 条　(游戏提供业等的许可) 1. 计划从事一般游戏提供业的，其核准的标准、程序等由总统令确定，在获得市长、郡守、区长的许可后进行营业，但营业地点不得位于《国土计划与使用相关法》第 36 条第 1 款第①项-1 规定的居住地区。(2007-01-19；2016-02-03 新增)

2. 计划从事青少年游戏提供业或者网络游戏设备提供业的，应具备文化体育观光部令规定的设施，并向市长、郡守、区长进行申请登记，但作为通过网络游戏物的经营者，依据《电子通信事业法》获得许可，或者申报或登记时视为依本法进行登记。（2007-01-19；2008-02-29 修订）

3. 从事复合流通游戏提供业的，应当依据文化体育观光部令规定向市长、郡守、区长申请登记，但依据第 2 款规定已登记的青少年游戏提供业或者网络游戏设备提供业计划从事复合流通游戏提供业时，应当向市长、郡守、区长申请登记。（2007-01-19；2008-02-29；2016-02-03 修订）

4. 依据第 1 款至第 3 款规定，获得许可，或者登记或申报者，要变更文化体育观光部令规定的重要事项时，应当获得变更许可，或者变更登记、变更申报。（2007-01-19；2008-02-29 修订）

5. 市长、郡守、区长收到第 1 款至第 4 款规定的许可、变更许可，或者登记、变更登记，或申报、变更申报的申请时，依照文化体育观光部令规定，应当向申请人发放许可证或者登记证、申报证等。（2007-01-19；2008-02-29 修订）

（2007-01-19 标题修订）

第 27 条　（营业的限制）依据第 25 条和第 26 条规定，欲获得许可，或者登记、申报者，若出现下列任一情形时，将不能获得第 25 条、第 26 条规定的许可、登记和申报。（2007-01-19；2011-09-15；2016-02-03 修订）

1. 依据第 35 条第 1 款、第 2 款及第 38 条第 1 款规定，收到关闭营业命令，或者撤销许可、登记处分，或关闭、收回等措施后未满 1 年或收到停止经营处分后不终止经营者（包括法人的法定代表人或高管），又进行相同行业经营的。

2. 依据第 35 条第 1 款、第 2 款及第 38 条第 1 款规定，收到关闭营业命令，或者撤销许可、登记处分，或关闭、收回等措施后未满 1 年或收到停止经营处分后不终止经营的，在相同场所要进行相同行业经营的。

3. 经营《青少年保护法》第 2 条第 5 款-1 规定的禁止青少年出入或禁止雇佣青少年的营业场所者，计划从事复合流通游戏提供业的。

第 28 条　（游戏物相关事业者的遵守事项）游戏物相关事业者应当遵守下列各事项：（2007-01-19；2008-02-29；2011-04-05；2016-02-03 修订）

①接受第 9 条第 3 款规定的流通秩序等相关培训；

②不得利用游戏进行赌博及其他射幸行为，或者不放任上述行为；

②-2 游戏币的货币单位名称不得和韩国银行发行的货币单位相同，不得

通过体现和游戏物内容密切相关的运营方式或者机器、设备等助长射幸性；

③不得提供赠品等助长射幸性，但对青少年游戏提供业的“全体可使用”游戏物，提供总统令明确允许的赠品种类（玩具和文具类等，不包括现金、商品购物券及有价证券）、支付标准、提供方法等的除外；

④依据第 1 条第 6 款-2 第①项规定，经营青少年游戏提供业者不得提供少儿不宜的游戏物；

⑤经营第 1 条第 6 款-2 第②项规定的一般游戏提供业及第 2 条第 8 款规定的复合流通游戏提供业者的游戏场所应禁止青少年出入；

⑥在游戏物及计算机设备等上设置文化体育观光部长官告示的淫秽物及射幸性游戏物阻止程序或装置，即便未设置阻止程序或装置，使用者亦无法接触淫秽物及射幸性游戏物的除外；

⑦遵守总统令明确的营业时间及青少年出入时间；

⑧除此之外，遵守总统令明确的关于维持营业秩序等的必要事项。

第 29 条 （营业继承）1. 依据第 25 条或第 26 条规定，获得许可的营业者，或者登记、申报的营业者在转让或继承时，或者法人合并时，其受让人、继承人或者合并后存续的法人，或者合并新设法人继承营业者地位。（2007-01-19 修订）

2. 依据第 30 条规定，经停业申报取消许可，或者登记或申报注销者，1 年内在停业场所重新获得同业种经营许可，或登记、申报的，营业者可以延用停业申报前的营业者地位。（2007-01-19；2016-12-20 修订）

3. 依据《民事执行法》规定的竞卖、《债务人重整及破产相关法》规定的折现、《国税征收法》《关税法》或者《地方税务征收法》规定的扣押财产的出售，以及除此之外应当遵守的法定程序，营业者的设备、器具（总统令规定的主要设施及器具）的全部收购者继承营业者地位。（2010-03-31；2016-12-27 修订）

4. 依据第 1 款至第 3 款的规定，继承营业者地位者应当向管辖地的市长、郡守、区长进行申报。（2007-01-19 修订）

第 30 条 （停业及资质取消）1. 依据第 25 条、第 26 条规定，获得许可或者登记、申报者，停止营业时，自停业起 7 日内，应当依据文化体育观光部令规定，向管辖区的市长、郡守、区长提交停业申报。（2007-01-19；2008-02-29 修订）

2. 市长、郡守、区长依据第 1 款规定，对未申请停业者，依据文化体育观光部令规定，在确认停业事实后，可依职权撤销许可或登记、申报事项。

（2007-01-19；2008-02-29 修订）

第 31 条　（事后管理）1. 为保证游戏物公正评级、流通及使用，健全营业秩序，文化体育观光部长官依据文化体育观光部令规定，对委员会的游戏物流通相关事后管理业务、等级分类机关及游戏相关事业者是否守法进行定期调查管理。（2008-02-29；2011-12-31；2013-05-22；2016-02-03 修订）

2. 文化体育观光部长官、市、道知事（相当于中国的省长，译者注）或者市长、郡守、区长，为实现下列各项目的，必要时可要求游戏相关事业者提交必要的报告，或者让公务员对游戏提供业或互联网计算机游戏设施提供业营业场所等的出入进行必要的调查，或者查阅相关文件。（2011-04-05 修订）

①建立游戏物流通秩序；

②防止游戏物出现射幸行为；

③防止游戏物助长射幸性。

3. 市、道知事或者市长、郡守、区长，依据总统令规定，应当将游戏物相关事业者现状报告书，定期地向文化体育观光部长官、行政自治部长官、警察厅厅长及总统令规定的相关行政机关的长官提交。（2007-01-19；2008-02-29；2013-03-23；2014-11-19 新增）

4. 依据第 2 款规定，实施出入、检查的公务员应随身携带表明权限的证件，并向相关人员出示。（2007-01-19 修订）

第 2 节　游戏物的流通和标识

第 32 条　（非法游戏物禁止流通等）1. 任何人不得出现下列损害游戏物流通秩序的行为。根据第④项规定，依据《射幸行为等规制及处罚特别法》进行射幸行为经营的除外。（2007-01-19；2011-04-05；2016-12-20 修订）

①提供或发行未依据第 21 条第 1 款规定获得分级的游戏物，或者提供展示、储存的；

②将依据第 21 条第 1 款规定获得分级的游戏内容与其他内容的游戏物一起发行或提供利用的，或者为此提供展示、储存的；

③获得分级的游戏物违反第 21 条第 2 款各项等级划分规定进行提供使用的；

④被驳回等级申请后，将属于第 22 条第 2 款规定的射幸性游戏商品仍提供流通、使用的行为，或者以流通、使用为目的提供展示、储存的；

⑤买卖、赠予或者出租依据第 22 条第 3 款第①项规定获得的等级分类证书的；

⑥违反第 33 条第 1 款或第 2 款规定，将未标识等级和内容信息的游戏物，或者未贴附标识运营信息装置的游戏物进行流通、提供使用的行为；

⑦可将通过使用游戏物获得的有形、无形产物（分数、奖品，总统令规定的游戏币及与此类似的卡券作为游戏中使用的虚拟货币）进行以换现或介绍换现或回购的；

⑧以妨害游戏物正常运行为目的，提供、发行非法计算机软件、机器或装置的；

⑨制作、发行、提供或广告介绍非法游戏物的；

⑩以第⑨项不法行为为目的，制作或流通计算机软件、机器或者装置的行为。

2. 任何人不得制作或引进下列游戏物：

①描写反国家行动的，或歪曲历史事实，有可能显著损伤国家认同感的；

②对亲属施暴、杀害等毁损家庭伦理，有可能损害善良风俗的；

③对犯罪、暴力、淫乱等行为过分描述，助长犯罪心理或模仿犯罪等，有可能扰乱社会秩序的。

第 33 条 （标识义务）1. 以游戏物流通和使用为目的，进行游戏物制作或发行的，应当在相关游戏物上标示游戏物的制作、发行者的商号（附随在图书上的游戏物标示出版社的商号）、等级及游戏物内容信息。（2016-12-20 修订）

2. 以游戏物的流通和使用为目的，进行游戏物制作或发行的，对于总统令规定的游戏物，应当附着标示游戏物运营信息装置。（2007-01-19 修订）

3. 第 1 款、第 2 款规定的标识方法等相关必要事项，由总统令规定。

第 34 条 （广告、宣传的限制）1. 任何人不得进行下列各项行为：（2007-01-19 修订）

①将获得等级的游戏物内容与其他内容的广告一起制作，或者发布、公开宣传的行为；

②将获得等级的游戏物等级和标示其他等级的广告、宣传物进行发布、公告的行为；

③标示与游戏物内容信息不同的信息进行广告宣传，或者发布、公开宣传的行为；

④将游戏物内容信息外的提供赠品等助长射幸心理的内容进行广告，或者发布、公开宣传的行为。

2. 游戏提供业、网络游戏设施提供业或者复合流通游戏提供业者，依照

总统令规定，不得诱导用户误认是射幸和赌博场所。(2007-01-19 修订)

第 3 节　撤销登记等行政措施

第 35 条 （撤销许可等）1. 对依据第 25 条第 1 款规定已登记的游戏制作业者或游戏发行业者，在符合下列各项条件时，市长、郡守、区长可以命令其在 6 个月以内停止营业或者关闭。但构成第①项或第②项情形时，应当命令关闭。(2007-01-19 修订)

①以欺骗等不正当手段获得登记的；

②违反停止营业命令继续营业的；

③违反第 25 条第 2 款规定，不进行变更登记的；

④违反第 28 条应当遵守的事项时；

⑤违反第 32 条规定的禁止流通非法游戏物等义务的。

2. 对依据第 26 条规定已获得许可、登记或申报的游戏提供业、网络游戏设施提供业或者复合流通游戏提供业者，出现下列情形时，市长、郡守、区长可以命令其 6 个月内停止营业，或者撤销许可、登记，或者关闭营业。但符合第 1 款或第 2 款规定时，应当命令撤销许可、登记，或者关闭营业。(2007-01-19 修订)

①以欺骗等不正当手段获得许可，或者登记或申报的；

②违反停止营业命令继续营业的；

③不具备第 26 条第 1 款至第 3 款规定的许可、登记标准的；

④不进行第 26 条第 4 款规定的变更许可，或者变更登记、申报的；

⑤违反第 28 条规定的应遵守事项的；

⑥符合第 1 款第④项及第⑤项规定的。

3. 依据第 1 款或第 2 款规定得到停业命令或者撤销许可、登记处分者，自收到处分通知之日起 7 日内，应当返还许可证或登记证、申报证。(2007-01-19 修订)

4. 第 1 款或第 2 款规定的行政处分的具体标准，考虑违反行为的类型和程度等，由文化体育观光部令规定。(2008-02-29 修订)

(2007-01-19 标题修订)

第 36 条 （罚款）1. 对游戏提供业者、网络游戏设施提供业者或复合流通游戏提供业者构成下列各项情形时，市长、郡守、区长应当给予停止营业处分时，依据总统令规定，也可以改为 2 000 万韩元以下的罚款。

①第 26 条第 1 款、第 2 款或第 3 款本文规定，不具备许可、登记标准的；

②违反第 28 条第 4 款至第 8 款规定的遵守事项的。

2. 市长、郡守、区长在依据第 1 款规定征收的罚款中一定金额应当用于下列各项用途，且应该每年要建立并实行下一年度罚款运营计划。(2007-01-19 修订)

①健全的游戏物制作和流通；

②健全游戏场所设施及改善环境；

③对模范营业场所予以财政支持；

④对非法游戏物和非法营业场所进行指导、管制的财政支持；

⑤保障和废除没收游戏物的保管场所。

3. 对依照第 1 款规定应当缴纳罚款者，在缴纳期限内未缴纳时，市长、郡守、区长可依照《地方税外收入征收等相关法》进行征收。(2013-08-06 修订)

4. 依据第 1 款规定，根据缴纳罚款的违法行为的种类、程度等不同，罚款金额及缴纳程序等相关必要事项，由文化体育观光部令规定。（2008-02-29 修订)

第 37 条 （行政制裁处分的继承）1. 依据第 29 条第 1 款规定继受营业者地位者，之前营业者因违反第 35 条第 1 款各项及第 2 款各项规定而受到行政制裁处分的，自行政处分之日起 1 年内，由继受营业者地位者承受该处分的法律效果。行政制裁处分中，营业者地位继受者应继续接受行政制裁处分。例外，受让人、继受人或者合并后存续的法人在受让或合并时，对处分或违法事实不知悉的除外。

2. 依据第 29 条第 2 款规定继承营业者，在停业申报前因违反第 35 条第 1 款各项及第 2 款各项规定而受到行政制裁处分的，自行政处分之日起 1 年内由继承营业者承受该处分。行政制裁处分中，营业地位继受者应继续接受行政制裁处分。

第 38 条 （查封与回收等）1. 对于未依据第 25 条或者第 26 条规定获得许可或登记、申报而进行营业者，以及依据第 35 条第 1 款或第 2 款规定收到停业命令或者撤销许可、登记处分而继续营业者，市长、郡守、区长可以让相关公务员为关闭其营业场所采取下列各项措施。（2007-01-19；2016-12-20 修订)

①摘除或清除相关营业或营业场所的牌匾及营业标识；

②张贴相关营业或营业场所违法行为的告示；

③为禁止营业，查封其必要的用具或设施。

2. 采取第 1 款措施时，应该事先向营业者或其代理人进行书面通知，但总统令规定的紧急事由情况除外。(2016-12-20 修订)

3. 对于流通或使用中的游戏物、广告及宣传物等符合下列各项时，文化体育观光部长官、市、道知事或者市长、郡守、区长可以进行收回、销毁或清除，但第 2 款情况依据《射幸行为等规制及处罚特别法》进行射幸行为营业的除外。(2007-01-19；2008-02-29 修订)

①未获得等级分类或者与获得等级分类内容不同的游戏物；

①-2 违反第 21 条第 1 款第③项总统令规定的对象、标准和程序的实验用游戏物等；

②属于射幸性游戏物而被驳回等级分类的；

②-2 违反第 2 条第 6 款-3 总统令规定的种类、方法等提供的游戏物；

③未依据第 25 条规定进行营业登记者，以营利为目的制作或发行游戏物；

④违反第 34 条规定发行、公布的广告、宣传物；

⑤为破坏游戏物的技术保护措施而制造机器、设施或软件程序。

4. 相关公务员依据第 3 款规定对游戏物等进行回收时，应当向其所有者或者占有人交付回收证明，但当事人拒绝接收回收证明的除外。(2016-12-20 修订)

5. 对第 2 款各项游戏物等进行查处，必要时，文化体育观光部长官、市、道知事或者市长、郡守、区长可以要求游戏行业协会等进行协助，收到协助邀请的协会，应当进行必要协助。(2008-02-29 修订)

6. 依据第 1 款及第 3 款规定做出张贴告示、查封、收回、废除等处分的公务员或者协会等的高管、职员应当向相关人出示标示权限的证件。

7. 通过信息网络提供的游戏物或广告、宣传物等，属于第 3 款各项规定的，文化体育观光部长官可以命令《促进使用信息通信网及信息保护等相关法律》第 2 条第 1 款第②项规定的信息通信服务提供者或者同款第⑨项规定的管理、运营留言板者，做出改正，拒绝、停止或限制相关行为。此种情况应当经委员会审议及改正劝告程序。(2011-04-05；2013-05-22 修订)

8. 违反第 28 条第 2 款-2 规定，对于通过实现和游戏物内容密切相关的运营方式或者机器、设备等助长射幸性者，文化体育观光部长官可以命令其改正，改善运营方式，或者改善或清除机器、装置等。发布改正命令前，文化体育观光部长官可制定改正方案，建议经营者依此改正。(2014-04-05 新增)

9. 依据第 7 款或第 8 款规定收到建议改正或命令改正者，应当 7 日内采取措施并将结果报告给游戏物管理委员会委员长或文化体育观光部长官。

（2011-04-05；2013-05-22 修订）

10. 游戏物管理委员会委员长或文化体育观光部长官对第 7 款或第 8 款规定的改正劝告或改正命令的对象，应该给予其事先提出意见的机会，但属于下列任一情况的除外。（2007-12-21；2011-04-05；2013-05-22 修订）

①为了公共安全或福利，情况紧急的；

②征求的意见明显失当或者显然不必要的；

③明确表明放弃提交意见，或者无正当理由延迟提交意见的。

第 6 章　附则

第 39 条　（协会的设立）1. 为谋求游戏物相关营业健全发展和游戏物事业者共同利益，游戏物相关事业者可以设立协会。

2. 第 1 款规定的协会以法人形式设立。

3. 依据第 1 款规定设立的协会，应当为游戏物的制作及维持健全的流通秩序而努力。

第 39 条-2　（奖金）1. 将符合下列任一情形者向相关行政机关或者搜查机关申报或者告发、检举者，政府可以在预算范围内给予奖金鼓励。

①违反第 28 条第②项规定，提供赌博及其他射幸性行为，或者放任上述行为；

②违反第 28 条第③项规定，助长射幸性者；

③违反第 32 条规定的禁止流通非法游戏物等的义务者；

④做出第 34 条第 1 款各项任一行为者。

2. 关于第 1 款规定的奖金支付的标准、方法及程序等必要事项，由总统令规定。

（2007-01-19 本条新增）

第 40 条　（听证）市长、郡守、区长依据第 35 条第 1 款或第 2 款规定做出关闭营业命令、取消许可或取消登记时，应当先举行听证会。（2007-01-19 修订）

第 41 条　（手续费）1. 符合下列各项任一情形者，依据市、郡、区（指自治区）的条例规定，应当交纳手续费。（2007-01-19 修订）

①依据第 25 条规定，将游戏制作业或游戏发行业进行登记或变更登记者；

②依据第 26 条规定，游戏提供业、网络游戏设施提供业或复合流通游戏提供业获得许可、变更许可，或者登记、变更登记或变更申报者。

2. 符合下列各项任一情形者，应当交纳经文化体育观光部长官承认，委员会规定的手续费。(2007-01-19；2007-12-21；2008-02-29；2013-05-22 修订)

①依据第 21 条第 1 款规定申请等级分类者；

②依据第 23 条规定提起异议申请者；

③依据第 21 条规定应当接受技术审议者；

④依据第 21 条第 1 款第③项规定申请确认试验用游戏物者；

⑤依据第 21 条第 5 款规定申请游戏物内容修改，并进行等级再分类者。

3. 依据第 21 条第 1 款规定，向等级分类机关申请等级分类者，应当交纳经文化体育观光部长官承认、等级分类机关规定的手续费。(2011-12-31 新增)

第 42 条　(权限的委任、委托) 1. 文化体育观光部长官或者市、道知事可以将本法规定部分权限，依照总统令规定，授权给市、道知事或者市长、郡守、区长。(2008-02-29 修订)

2. 本法规定的文化体育观光部长官，市、道知事，或者市长、郡守、区长的权限可以依照总统令规定，委托给委员会和协会。(2008-02-29；2013-05-22 修订)

第 43 条　(推定适用公务员罚则) 第 16 条至第 18 条规定的委员会和事务局的管理人员和职员，依据第 24 条-2 和第 42 条第 2 款规定接受委托业务的等级分类机关及协会的管理人员和职员，视为公务员，适用《刑罚》第 129 条至第 132 条规定的处罚规定。(2013-05-22 修订)

(2011-12-31 全文修订)

第 7 章　罚则

第 44 条　(罚则) 1. 属于下列各项任一情形者，处以 5 年以下徒刑或者 5 000 万韩元以下的罚金。(2007-01-19；2016-12-20 修订)

①违反第 28 条第②项规定，提供赌博及其他射幸性行为，或者放任上述行为者；

①-2 违反第 28 条第③项规定，助长射幸性者；

②实施第 32 条第 1 款第①项、第④项、第⑦项、第⑨项及第⑩项规定行为者；

③收到第 38 条第 1 款各项规定的措施后，仍继续营业者。

2. 没收第 1 款规定的行为者所有或占有的游戏物、因犯罪行为获得的利益（下称“非法收益”）和从非法收益中获得的财产。对此无法没收时，追缴价款。

3. 对第 2 款规定的犯罪收益及从犯罪收益中获得财产进行没收、追收的相关事项，援用《隐匿犯罪收益的规制和处罚法》第 8 条至第 10 条规定。

第 45 条 （罚则）属于下列各项任一情形者，处以 2 年以下徒刑或者 2 000万韩元以下的罚金。(2007-01-19；2011-07-21；2016-05-29 修订)

①不遵从第 12 条-3 第 5 款文化体育观光部长官的改正命令者；

①-2 不具备第 22 条第 4 款规定的正当权利或者用欺骗及其他不正当手段获得游戏物分级分类者；

①-3 不执行第 21 条-8 第 4 款文化体育观光部长官命令者；

②违反第 25 条或者第 26 条第 1 款、第 2 款、第 3 款本文规定，未获得许可或登记进行营业者；

③删除；(2007-01-19)

③-2 违反第 28 条第 4 款规定，提供少儿不宜游戏物者；

④违反第 32 条第 1 款第②项规定，将获得等级分类的游戏物和其他内容游戏物一起发行、提供使用，或展示、储存者；

⑤违反第 32 条第 1 款第⑤项规定，买卖、赠予或出租等级分类证书者；

⑥违反第 32 条第 2 款各项规定，制作、引进游戏物者；

⑦违反第 32 条第 1 款第⑥项及第 33 条规定，将未做标识的游戏物进行发行或使用者；

⑧依据第 35 条第 1 款第①项及第 2 款第①项规定的欺骗及其他不正当手段获得许可、登记或者申报者；

⑨违反第 35 条第 2 款第②项规定的停止营业命令者；

⑩制作、流通、提供收看属于第 38 条第 2 款第③项或第④项规定的游戏物、游戏商品等，或者以此为目的进行展示、保管者。

第 46 条 （罚则）属于下列各项任一情形者，处以 1 年以下徒刑或者 1 000万韩元以下的罚金。(2007-01-19；2007-12-21；2011-04-05；2013-03-23；2016-05-29 修订)

①违反第 26 条第 3 款但书规定，不经申报即营业者；

②违反第 28 条第⑦项规定的青少年出入时间限制，允许青少年出入者；

③违反第 32 条第 1 款第③项中规定的第 21 条第 2 款第④项的等级分类，提供游戏物者；

③-2 违反第 32 条第 1 款第⑧项规定，游戏物相关事业者发行非法计算机软件、机器或装置的，或者以发行为目的进行制作的；

④删除；（2007-01-19）

⑤违反第 35 条第 1 款第②项规定的营业停止命令，继续营业者；

⑥不执行第 38 条第 7 款及第 8 款规定的文化体育观光部长官命令者。

第 47 条　（双罚规定）法人的法定代表人、法人或个人代理人、使用人，及其他营业人员，在从事法人或个人业务时，违反第 44 条至第 46 条规定的，除处罚行为者外，对法人或个人也处以罚金刑，但法人或个人为防止非法行为对相关业务尽到相当的注意义务和监督的除外。（2011-04-05 修订）

第 48 条　（罚款）1. 属于下列各项任一情形者，处以 1 000 万韩元以下的罚款。（2007-01-19；2011-07-21；2016-02-03；2016-05-29 修订）

①拒绝提交文化体育观光部长官依照第 12 条-3 第 4 款规定要求的资料或报告；

①-2 不依照第 12 条-3 第 6 款提交报告者；

①-3 违反第 25 条第 2 款规定，不变更登记者；

② 违反第 26 条第 4 款规定，不进行变更许可或者变更登记、变更申报者；

②-2 违反第 21 条第 5 款规定，不进行变更申报者；

②-3 违反第 21 条-3 第 2 款第①项规定，不履行协助义务者；

②-4 违反第 21 条-3 第 2 款第②项规定，不向委员会报告者；

②-5 违反第 21 条-5 第 2 款规定，将向使用者提供国外游戏物者；

②-6 不履行第 21 条-9 第 3 款规定的文化体育观光部长官命令者；

③违反第 28 条第①项规定，不接受培训者；

④违反第 28 条第⑤项规定，在一般游戏场所或复合流通游戏场所（依据《青少年保护法》，允许青少年出入的除外）允许青少年出入者；

⑤违反第 28 条第⑥项规定，不设置阻止淫秽物或射幸性内容的游戏程序或装置者；

⑥违反第 29 条第 4 款规定，不进行申报者；

⑦不依据第 31 条第 2 款规定进行报告，或者拒绝、妨碍、回避相关公务员的出入、调查和阅览文件者；

⑦-2 违反第 32 条第 1 款第③项中规定的第 21 条第 2 款第②项及第③项的等级区分规定，收到委员会的改正通知后，在不执行的状态下提供游戏物者；

⑧违反第 34 条规定者。

2. 第 1 款规定的罚款依据总统令规定，由文化体育观光部长官，市、道

知事或者市长、郡守、区长征收。(2008-02-29 修订)

3. 对第 2 款规定的罚款处分不服者，可以自收到告知书之日起 30 日内向处罚机构提起异议。

4. 依据第 3 款提起罚款处分异议时，征收者应当及时向管辖法院通知该事实，得到通知的法院依据《非诉案件程序法》对罚款进行判决。

5. 在第 3 款规定的期间内未提起异议，也不缴纳罚款时，依照国税或地方税滞纳处分惯例来征收。

附则 (第 14476 号，2016-12-27)

第 1 条 （施行日）本法公布 3 个月后施行。……

第 2 条及第 3 条 略。

第 4 条 （其他法律修订）……

5. 游戏产业振兴法做出如下修订。

第 29 条第 3 款中《地方税基本法》改为《地方税征收法》。

6-（65）略。

第 5 条 略。

韩国游戏产业振兴法施行令*

［总统令 第 27960 号，2017-03-27 其他法修订］［2017-03-30 施行］

第 1 条 （目的）为明确《游戏产业振兴法》的委托事项和施行必要事项，制定本施行令。

第 1 条-2 （射幸性游戏物）《游戏产业振兴法》（以下简称“法律”）第 1 条第 1-2 款第⑥项所述的“除此之外，总统令中规定的”游戏物，是指如下任一游戏物。

①《射幸行为规制及处罚特别法》第 2 条第 2 款规定的描述射幸行为营业的游戏物；

②《彩票和彩票基金法》第 2 条第②项规定的描述彩票的游戏物；

* 本部分由孟爱华编译，孙磊校对。

③《传统斗牛比赛法》第2条第①项规定的描述斗牛的游戏物。

(2007-05-16本条新增)

第2条 (不属游戏提供业的游戏物提供范围) 1. 法律第1条第6款第③项中规定的“依照总统令中规定的种类、方法”提供游戏物的情形，是指满足下列所有标准的提供游戏物的情形。(2007-05-16；2009-09-10；2016-05-03修订)

①仅提供全体可用游戏物的；

②在每个营业场所设置文化体育观光部长官确定并公布的数量以下的游戏物的；

③游戏物设置在该营业场所建筑物内。

2. 法律第1条第7款但书规定的“依照总统令中规定的游戏种类、方法等提供游戏物的情形”，是指满足下列所有标准的提供游戏物的情形。(2016-05-03新增)

①仅提供全体可用游戏物的；

②在每个营业场所设置文化体育观光部长官确定并公布的数量以下的可以使用游戏物的计算机等必要设备；

③计算机等必要设备设置在该营业场所建筑物内。

第3条 (游戏产业振兴综合计划) 法律第3条第3款第⑧项规定的“总统令规定的事项”，是指下列各项情形：

①为游戏产业振兴保障和经营资金来源；

②游戏产业的创造就业机会、开拓出口销路及促进产业发展；

③对游戏物进行监督的《非营利民间组织支援法》规定的非营利民间组织（下称“非营利民间组织”）进行财政支持。

第4条 (对创业及优秀游戏商品开发的财政支持范围和程序) 1. 法律第4条规定，对创业者和优秀游戏商品开发者，以及非营利目的的业余游戏物制作者，文化体育观光部长官可以在预算范围内进行如下各项财政支持。(2008-02-29；2012-06-19修订)

①对创业者的支持：创业费用支持；对游戏软件和硬件设备的购置费或租赁费给予支持。

②对优秀游戏商品开发者的支持：发资金的支持；商品流通支持；进入海外市场支持。

③对非营利目的的业余游戏物制作者的制作资金支持。

2. 删除。(2011-12-06)

3. 对第 1 款规定的支持对象具体的选拔程序及其必要事项，由文化体育观光部令规定。(2008-02-29；2011-12-06 修订)

(2012-06-19 标题修订)

第 5 条 （专业人员的培养）1. 依照法律第 5 条第 2 款规定，相关中央行政机关的长官对符合下列任一项的机构，可以将其指定为游戏产业专业人员培养机构（下称“专业人员培养机构”）。

①开设或运营游戏相关教育课程的大学，正在进行游戏相关研究的研究机构或教育机构；

②《政府出资研究机关等的成立、运营及扶持法》第 2 条规定的政府资助研究机构；

③《公益法人的成立、运营法》中规定的公益法人；

④《民法》第 32 条规定的以培育游戏产业为目的设立的法人。

2. 欲成为第 1 款规定的专业人员培养机构指定单位，应该填写包含下列各项的指定申请书，并提交给相关中央行政机关的长官。

①专业人员培养业绩和计划；

②课程的编制和讲师等相关事项；

③专业人员培养的必要设施、设备；

④运营经费的筹措计划。

3. 相关中央行政机关的长官依据第 1 款规定指定专业人员培养机构时，应该事先与文化体育观光部长官进行协商。(2008-02-29 修订)

4. 对第 1 款中指定的专业人员培养机构，相关中央行政机关的长官可以对其予以下列各项费用的全部或部分支持：

①讲师费和补贴；

②研修教程和实习器材费；

③除此之外，培养专业人员需要的必要经费。

第 6 条 （标准化的促进）法律第 8 条第 1 款中规定的“总统令规定的事项”，是指下列各项：

①游戏物的规格；

②游戏设备及装置的外观；

③游戏物运营相关信息标识装置；

④游戏机投掷游戏币等的装置及赠品识别装置；

⑤游戏运行、停止等游戏机运作装置。

第 7 条 （游戏物相关事业者培训）1. 法律第 9 条第 3 款中规定对游戏物

相关事业者进行每年3个小时的培训。

2. 因不可抗力无法亲自参加培训的游戏物相关事业者，市长、郡守、区厅长（指自治区的区厅长，下同）可以让其员工中对营业场所具有管理责任者代替参加培训。

3. 第1款和第2款规定的培训详细实施办法，及其他培训相关必要事项，由文化体育观光部令规定。(2008-02-29修订)

第7条-2 （现状调查）1. 依照法律第11条第2款规定，相关中央行政机关的长官应当在管辖领域范围内每年对游戏产业现状及游戏使用现状展开调查。

2. 相关中央行政机关的长官为实施第1款规定的现状调查，可以要求地方自治组织及相关机关、组织提交游戏产业相关现状资料。

(2007-05-16本条新增)

第8条 （游戏文化基础的形成）法律第12条第1款规定，相关中央行政机关的长官可对下列各项业务或经营这些业务的机关、组织提供支持。

①游戏使用现状调查；

②游戏沉溺指标设计；

③缓解和预防游戏沉溺的教育和宣传；

④缓解和预防游戏沉溺的咨询设备支持；

⑤缓解和预防游戏沉溺的软件开发和普及；

⑥缓解和预防游戏沉溺专业人员培养；

⑦提高对游戏文化的社会认识；

⑧游戏文化体验和教育软件开发和普及；

⑨游戏使用者信息保护；

⑩教育用及功能性游戏物制作及支持。

第8条-2 （游戏沉溺的预防）1. 法律第12条-2第1款第⑥项规定的“总统令规定的事项”，是指下列各事项：

①预防和缓解游戏沉溺的研究；

②预防游戏沉溺等相关软件程序开发；

③履行预防游戏沉溺等业务的专业机关或组织间的国际交流与合作。

2. 依照法律第12条-2第2款规定，对于执行预防游戏沉溺业务具备3年以上业绩的专业机关或组织，文化体育观光部长官在预算范围内予以财政支持。(2008-02-29修订)

第8条-3 （游戏沉溺、成瘾预防措施）1. 依照法律第12条-3第1款规定，成为采取预防措施对象的游戏物是除符合下列各项的游戏物之外的游戏物。

①法律第 21 条第 1 款第①项至第③项规定的游戏物；

②《青少年保护法》第 10659 号附则第 1 条但书规定，在深夜时间段不受提供时间限制的游戏，以及同法第 23 条第 2 款规定的深夜时间段提供网络游戏物时间限制中公告的游戏物；

③《中小企业基本法》第 2 条规定从事影像、广播通信及信息服务业务而提供游戏物的中小企业。

2. 虽然第 1 款第③项对中小企业有规定，但如果《中小企业基本法》第 2 条规定的中小企业从事影像、广播通信及信息服务业务年度营业额在 50 亿韩元以上的，对其提供的游戏物应当设置第 12 条–3 第 1 款第①项及第②项规定的预防措施。

3. 在法律第 12 条–3 第 1 款第①项规定的游戏物用户加入会员时，游戏物相关事业者应当依据《电子签名法》第 2 条第⑩项规定，通过委托公证机关及除此之外的提供本人确认服务的第三者或行政机关，或者当面确认等，设置对游戏物使用者本人身份的确认手段。

4. 依据法律第 12 条–3 第 1 款第②项规定，游戏物相关事业者应当用下列任一方法，取得法定代理人的同意。

①依据法律第 12 条–3 第 1 款规定，在信息通信网公布同意内容，让法定代理人查阅，并表示同意与否；

②将写有同意内容的书面文件直接发给法定代理人，或者用邮寄或传真方式转达，让法定代理人对同意内容签字或盖章后回寄；

③将写有同意内容的书面文件邮件发送给法定代理人，从法定代理人处收到同意的意思表示电子邮件；

④通过电话告知法定代理人同意内容，得到同意；或者告知其互联网地址等可确认同意内容的方法后，再次通话，获得同意的方法。

5. 法律第 12 条–3 第 1 款第③项规定的游戏物使用方法和使用时间的限制，可以规定限制特定时间或期间的服务。

6. 游戏物相关事业者依据法律第 12 条–3 第 1 款第④项规定，应当每个月一次以上用手机短信、电子邮件、传真、电话或者文件等办法向青少年本人及法定代理人发告知。

7. 游戏物相关事业者依据法律第 12 条–3 第 1 款第⑤项规定，应当将“过度使用游戏，会给正常生活带来不良影响”的注意语句每隔 1 小时在游戏画面展示一次，每次持续 3 秒钟以上。

8. 游戏物相关事业者依据法律第 12 条-3 第 1 款第⑥项规定，在不对游戏使用造成影响的情况下，应当将游戏使用时间明细每隔 1 小时在游戏画面提示一次，每次持续 3 秒钟以上。

9. 文化体育观光部长官依据法律第 12 条-3 第 4 款规定，向游戏物相关事业者要求提交资料及报告时，应该以文件（包括电子文件）形式提交。

第 8 条-4　（评价方法及程序）1. 女性家族部长官依据第 12 条-3 第 2 款规定，在对网络游戏在深夜时间段提供的游戏范围是否适当进行评价时（以下简称“游戏范围评价”），对包含下列各项应当和文化体育观光部长官协商、制定，并在官报上公布。

①《青少年保护法施行令》第 21 条第 1 款第①项及第②项规定的评价对象的游戏及评价事项；

②游戏物范围评价标准；

③游戏物范围评价指标和尺度；

④除此之外，女性家族部长官认为游戏物范围评价必要的、并和文化体育观光部长官协商确定的事项。

2. 为游戏物范围评价工作顺利开展，文化体育观光部长官可以将法律第 11 条规定的现状调查资料、法律第 12 条-2 第 1 款第②项规定的对游戏沉溺现状的调查资料，以及除此之外的对游戏物范围评价有帮助的必要资料，提供给女性家族部长官。

3. 女性家族部长官在游戏物范围评价工作必要时，可以向文化体育观光部长官请求提供第 2 款中对游戏物范围评价必要的资料。

4. 女性家族部长官在评价游戏物范围时，可以听取相关专家、学生家长、青少年及游戏物相关事业者组织的意见。

5. 女性家族部长官在游戏物范围评价工作结束前，应当与文化体育观光部长官协商最终游戏物范围。

第 9 条　（知识产权保护）依据法律第 13 条第 3 款可以被指定为知识产权领域的专业机关或组织的单位如下：（2009-07-22；2011-07-19；2016-09-21 修订）

①《著作权法》第 112 条规定的韩国著作权委员会，或者同法第 122 条-2 规定的韩国著作权保护院；

②《民法》第 32 条规定的以游戏产业振兴为目的而设立的财团法人。

第 10 条　删除。（2012-08-13）

第 11 条 （游戏物管理委员会委员的推荐）1. 法律第 16 条第 4 款中规定的“总统令规定的组织”是指下列各机关、组织。（2007-05-16；2007-09-10；2008-02-29；2010-03-15；2013-03-23；2013-11-20 修订）

①教育部长官指定的教育相关组织；

②法务部长官指定的法律相关组织；

②-2 产业通商资源部长官指定的产业振兴相关组织；

③女性家族部长官指定的青少年相关组织；

④《文化艺术振兴法》第 20 条规定的韩国文化艺术委员会；

⑤《文化产业振兴基本法》第 31 条规定的韩国内容产业振兴院；

⑥《广播通信委员会的设立和运营相关法》第 18 条规定的广播通信审议委员会；

⑦经文化体育观光部长官指定的下列机关：

A. 依据《民法》第 32 条规定，以游戏产业振兴为目的而设立的法人；

B. 依据《民法》第 32 条规定，以言论的发展和言论文化畅通为目的而设立的法人；

C. 非营利民间组织。

2. 第 1 款中的机关、组织，在文化体育观光部长官邀请时，应当选定相关领域从业 3 年以上的 3 人作为推荐对象（考虑性别），报告给文化体育观光部长官。（2007-05-16；2008-02-29；2013-11-20 修订）

3. 文化体育观光部长官依据法律第 16 条规定，委任游戏物管理委员会（下称“委员会”）委员时，应当考虑各领域从业者均衡构成。（2008-02-29；2013-11-20 修订）

（2013-11-20 标题修订）

第 11 条-2 （事务局的事后管理业务）依据法律第 18 条第 2 款规定，委员会事务局应确认和检查从事获得等级分类的游戏物是否正常在线运营，并对不法游戏物进行整治。（2013-11-20 修订）

（2007-05-16 本条新增）

第 11 条-3 （测试用游戏物）1. 法律第 21 条第 1 款第③项规定的测试用游戏物应当同时具备下列各要件：

①不属于法律第 1 条第 1 款-2 第①至⑥项规定的任一类游戏；

②依照附表 1 中明确的标准划分。

2. 游戏物制作者或游戏物发行者要获得对游戏物性能、安全性、使用者满意度等的评价，应当向委员会提交测试用游戏物确认申请书。（2013-11-20 修订）

3. 委员会在收到申请书之日起 7 日内，应当对相关游戏是否具备第 1 款中的所有要件进行确认（包括 1 人以上的委员确认），并颁发测试用游戏确认证。(2013-11-20 修订)

4. 将测试用游戏物进行测试者，应当标示其为第 3 款规定的测试用游戏物，并使接触者知晓这一事实，同时告知使用者使用方法和注意事项。

第 3 款规定的获得测试用游戏物确认者，在测试期间内未完成测试时，可允许提交 2 次期间延长申请。对此申请，如无特别理由，委员会应当给予延长。(2013-11-20 修订)

(2007-05-16 本条新增)

第 12 条　（游戏物的技术审查）1. 委员会依据法律第 21 条第 8 款规定，对申请等级分类的游戏物符合下列任一情形时，可以对游戏物进行技术审查。(2013-11-20 修订)

①对于游戏提供业提供的游戏物（下称“游戏物提供业用游戏物”）属于法律第 1 条第 1 款-2 第①至⑥项规定的任一游戏物，欲获得等级分类的；

②依据法律第 28 条第③项但书规定，青少年游戏提供业发行“全体可使用”游戏物时涉及发放赠品（委员会认为不属于“游戏物与之等级分类不相符”的情况除外），欲获得等级分类的。

2. 委员会依据第 1 款规定进行技术审查时，应当确认游戏物是否具备下列各项功能。(2013-11-20 新增)

①游戏物运行软件的防止改造或变造的功能；

②伪造及变造游戏货币的识别功能；

③依据法律第 33 条第 2 款规定，标示游戏物运营相关信息的装置操作功能。

3. 第 1 款和第 2 款规定的审查的实施方法及审查相关必要事项，由委员会委员长会同文化体育观光部长官和产业通商资源部长官一起协商确定。(2007-05-16；2008-02-29；2013-03-23；2013-11-20 修订)

(2007-05-16 标题修订)

第 13 条　（可不进行等级分类的游戏物）1. 法律第 21 条第 1 款第②项规定的“总统令规定的”是指下列各项游戏物。

①依照法律第 25 条第 1 款第①项至第③项规定制作、发行的游戏物；

②依照法律第 25 条第 1 款第①项至第③项规定的相关者之外的人，不以营利为目的，在国内制作、发行用于教育、学习、宗教或者公益性宣传活动的游戏物。

2. 欲制作或发行游戏物者，对于相关游戏物是否属于第 1 款第②项规定的游戏物，应当事先获得委员会的确认。(2013-11-20 修订)

第 14 条 （对行政机关长官的通知）法律第 24 条规定“总统令规定的行政机关长官”是指下列各项：

①文化体育观光部长官；

②产业通商资源部长官；

③广播通信委员会委员长；

④女性家族部长官；

⑤检察总长；

⑥警察厅长；

⑦特别市市长、广域市市长、道知事（下称“市、道知事”）。

第 14 条-2 （等级分类机关指定要件）法律第 24 条-2 第 1 款各项外的部分规定“由总统令规定人力及设施等”，是指符合下列各标准的人力和设施。

①由 7 名以上的文化艺术、文化产业、青少年、法律、教育、媒体、信息通信领域的具备专业知识和经验丰富的人构成委员会形态的组织，但各领域从业人员构成应均衡；

②包含《软件产业振兴法》第 2 条第⑤项规定的 3 名软件技术人员或者游戏领域具备 3 年以上实务经验的人员，共 5 名以上人员构成事务组织；

③为执行等级分类业务，配置会议室等业务设施；

④为执行等级分类业务，构建网络业务处理系统；

⑤为比较稳定执行等级分类业务，具备财政能力；

⑥依据《民法》第 32 条规定，是获得文化体育观光部长官许可，设立的非营利法人。

(2012-06-19 本条新增)

第 14 条-3 （等级分类机关的适当性评价）依据法律第 24 条-2 第 2 款规定，对于等级分类机关的业务执行适当性，文化体育观光部长官应当制定等级分类决定的适当性、业务处理的效率性、顾客满意度等的评价标准，并依据该标准制定评价方案，进行评价。

第 15 条 （登记对象之外的游戏物制作情形）法律第 25 条第 1 款第④项规定的“总统令规定的情形”是指符合下列任一情形的。

①制造本身无游戏内容的游戏机器的；

②制作的游戏物不以流通、观看及娱乐为目的，仅以特定人群为对象的；

③制作不符合法律第 21 条第 1 款各项规定的等级分类对象的游戏物的。

第 15 条-2　（一般游戏提供业的许可）1. 依据法律第 26 条第 1 款规定，欲获得一般游戏提供业许可者，应当具备附表 1-2 记载的标准设施。

2. 依照第 1 款规定，欲获得一般游戏提供业许可者应当填写由文化体育观光部令规定的许可申请书和附件文件，并提交给市长、郡守、区厅长。（2008-02-29 修订）

第 16 条　（营业时间及青少年出入时间限制）法律第 28 条第⑦项规定的营业时间及青少年出入时间如下：（2007-05-16；2009-09-10；2010-12-21；2013-03-18 修订）

①营业时间：

A. 一般游戏提供业者，复合流通提供业者的营业时间自上午 9 点至晚上 12 点，但仅提供"全体可使用"游戏物的经营者营业时间不受限制；

B. 青少年游戏提供业者的营业时间自上午 9 点至晚上 12 点；

C. 上述两项规定外的游戏物相关营业者营业时间不受限制。

②青少年出入时间：

A. 青少年游戏提供业者、复合流通提供业者、网络游戏设施提供业者的青少年出入时间自上午 9 点至晚上 10 点，但青少年的亲属、监护人、老师，或者就职单位的监督者，及除此之外的对青少年负有保护、监督的实质地位者同行时，可以允许青少年在限定的出入时间外的时间出入；

B. 上述游戏物事业者之外的经营者，可不受青少年出入时间的限制。

第 16 条-2　（赠品的种类等）法律第 28 条第②项但书规定的可以提供的赠品种类、标准及方法如下：（2012-09-14 修订）

①赠品的种类：

A. 玩具类和文具类；

B. 文化商品类和体育用品类，但《青少年保护法》第 2 条规定的青少年有害媒体内容、青少年有害药物及青少年有害物品除外。

②赠品的标准：赠予的赠品的销售价格（指一般销售商店的销售价格）在5 000韩元以内。

③赠品的赠予方法：只能通过等级分类审议过的游戏内提供，营业所相关人员不得直接将赠品提供给使用者。

（2007-05-16 本条新增）

第 17 条　（游戏物相关事业者遵守事项）法律第 28 条第⑧项中规定的"总统令规定的事项"是指附表 2 中所示事项。（2007-05-16 修订）

第 18 条 （营业的承继） 法律第 29 条第 3 款中规定的“总统令规定的主要设施和机器”是指如下各项：

①游戏制作业及游戏发行业：营业场所、营业设备和机器；

②游戏提供业：营业场所、游戏物；

③复合流通游戏提供业：营业场所、游戏物、其他经营所需必要设备和机器。

第 18 条-2 （事后管理） 1. 法律第 31 条第 3 款中规定的“总统令规定的相关行政机关的长官”是指女性家族部长官。（2008-02-29；2010-03-15 修订）

2. 依据法律第 31 条第 3 款规定，市、道知事及市长、郡守、区厅长应当将包含下列各项内容的游戏物相关事业者现状报告书每年两次提交。

①游戏物相关事业者的许可、登记等现状及变动事项；

②游戏物相关事业者提供的游戏物种类；

③对游戏物相关事业者的行政处分现状及行政处分相关诉讼情况。

（2007-05-16 本条新增）

第 18 条-3 （游戏币等） 法律第 32 条第 1 款第⑦项“总统令规定的游戏币及与此类似的卡券”是指下列任一情形：（2012-06-19 修订）

①使用游戏时以偶然的方法获得的游戏币；

②第①项规定的游戏币兑换的游戏道具等数据；

③属于下列各项的游戏币或者游戏道具数据：

A. 通过复制、改编游戏外挂程序，而产生、获得的游戏币或者游戏道具等数据；

B. 利用法律第 32 条第 1 款第⑧项规定的计算机程序或机器、装置，而产生、获得的游戏币或者游戏道具等数据；

C. 盗用他人个人信息使用游戏物，而产生、获得的游戏币或者游戏道具等数据；

D. 通过非正常使用游戏物获得游戏币或游戏道具等，而产生、获得的游戏币或者游戏道具等数据。

（2007-05-16 本条新增）

第 19 条 （游戏物商号等的标示方法） 1. 应当贴附经营信息显示装置作为游戏提供营业用的游戏物，是指法律第 1 条第 1 款-2 第①至⑥项规定的游戏物，以及法律第 28 条第③项但书中规定的发放赠品的游戏物。（2012-06-19；2013-11-20 修订）

2. 依据法律第 33 条第 3 款规定，游戏物必须标示的商号、等级、游戏物内容信息显示及运营信息显示装置的标示方法等同附表 3，但法律第 21 条-3 第 1 款第①项正文规定的游戏物在标示等级和游戏物内容信息时除外。（2016-12-30 修订）

（2011-07-04 全文修订）

第 20 条　（广告、宣传限制）法律第 34 条第 2 款规定的“总统令规定的广告”是指利用下列各媒体或手段做的广告：（2008-02-29；2008-12-03；2010-01-27；2016-07-06 修订）

①《户外广告的管理和户外广告产业振兴法》第 2 条第①项规定的户外广告；

②《信息通信网使用促进及信息保护等相关法》第 2 条第 2 款第①项规定的信息通信网；

③《报纸振兴相关法》第 2 条第①项、第②项规定的报纸、网络报纸，或者《杂志等期刊振兴相关法》第 2 条第①项规定的期刊；

④《广播法》第 2 条第①项规定的广播；

⑤《电气通信基本法》第 2 条第 1 款规定的电气通信；

⑥传单、样品及入场券；

⑦录像带、唱片、书籍、期刊、电影及话剧；

⑧除上述外，文化体育观光部规定的媒体或手段。

第 21 条　（罚款）法律第 36 条第 1 款规定的将停止营业处分转换为缴纳罚款处分仅限于相关经营者的经营不给形成健全的游戏文化带来阻碍的情况时。

第 22 条　（书面通知的例外）法律第 38 条第 2 款但书中规定“总统令规定的紧急事由”是指《行政程序法》第 21 条第 4 款规定的各项事由。

第 22 条-2　（奖金）法律第 39 条-2 第 2 款规定的奖金支付标准如下：

①对违反法律第 32 条规定的非法游戏物等的流通禁止义务者，进行举报、揭发或者检举者：200 万韩元以下；

②对违反法律第 28 条第②项规定，进行赌博及其他射幸行为，或者放任上述行为者，以及违反第 28 条第③项规定助长射幸性者，进行举报、揭发或检举者：100 万韩元以下；

③对法律第 34 条第 1 款各项规定行为者进行举报、揭发或检举者：50 万韩元以下。

（2007-05-16 本条新增）

第 23 条　（权限委托等）1. 文化体育观光部长官依据法律第 42 条第 2 款规定，可将下列各项事务委托给委员会：（2016-12-30 修订）

①法律第 21 条-2 第 1 款规定的可以自行进行等级分类的事业者的指定业务；

②法律第 21 条-6 第 2 款规定的自行等级分类事业者再指定业务；

③法律第 21 条-7 第 1 款规定的自行等级分类事业者取消指定及停止业务的决定；

④法律第 31 条第 2 款规定的出入、调查及文件阅览业务；

⑤法律第 38 条第 3 款规定的游戏物或广告、宣传的收回、废弃及删除业务。

2. 依据第 1 款规定，委员会职员在执行出入、调查、文件阅览或者收回、废止及删除业务时，应当携带文化体育观光部令规定的证件，并向相关人员出示。

3. 市长、郡守、区厅长依据第 42 条第 2 款规定，可以将法律第 9 条第 3 款规定的培训业务委托给依据法律第 39 条规定成立的协会或组织。

4. 市长、郡守、区厅长依据第 3 款规定，委托培训业务时，应当将委托协会或组织的名称、地址等进行公告。

（2013-11-20 全文修订）

第 23 条-2 （固有识别信息处理）市长、郡守、区厅长（相关权限委任、委托的情况，包含权限受托者）为执行下列各项业务不可避免时，可以对《个人信息保护法施行令》第 19 条规定的包含身份证号或者外国人登记证号的资料进行处理。

①法律第 25 条规定的游戏制作业等注册登记相关事务；

②法律第 26 条规定的游戏提供业等许可相关事务；

③法律第 29 条规定的营业承继相关事务。

（2017-03-27 本条新增）

第 24 条 （罚款征收标准）1. 法律第 48 条第 1 款规定的罚款缴纳标准同附表 4。

2. 文化体育观光部长官、市、道知事或者市长、郡守、区厅长根据第 1 款征收罚款时，考虑违法行为程度、违法次数、违法行为动机及结果等，可以在附表 4 列明的罚款金额的 1/2 范围内减轻或加重处罚，但做出加重处罚的不得超过法律第 48 条第 1 款规定的罚款金额的上限。

（2009-09-10 全文修订）

第 25 条 （规定的重新审查）1. 对于下列各事项自其起算日起，每 3 年文化体育观光部长官应当对其妥当性进行重新审查、改善等。（2013-12-30；2016-12-30 修订）

①第 2 条第 1 款第②项规定的非游戏提供业游戏提供范围：2017 年 1 月 1 日；

②法律第 16 条第①项规定的青少年游戏提供业的营业时间限制：2017 年 1 月 1 日。

2. 根据《信息通信网使用促进及信息保护相关法》第 2 条第 1 款第①项，通过信息通信网提供描写赌博或分红内容的卡牌游戏等游戏物的游戏提供业者应遵守如下事项（附表 2 第⑧项），文化体育观光部长官应当以 2016 年 3 月 15 日为起算日，每隔 2 年对其适当性进行审查、改善等。（2013-12-30；2016-12-30 新增）

（2013-03-18 本条新增）

附则

本施行令于 2017 年 3 月 30 日起施行。(但书省略)

第二章 chapter 02

韩国及其他国家游戏审查制度*

一、游戏奖品标准

文化体育观光部修订后的游戏服务标准，修改了游戏奖品标准。首先，使用和提供赌博游戏的游戏提供商提供必须使用特殊专用的奖品；其次，防止赌博游戏中奖品礼券兑换，创造良好的游戏文化；最后，目前流通的大部分提供超过奖金限额礼券的赌博游戏都是非法的，应从根本上阻止游戏提供者诱导赌博的因素。

修订后的奖品通知如下：

①只能提供经过认证的优惠券作为奖品；

②在游戏提供商提供的游戏之外，不得提供相应的游戏奖品；

③在操作游戏中，通过游戏结果获得的分数是无法保存的，禁止买卖或交易分数；

④为了防止游戏运营商变现，礼品券保留一年以防止兑换现金；

⑤赌博游戏中应标示“非奖品游戏”；

⑥在本通知施行时，针对之前的游戏物提供 60 天的宽限期，宽限期满后开始实行。

修订后的奖品通知与以前的奖品标准完全不同。本次的修订是针对全体可利用和 18 岁以下的奖品限额和奖品的种类。主要修订内容中，“比赛”的定义以及被视为赌博的比赛范围扩大了，该修正案体现了从根本上阻止非法赌博游戏行为的决心。此外，还旨在杜绝游戏运营商提供礼券兑换和恶意退款，防止礼券流通。

奖品通知之前，游戏分级为“18 岁以下”的，宽限期后若游戏被认定为

---

* 本章由孙磊编译、撰稿。

赌博游戏，不得提供奖品。其必须根据新的“奖品通知‘及’游戏评级分类详细信息”（2005 年 2 月 4 日）再次提出申请，以便重获修订奖品通知之前的游戏分级、奖品提供资格。例外，如在修订的奖品通知之前，游戏已移除抽奖环节，或游戏内容通过修改获得批准，则游戏可无须更改评级，但应在游戏封面右侧贴上“非奖品游戏”的标志。

京畿道产业园区的游戏产业分类细则（以下简称“细则”）于 2005 年 2 月 4 日以前没有专门的规定，发生具体事项时通过各种通知和公告给予评分，因此其不断受到一致性问题的争议。详细规定旨在防止游戏产品中猖獗的赌博活动，并且通过规范游戏服务中提供赠品、抽奖的标准，促进健康的游戏文化（文化和旅游部通知第 2004-14 号，工业游戏分类旨在按照第 17 条的规定，规范游戏项目的细节，以保持分类的平稳和公正，并确保后续管理的简易性）。

详细规定的主要内容总结如下：

①统一游戏条款；

②游戏四个主要窗口（CREDIT 分数、BET 赌注、WIN、奖品窗口［GIFT］）；

③建立单一位置游戏的标准；

④确定赌博游戏的标准；

⑤制定奖品游戏和非奖品游戏的标准。

详细规定是基于发布的“游戏产品赌博标准研究”和游戏行业根据修订后的奖金公告发布的意见，以避免目前关于公平性和一致性的争议。

法规的细节特别考虑了此后的管理方面。为了掌握现有游戏的内容，需要烦琐地检索（http://www.kmrb.or.kr 韩国媒体分级委员会）主页上列出的内容手册，避免善意的游戏运营商认为游戏是审议过的而运营游戏后被处罚之类的风险。

二、韩国游戏分类

（一）国内 PC 游戏/视频游戏的分类

“PC 游戏”是指根据“录像、视频和游戏产品法”第 20 条的规定提供分发、使用或娱乐的游戏，以及可分离的（PC）游戏、PS 系列、X-BOX 和其他游戏等内容，诸如游戏机（家庭游戏机、游戏街机）的视频游戏及诸如

GP32、Game Boy Advance（GBA）等便携式游戏。

“游戏”可分为可从互联网上直接下载并安装的游戏、不经下载直接运行的游戏（页游）、实时流媒体技术传输的游戏点播（GOD）技术与分成媒体技术的电视游戏、在线游戏。

视频游戏在正常产品发布前2~3个月应进行分类。申请分类在上半年和下半年，下半年的分类数量（256例，54.2%）比上半年（216例，45.8%）要多。

（二）国内网络游戏/手机游戏的分类

“网络游戏”是指根据游戏分类标准第1（2）条规定，用于销售和分发、发行、观看或娱乐的游戏。无论媒体类型、服务器的位置（限于家庭服务器）、无线（包括网络和手机游戏），以及是否付费，都可以预先对游戏进行分类。

有两种主要类型的在线游戏，即个人手机游戏、通过各种有线和无线通信将程序下载或连接至移动设备（如手机、PDA）的在线游戏。此外，实时播放流媒体（Streaming）游戏，亦被列为网络游戏类别，而不是PC游戏类别。

三、游戏审查制度类型

许多国家都对游戏进行审议，并相应地审查游戏。各国的审议制度根据目前的游戏市场情况、文化和社会认可程度不同，审议标准和形式不同，审议机构的特点也不同。各国审议机构的特点和地位可以根据审查概念、行政权力干预的程度分为几类。

审查制度为“通过行政权力的介入限制内容”，而分级制度则相反，由此可以区分各国审议机构的类型。欧洲、日本和美国等行政参与程度较低且市场信息较高的国家，可以被视为高度自治的一类；中国行政机关参与的程度很高可视为审查型；韩国、德国和新西兰可以被视为中等。韩国政府监管比过去有所放宽，但市场信息披露依然偏低。与前5年相比，审议机构或审议制度没有发生重大变化，有意义的变化是，在以分类为基础的审议机构方面，韩国政府已经做出各种努力将审议转为提供信息服务。

（一）等级分类型：美国、欧洲、日本

娱乐软件分级委员会（Entertainment Software Rating Board，ESRB），是由娱乐软件协会（ESA）于1994年创建。作为为互动娱乐软件行业创建的自主

监管机构，制定关于适用于电脑游戏和视频游戏的分类规则和条例。

ESRB 旨在帮助家长和消费者为家人选择合适的游戏。ESRB 可分为两部分：一个是评级符号，它表示哪个年龄段使用游戏更适合；另一个是内容描述符号，更具体地说明了游戏中包含的元素。ESRB 正在积极应对游戏产业和游戏本身的快速变化。最近，ESRB 已经完善了它的评级体系，并在很大程度上对其内容技术人员进行了调整。该等级将 E10+（10 岁以上）添加到现有类别，它强化了 E（6 岁以上）和 T（13 岁以上）之间的年龄差异更大的事实。内容审查人员的人数也比前一年有所增加。

1. 相关组织

除了评级分类外，ESRB 还通过其他部门管理游戏广告和在线隐私。评级委员会负责视频和电脑游戏评级，ESRB 隐私在线负责在线隐私保护，广告审查委员会（ARC）负责审议广告资源。广告审查委员会负责审查游戏宣传，ESRB 隐私在线用于告知网络用户如何使用他们的个人信息。

2. 分类

要注册 ESRB 评级的游戏，游戏制作者应填写详细的问卷描述游戏内容，并准确描述实际游戏场景、游戏环境，以及视频中记录的显示最极端内容的整体产品必须一起提交。在游戏分级后，3 名独立内容技术人员推荐建议的分类和内容描述。ESRB 推荐评级委员会相互比较，并征求他们同意。成员形成有一致看法时，确定分类建议。评级委员会建议不同等级的情况下，其他评级委员进行复议，确保结果和内容描述符合，能够给制造商一个正式的分类。

当游戏准备好发行时，制作人将产品的最终版本提交给 ESRB，对游戏的包装盒也会进行审查，以确保其符合 ESRB 标准。此外，ESRB 的内部游戏专家会抽查游戏产品的最终版本，来验证评级过程中提供的所有信息是准确和完整的。如有必要，对任何违反 ESRB 标签、营销或产品提交条款的供应商采取适当行动。ESRB 没有权力强制零售商分类，但应与零售商和游戏中心保持密切的工作关系，以显示评级信息，并确保不向未成年人销售或租用特定产品。实际上，ESRB 的“家长承诺计划”承诺尽最大努力，严控未经父母同意向 17 岁以下的年轻人出售或出租“仅限成人”产品，ESRB 分级标识见图 1-2-1。

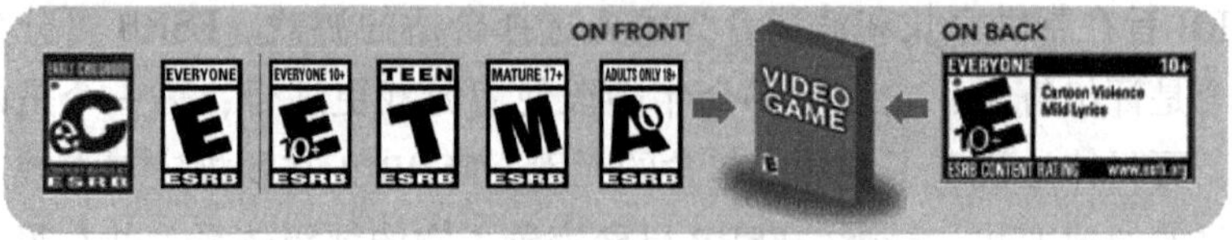

图1-2-1　ESRB 分级标识

ESRB 评级和内容描述符的示例见表 1-2-1。

表1-2-1　ESRB 评级和内容描述符示例

	EC 级：幼儿	3 岁	不包含家长认为不适宜的内容
	E 级：所有人	6 岁	含极少的卡通幻想、轻微的暴力
	E10+级：10 岁以上所有人	10 岁	包含更多卡通、幻想、轻微的暴力
	T 级：青少年	13 岁	包含暴力、粗鲁的幽默等
	M 级：成熟期	17 岁	含强烈的暴力、血腥等
	AO 级：仅成人	18 岁	含长时间的强烈暴力
	RP 级：待分级		该产品已向 ESRB 提交审定且等待最终定级

共有 7 个等级，除去 RP 评级，实际评级为 6 级，评级和内容描述符应显示在包装的正面和背面，包装前面要求说明分级，在后面说明内容的描述。

(二) 欧洲：泛欧游戏指标

1. 摘要

泛欧洲游戏信息组织（Pan European Game Information，PEGI）于 2003 年初春启动，适用于整个欧洲的单一系统取代每个国家的个人年龄分级系统。它旨在防止未成年人接触到不适合他们年龄段的游戏，由欧洲主要游戏机制造商（PlayStation、Xbox、Nintendo），以及分销商和开发商赞助，其成员国见表1-2-2。在组织PEGI时，许多社会团体，如消费者、家长等参与其中。

表1-2-2 PEGI成员国

奥地利	比利时	丹麦	芬兰
法国	希腊	爱尔兰	意大利
卢森堡	荷兰	挪威	葡萄牙
西班牙	瑞典	瑞士	

欧洲有数百万用户，游戏玩家的平均年龄超过23岁，因此针对18岁以上的成年人已经有许多成人游戏，这使得普通消费者认为部分游戏是为青少年制作的。在这种情况下，欧洲互动软件联盟（ISFE）正在设法建立一个单一、适用于整个欧洲的年龄分级系统，以保护18岁以下的年轻人。

游戏的评级应标示在游戏的正面和背面，零售商必须使用这个新评级系统向用户提供信息。如果用户进行评级搜索，用户会找到每个国家/地区的年龄分级和工具店信息，并链接到相关网站。

2. 组织

PEGI相关组织是欧洲互动软件联盟、荷兰视听媒体分类研究所（NICAM）、视频标准理事会（VSC）。ISFE是PEGI系统开发机构，是互动游戏机制造商、分销商和开发商的财团。NICAM是ISFE为PEGI签约的地方，作为拥有视听材料的长期评级经验，有助于协助PEGI系统。

在任何情况下，PEGI系统都自愿受到每个国家的法律和机构的追求，以保护现有的未成年人。

3. 分类程序

首先，游戏发布者必须完成发送给NICAM的在线文档。NICAM审核文件完成，如果等级为3+或7+，那么将允许附加徽标。因为它高度依赖发行商的提交，较低年龄的游戏被误分类的可能性相当小。

如果所需等级为12+、16+或18+，则NICAM将全面审查游戏以确保等级合适。因为全面审查游戏可能需要数周的时间，所以发布商必须在可能影响期望评分的游戏片段上标记。额外的游戏信息由出版商自行决定，NICAM不强制要求。

在葡萄牙和芬兰，分级制度略有不同。PEGI 不适用于德国，因为德国具有合法可执行的评级系统。

4. 等级

有 3 岁、7 岁、12 岁、16 岁和 18 岁 5 个年龄等级。每个年龄等级的标志旨在一目了然地查看年龄等级（见表 1-2-3）。

表1-2-3　年龄等级标志

标志	年龄	标志	年龄
3+ www.pegi.info	3 岁以上	16+ www.pegi.info	16 岁以上
7+ www.pegi.info	7 岁以上	18+ www.pegi.info	18 岁以上
12+ www.pegi.info	12 岁以上		

5. 附加游戏信息

考虑到年龄等级，有必要判断信息在游戏中出现的频率。即使存在病毒信息，3 岁以上和 18 岁以上也有很大差异。

（三）日本：电脑娱乐评分机构（Computer Entertainment Rating Organization，CERO）

1. 概述

日本电脑游戏公司协会（Computer Entertainment Software Association，CESA）推出独立组织 CERO，这是由政府和民间团体组织的评级。

2. 组织

设一个秘书处和一个评审小组。评委必须年满 20 岁，且不应与游戏公司有关联。评委包括游戏爱好者、家庭主妇、学生和 50~60 岁的人。

3. 分类程序

由于评委难以从头到尾地玩游戏，主要是使用录像带和相关材料进行分类参考，分类程序见表 1-2-4。

表1-2-4　CERO 的分类程序

①委托审查 在请求甄别时，提交以下文件给 CERO 秘书处： 筛选请求、录像带、设置数据（如故事和游戏的世界观） ★录像带包括作为产品出售的作品的视频图像（检查和提交给制造商的级别）。自检表包含与每个项目对应的表达式，以便提取上、下文了解。通常，录音时间在 2 小时内
②测试 测试日期为收到审查要求文件后的第 2 天
③结果通知 收到后，依次进行筛选
④开始测试 年龄分级的结果应在“测试结果通知书”中注明，原则上在收到后 7 天内寄出
⑤选择“我同意”或“我不同意”并返回
⑥产品上显示与检查结果对应的“评分标记”
⑦产品完成后，交付一件样品

4. 等级

CERO 有 4 个等级的年龄，即全年龄、12 岁、15 岁、18 岁，其年龄等级标志见图 1-2-2。它的特点是以跨学科年龄为中心而划分的。评级通过考虑性表达、暴力表达、反社会行为表达、语言和意识形态表达 4 个要素来确定，其中对每个要素都详细规定了禁止表达。

图1-2-2　CERO 的年龄等级标志

5. 其他消费者信息

与往年相比，增加额外的消费者信息是一个重大变化。世界各地的分类机构似乎都在努力跟随提供这些详细信息的趋势。附加的消费者信息显示在包装的背面，使消费者能够快速查看他们想要显示的消费者信息（见图 1-2-3）。

符号									
含义	恋爱	性	暴力	恐怖	饮酒/吸烟	赌博	犯罪	毒品	语言/其他

图1-2-3　CERO 的额外消费者信息

(四) 中间型：德国、新西兰、韩国

它位于分级型和政策筛选型之间，有一定程度的行政参与，并且有机构设备可用来限制内容的披露。

1. 德国软件分级系统

(1) 摘要

德国是由法规而非行业自主执行的，电脑游戏由未成年人保护法分类，故其不隶属于 PEGI。

与德国软件分级系统一起，联邦检察官办公室青年福利媒体禁止在媒体、视频、音乐或其他媒体上创建有害内容。这与韩国评级委员会和青少年保护委员会之间的关系相似。

(2) 组织

有关组织包括咨询委员会和评审委员会。咨询委员会负责德国软件分级系统的决定和监管，评审团有义务对结果进行分类、报告并提供信息。评审委员会的组成由咨询委员会决定，该委员会需要证明其在调试时能够提交质量报告。然后，每位评审应强制参加德国软件分级系统培训课程，并获得有关游戏的知识和信息。

评委由德国软件分级系统任命，评审由独立于德国软件分级系统的评审团进行。评委不发薪水，其也不应从事游戏相关业务工作。

(3) 分类程序

为了获得德国软件分级系统分类，游戏公司须在德国娱乐软件协会注册。德国娱乐软件协会会员供应商和制造商可以在德国分发和销售仅有德国软件分级系统级别的游戏。政府机构和其他青少年保护机构，如联邦青少年有害媒体办公室和严格的儿童保护法律正在帮助制定这一制度。

(4) 等级

它分为 5 个等级，评级标志和内容见表 1-2-5。根据“无年龄限制”“6 岁以上”“12 岁以上”“16 岁以上”和“少儿不宜”，每个年龄段的内容有所不同。

表1-2-5　德国软件分级系统评级标志和内容

评级标志	年龄段	内容
	无年龄限制	对于儿童和未成年人是无害的
	6岁以上	游戏中包含竞争的概念，并包含幻想或其他不切实际的元素，但对于小学生年龄并不过分
	12岁以上	游戏中格斗占比很大，一般来说，很难将此视为小学生可正确处理的问题。然而，12~15岁的儿童可能有能力理解游戏情境、背景，或可鼓励他们在复杂的虚拟世界中发挥勇敢的作用
	16岁以上	有必要具备适当的思考和参与成熟的社会判断能力和游戏情境的能力。有时候，可能会对与人类相似的敌人发起攻击，并且由于实际的武装冲突而导致无法正确识别游戏和实际生活。关于审议的评估，重要的是在游戏所提出的概念和诱导的行为模式之间保持足够的距离
	少儿不宜	主要使用单方面力量的游戏概念。作为行动的结果（敌人以间歇方式表达），人们担心闪烁的视觉效果和声音效果可能会对儿童和青年产生破坏性影响

（5）其他消费者信息

德国软件分级系统的补充消费者信息分为“信息收集”和“教育内容”（见表1-2-6）。

表1-2-6　德国软件分级系统的额外消费者信息

INFO	信息收集
INFO	教育内容

2. 新西兰电影和文学分类办公室（Office of Film and Literature Classification，OFLC）

（1）概述

该分类基于1993年的电影、视频及出版物分级法（Films，Videos and Publications Classification Act），根据视频和制作分类系统实施分类系统，有视频、DVD、CD-ROM、书籍、杂志、海报、录音、电脑光盘、视频游戏、丝网印刷T恤、学习软件、游戏卡、广告牌、图片、照片、每周图书和各种格式的计算机文件。

新西兰管理网站的规则可以推断出网络游戏的政策。如果服务器不在新西兰，则不在新西兰法律范围内。然而，无论服务器是否在新西兰，可下载的内容都受新西兰法律的约束，因此网络游戏内容适用于爱尔兰法律。

（2）分类程序

并非所有内容都是强制性的。游戏内容可以免费获得，如果内容被报告为有问题或由 OFLC 独立确定，则内容将受到正式的分类处理。如果在分类后发现游戏内容有问题，OFLC 将进行罚款等处罚，因此 OFLC 要求成人内容被预先分类。

（3）等级

它分为 3 类，然后分为详细等级（见表 1-2-7）。

表1-2-7　OFLC 的分类等级

无限制	不可能阻碍公众利益，每个人都可以观看	G	全部可用
		PG	法定监护人在场
		M	建议 16 岁及以上的人士，没有法律效力
受限	有可能会阻碍公众的利益	R13	13+
		R15	15+
		R16	16+
		R18	18+
		R	特殊限制适用
不良	它被视为妨碍公众利益的出版物。有问题的数据是被禁止的，拥有、销售、出售、转让或购买这些有问题的数据是非法的		

2011 年 12 月 1 日，首尔行政法院已经对游戏等级委员会涉嫌强制让成人街机游戏《黄金扑克牌》修改游戏内容、阻碍游戏等级审批相关诉讼进行审理，并判定原告《黄金扑克牌》胜诉，被告游戏委败诉，诉讼内容为游戏委必须赔偿所有成人游戏厅业主一切有关《黄金扑克牌》的经济损失。游戏委员会于 10 月变相阻碍《黄金扑克牌》的等级审批工作，主要原因是给当时“恶交”的街机游戏业界一个下马威。游戏内容和质量没有任何问题，不过游戏委却以各种理由拒绝审批游戏。业界人士透露，《黄金扑克牌》在全韩共有 30 家游戏厅运营，每个游戏厅约有 50 台游戏机，每台游戏机造价为 300 万韩币。

全国1 500台游戏机的更换损失费约为 45 亿韩元，加上 2 个月的营业损失，总计游戏委要赔付业主近百亿韩元。

最近，韩国游戏等级委员会因为被国民权益委员会投诉，遭遇信任危机。委员会涉嫌不平等交易、缺乏专业性等问题被正式提出，另外还有韩国国会议员指出，游戏等级委员会涉嫌以权谋私，所以应该解散其组织，将等级评审权利交还韩国文化部和民间团体。[1]

2012 年，韩国司法委通过文化部相关提案，韩国国会在当年最后一次国会会议上，正式通过了这一法案。本次《关于振兴游戏产业法部分修订案》修改了关于青少年游戏的审批提案，并修改了游戏等级委员会的国库财政支援期限到 2012 年 12 月 31 日。从 2013 年开始，游戏等级审批将会交由民间管理，由学生家长、教师、青少年保护团体和 1/3 的游戏产业人士共同组成审批团队。[2]

四、韩国游戏分级评审规则*

第 1 章　总则

第 1 条　（主旨）1. 依照《游戏促进法案》第 21 条进行游戏分级，GCRB（以下简称“委员会”）在确保游戏符合公序良俗的前提下，保护儿童及青少年之身心，尊重游戏公司的创新与自治。

2. 委员会根据不同的游戏类型进行管理和分级。

第 2 条　略。

第 3 条　1. 制售、预备销售《游戏产业促进法》第 2 条第 1 款中规定的游戏物的，需要经委员会审核。

2. 根据第一款所规定，游戏物做如下分类：

①pc 游戏；

②视频游戏（运行于游戏机）；

③手机游戏；

④街机（《游戏产业促进法》第 2 条第 6 款中限定的商业设备）；

⑤其他游戏（包括电视游戏、flash 游戏等低内存游戏，以及其他一款到四款包含的所分发的游戏）。

第 4 条　1. 评审委员会原则上每周进行两次评审，同时视业务量相应增

---

[1] 新浪网游戏频道. 韩国游戏等级委员会再次卷入百亿诉讼案［EB/OL］.（2011-12-05）［2019-06-08］. http://games.sina.com.cn/y/n/2011-12-05/1023557310.shtml.

[2] 3DMGAME. 韩国取消游戏等级委员会　2013 年审批将交由民间［EB/OL］.（2012-01-08）［2019-06-08］. https://m.3dmgame.com/mip/news/201201/39189.html.

* 本部分由孙磊编译。

减频率。

2. 评审委的决议以出席评审的多数决为准，除非本规则另有规定，否则应为全体成员的多数决。票数相同视为否决。

3. 针对本规例第 3 条第 2 款第⑤项的游戏，小组委员会可通过审查用户直接制作的游戏，向评审会推荐一个通过多数据产生的分级意见。

4. 评审会可请秘书处工作人员协助各种会议服务，包括会议材料和会议纪要的编写。

5. 评审会主席应在评审会议召开 3 日前通过秘书处向专家或评审成员通报议程，遇紧急情况或不可抗力时除外。

第 5 条 1. 评审会应编制和存档其 10 年的记录，由参加审查的成员在记录审查会议的详细程序后正式签署。

2. 评审会应将提交的所有申请文件连同评审记录留存 5 年。

3. 第 1 款中涉及的记录根据评审会规则应予公开。

第 2 章 评审标准

第 6 条 评审原则：

①以内容为中心：内容之外的部分不作为评级考量因素；

②背景：评级时应整体考虑游戏的背景及现状；

③公众标准：评审应以普世标准进行看待；

④国际接轨：评级应符合国际趋势；

⑤一致性：不同评审不同时间内针对一款游戏的评级结果应一致。

第 7 条 暴力、犯罪及毒品、不当言语、射幸暗示。……

第 8 条 1. 游戏分级类别为：

①All；

②12+；

③15+；

④成人级 or 18+。

2. 在装有商业设施的场地（街机游戏）提供的比赛中，对比赛进行评级或分类。……

第 9 条 《游戏产业促进法》第 21 条第 7 款规定的游戏评级标准如下：

①“全体”的标准：无有害于未成年人的淫秽、暴力和射幸等内容；对于未成年人无害，并且有助于其情感培养及教育；无不良意识形态、价值观及言论。

②“12+”的标准：游戏主题或内容包含对12岁以下青少年产生不良影响的因素，如色情、暴力、射幸暗示；游戏主题或内容包含对12岁以下青少年身心产生不良影响的意识形态、宗教、习俗。

③“15+”的标准。……

④“成人”标准。……

第10条　略。

第11条　略。

第12条　（犯罪或毒品）

1.“全体”：无犯罪或毒品的描述。

2.“12+、15+”：极少或轻微的犯罪或毒品描述。

3.“成人”：犯罪或毒品的直接描述。

第13条　（语言标准）

1.“全体”：没有损害身心健康的粗俗言语或俚语。

2.“12+、15+”：无过分的粗俗言语或俚语。

3.“成人”：包含少儿不宜的粗俗言语或俚语。

第14条　（模拟射幸行为）

1.“全体”：无射幸行为。

2.“12+或15+”：极少或轻微的射幸行为。

3.“成人”：射幸行为不会实际引起财物的贬损。

第15条　（标识义务）游戏生产商及分发商必须标注其商标名称、游戏级别、内容简述、游戏操作信息等《游戏产业促进法》第19条所规定的内容。

第16条　略。

第17条　（标记方式）游戏分级采用附件1中的颜色标注。评审委员会建议在线游戏应在游戏中显示评级及内容描述。

第3章　射幸行为的验证

第18条　根据《游戏产业促进法》第2条第1-2项之规定，下列“游戏”评审会将视为“射幸游戏物”：

①（针对开宝箱）游戏提供的概率低于正常值，游戏沦为射幸行为；

②游戏中的“模拟射幸行为”获得奖励可以线下转为现金；

③通过游戏可以获得现金或其他物品；

④通过直接或间接的分销渠道为游戏获得的点数或游戏虚拟货币提供有形或无形报酬；

⑤用于电子游艺厅的游戏与互联网游戏一样，游戏结果获得的点数或相应收益被低估；根据《游戏产业促进法》第21条第8款的技术评审而拒绝评级的游戏；

⑥玩家可直接用现金购买游戏中的虚拟货币，且虚拟货币可因游戏玩家之间的博弈结果而流通。

第4章　程序

第19条　(分级评价) 1. 根据《游戏产业促进法》第21条第1款的规定，希望获得评级的游戏，应当向评审会提交附件1中的申请表、游戏书面简介及下面列出的项目；对于第⑦项中涉及的文件亦应遵守。

显示游戏主要过程的视频剪辑及照片；主机游戏的设备（包括正面、后部、左右两侧）的照片；可运行的游戏（包括需要附加操作信息设备的游戏的相关文件和附件）；网络游戏登录账号信息；游戏内容介绍；游戏制作者或发行商提供的有效授权书（限于应图书出版商要求的评级）；《电器安全证书》（限于《电器安全管理法》实施细则附件2规定的受安全认证的电器）。

2. 评审会要求提供的其他材料。

第20条　(现场审查) 1. 经申请人申请，评审会认为必要，可进行现场审查：为商业游戏厅设计的游戏，由于设备的大小、重量或运输方式而难以运输或提交；需在指定地点或区域运行或审查的其他游戏（如AR游戏）。

2. 除正常评级费用外，委员会可收取额外的场地审查费用。

3. 除特殊情况，一般应由两名专家和一名秘书处工作人员参加现场审查。评审会成员可随需陪同。参与现场审查的人员可根据所审查的游戏种类和品质重新考虑。

4. 专家应在现场检查游戏的细节，并收集审查所需的所有信息，包括录像，并向评审会提交现场审查报告。

5. 评审会应根据专家提交的现场审查报告进行审查。如果评审会认为专家提交的现场审查报告不足，可组织第二次现场审查。

第21条　(现场审查程序) 1. 拟申请现场审查的，应在附件3下向评审会提供现场审查申请表及理由。

2. 在收到现场审查申请后7日内，评审会应送达相关决定。

第22条　(游戏内容的修订) 1. 依据《游戏产业促进法》第9-2条第1款之规定，申请修改游戏内容的，应该向评审会提交附件4中的游戏内容修订报告，附件5中的修改细节说明。此条款不适用于针对已按内容修订评级的游戏进行技术补充或改进的情况。

2. 评审会将针对修改报告，进行以下处理。保持评级的通知：内容修订程度不需要改变评级，原有的评级将保持不变。修订评级的通知：根据《游戏产业促进法》第 21 条第 5 款之规定，需要新的评级。

3. 根据第 2 款，评审会应在收到修订报告之日起 7 日内做出决定。

4. 根据游戏内容修改报告，其重大修订已超过《游戏产业促进法》第 21 条 5 款规定的游戏行为范围，或当它未能延续之前游戏的账户资料（即具体玩家操作游戏记录或游戏内容），评审委员会应根据第 2 款尽快退回修改报告并说明退回原因。此时，根据《游戏产业促进法》第 21 条第 1 款之规定，该游戏物需要重新申请评级。

5. 基于游戏供应商或分销商的要求，当一个游戏未获重新分类或虽经过修改未调整分级时，评审委员会应依职权进行调查。

第 22 条之 2　（根据游戏修改报告进行重分级的程序）1. 根据《游戏产业促进法》第 21 条 5 款，评审委员会接到重新分级的请求后，应于 7 日内作出答复。

2. 依据第 1 款之规定，游戏的新评级结果异于此前的结果，评审委员会可就此作出决议。

3. 评审会决议重新分类结果告知申请人后，申请人可于 7 日内申请复议。

4. 评审会依据复议人申请做出最终决定，此决定不得再行复议。

5. 申请人可消除第 4 款中需要改变评级之因素后，申请重新分类。

第 23 条　（游戏测试）1. 根据《游戏产业促进法》第 11-3 条第 2 款之执行命令，申请人有义务提交附件 6 中的符合“用户满意性”和“稳定性”的测试游戏。

2. 测试游戏经《游戏产业促进法》第 11-3 条第 1 款之规定（经由一个或一个以上评审会成员验证）测试验证后，评审会应于 7 日内做出附件 7 中的测试游戏证明。

3. 若取得游戏测试验证证书的主体依据第 1 款之规定未完成测试工作，其可提交附件 8 申请延长最多不超过两次，申请中需要说明相同内容下需要延长期限的原因。

第 24 条　（评级之撤销）1. 在评审会根据《游戏产业促进法》第 22 条第 4 款决定取消评级之前，应给予申请人一次申辩的机会。

2. 评审委员会决定撤销评级的，应当及时向申请人发送通知，说明撤销具体理由。申请人可以收到通知后 7 日内依据第 2 款提出复议申请。

3. 评审会复议后可决定最终撤销分级，申请人在期限内未提出复议的，评审委员会撤销分级。

第 25 条 （拒绝评级）1. 评审委员会认为游戏制作者或发行者提供的游戏属于《游戏产业促进法》第 22 条第 2 款之情形的，可拒绝进行分级。

2. 下列情形属于《游戏产业促进法》第 22 条第 2 款规定需受管制或处罚的游戏或游戏设备。①根据《射幸行为特别法》确认为射幸娱乐工具的；②根据刑法规定需要管制或处罚的；③根据著作权法需要管制或处罚的；④未按照《促进信息技术服务和信息保护条例》规定，实现用户实名认证制度的；⑤未按照《电子金融交易法》之规定进行实名认证交易行为或其他交易行为的；⑥根据《公民登记法》需要管制或处罚的；⑦根据《电子签章法》需要管制或处罚的；⑧根据《电子商务消费者保护法》需要管制或处罚的；⑨根据《保护青年法》和《青年性侵害保护法》需要管制或处罚的。

3. 评审委员会在拟适用《游戏产业促进法》第 22 条第 2 款之规定拒绝申请人的评级申请之前，应给予申请人一次申辩的机会。

4. 评审委员会决定拒绝该游戏分级时，应将决定送达申请人，说明具体理由。申请人可在收到文件之日起 7 日内申请复议。

5. 评审委员会在接受申请人复议后做出最终决定。申请人未能在规定的期限内提出复议申请的，评审委员会则应予以拒绝。

6. 依据第 3 款之规定被拒绝评级申请的，申请人可在消除相关因素后再行申请。

第 26 条 （申请异议程序）1. 申请人不服分级结果或认为不应适用《游戏产业促进法》第 23 条第 1 款之规定的，可在收到决定后 30 日内向评审委员会提交附件 9 的复议申请，并说明理由。

2. 根据《游戏分级委员会规程》第 23 条，评审会在收到书面复议申请后，应征求咨询委员会意见。

3. 评审委员会应在收到复议申请后 15 日内，向申请人提交做出决定的依据，并依据第 2 款参考相关意见。

第 27 条 （评级通知）1. 评审委员会应向通过评级审查的申请人发附件 10 中的资格证书。

2. 评审会应将附件 11 的评级决定通知申请人，并将评级的背景、原因或游戏内容细节告知申请人。

第 28 条（补发证书）1. 依据《游戏产业促进法》第 22 条第 3 款之规定申请补发游戏分级证书的，应向评审会提交附件 12 的申请书，陈述申请补发的理由。

2. 评审委员会应当在接到申请后 15 日补发决定，如未在 15 日内做出决定，评审委员会应将原因通知申请人。

第 29 条　（审理周期）评审委员会应在收到申请书后 15 日内做出分级决定。如遇不可抗力未能在规定的期限内确定评级，评审委员会应将原因通知申请人，并书面审查审理流程。

第 30 条　（后续措施）1. 评审委员会发现违规评级、伪造、篡改或评级被驳回游戏的非法使用，应立即通知有关部门进行处理。

2. 如发现第 1 款之事由，评审委员会将可撤销评级或采取其他必要行动。

第 31 条　（收费）根据《游戏产业促进法》第 41 条第 2 款，申请人就下列事项提出申请或复议应缴纳相应费用，相应收费标准由文化体育观光部部长批准。在 2013 年 9 月 30 日前提出申请的，依照附件 3 的审查费率表（见表 1-2-8）支付费用。（2013-02-07 修订）

①根据《游戏产业促进法》第 21 条申请游戏分级的；

②根据《游戏产业促进法》第 23 条提出异议的；

③根据《游戏产业促进法》第 21 条进行技术审查的。

第 32 条　（其他）在本条例或其他法规中未指明的形式可改为正式信函形式。

表1-2-8　审查费率

<table>
<tr><th colspan="2">基础费率</th><th>使用系数</th><th colspan="2">类型系数</th><th>韩国版本系数</th></tr>
<tr><td>台式电脑（包括可游戏包体 300MB 以上的可下载游戏）</td><td>240 000韩元</td><td rowspan="7">联网：1.5
非联网：1.0</td><td>1组</td><td>3.0</td><td rowspan="7">韩国 1.0
非韩国 1.1</td></tr>
<tr><td>台式游戏机</td><td>280 000韩元</td><td rowspan="2">2组</td><td rowspan="2">2.0</td></tr>
<tr><td>便携式：掌机</td><td>200 000韩元</td></tr>
<tr><td>便携式：手机</td><td>60 000韩元</td><td rowspan="2">3组</td><td rowspan="2">1.5</td></tr>
<tr><td rowspan="3">其他（包括互联网电视、网页游戏、其他下载游戏）</td><td>10MB 以下：30 000 韩元</td></tr>
<tr><td>10 ~ 100MB：40 000 韩元</td><td rowspan="2">4组</td><td rowspan="2">1.0</td></tr>
<tr><td>100 ~ 300MB：80 000 韩元</td></tr>
</table>

五、青少年保护机制

2012 年 2 月 6 日，韩国政府召开“校园暴力相关长官会议”，发布了“预防校园暴力综合对策”。

韩国政府宣布，将和多部委联合执行“杜绝校园暴力七大对策”。而作为直接对策，包括强化校长和教师的作用及责任，改善举报和调查体系及对加害、被害学生的措施，扩大预防教育，扩大家长教育及家长的责任强化等。同时，作为根本对策，包括强化人性教育、强化家庭和社会的作用、防止网瘾和沉迷游戏等。

而作为防止网瘾和沉迷游戏的对策，韩国政府提出，青少年玩两小时游戏就会自动掉线（10 分钟后只能再登录 1 次）、超过一定时间后游戏进行效率下降、限制每月投入在游戏上的费用等方案。另外，韩国政府还提出了强化游戏等级审核、强化网吧使用制度、对网络游戏的防沉迷实施状况进行例行检查等补充对策。同时，禁止青少年通过虚拟物品交易平台买卖游戏道具，禁止成人买卖使用外挂等非法程序获得的游戏道具。

在全国的网吧内实行宵禁，并且对网游玩家在游戏内的最大消费数额设置了每人每个月不超过 300 美元的上限。这些政策在执行过程中给多家游戏公司造成了重大损失，有些公司甚至因此进行了裁员。

韩国手机游戏行业标准*

第 1 章　总则

第 1 条　略。

第 2-1 至 2-4 条　略。

第 2-5 条　“账户信息”是指用户号码、外部账户信息、设备信息、昵称、用户头像、用户向公司提供的朋友列表、游戏使用信息（角色信息、项目、等级等）等。

第 2-6 条　“内容”是指本公司为提供移动设备使用的服务而数字化创建的任何付费或免费内容（如游戏和网络服务、应用程序、游戏虚拟货币、游戏项目等）。

第 2-7 条　“应用市场”意味着一个电子商务环境，使用户能够在移动设备上安装和支付游戏内容。

第 3 条　（提供公司信息）公司应在游戏服务中展示以下信息，以方便用户理解。但是，个人信息处理政策和条款，用户必须可以通过连接屏幕直接查看。

公司信息包括收件人和代表的姓名、营业地点的地址（包括用户投诉可以处理的地址）、电话号码、电子邮件地址、商业登记号、联系我们、隐私政策、服务条款。

第 4 条　（条款的影响和变化）1. 公司须将在游戏服务或其连接屏幕上公布本协议的内容，以便用户周知且易于理解，如服务中止、撤回购买、撤销合同、终止合同、公司终止、免责声明等重要内容必须用粗体、颜色。

2. 如果本公司修改条款和条件，则应在生效日期前至少 7 日通过在游戏

---

* 本部分由孙磊选译。

服务或连接屏幕上发布通知：用户申请日期、修改内容、修改原因等内容。但是，如果变更的内容对用户不利或变动很大，则应在用户申请日 30 日内以正文的方式通知用户，并按第 27 条第 1 款的方法通知用户。在这种情况下，修订前的内容和修改后的内容被清楚地比较和显示，以便于理解。

3. 如果公司修改条款，公司应在通知修订条款后确认用户是否同意应用修订后的条款。如果用户不做标记，可以默认已经接受修订条款。如果用户不同意修改条款，公司或用户可以终止服务使用协议。

4. 公司应采取措施，使用户能够向本公司查询和回应本协议的内容。

5. 公司根据《电子商务的消费者保护法》《条例管理法》《游戏产业促进法》《促进信息网络使用和信息保护法》，可以在不违反相关法律法规的前提下修改这些条款和条件。

第 5 条 （签署和使用合同）1. 使用合同应由有意注册成为游戏用户的人（以下简称“申请人”）同意本协议内容后再申请服务，并由公司批准申请。

2. 原则上，公司应当批准申请人的申请。但是，公司可以拒绝接受以下任何一项申请：

①使用申请的内容为伪造或者申请使用要求不符合；

②在游戏公司不提供服务的国家以不寻常或环境方式使用服务；

③申请系《游戏产业促进法》等相关法律禁止的行为；

④申请有阻碍社会福祉、秩序或道德的目的；

⑤申请系以进行欺诈为目的；

⑥以非法牟利为目的进行申请的；不适合相应分级要求的。

3. 如遇以下任何一种情况，公司可以延迟其批准，直至问题解决：

①如果公司服务器中没有足够的空间，如难以支持特定的移动设备，或者存在技术障碍；

②如果服务中断或中断服务使用费用发生（点卡类的）；

③被判断为难以申请的受理的。

第 6 条 （条款和条件）条款中没有规定的事项及对这些条款和条件的解释，应受《电子商务中的消费者保护法》《条例管理法》《游戏产业促进法》《信息保护法》《内容产业促进法》等有关法令约束。

第 7 条 （运营政策）1. 游戏服务运营政策（以下简称“运营政策”）为必要应用条款。

2. 该公司可在游戏服务或连接屏幕上发布运营政策的内容，以便用户周知。

3. 运营政策被修改，请按照第 4 条第 2 款的程序。但是，如果操作政策的修订属于以下任何一项，则可事先通过第 2 款规定的方法通知。

①规定具体范围来修改授权的事项时；

②修改与用户的权利和义务无关的事项；

③如果运营政策的内容与协议中规定的内容没有根本区别，并且运营政策在用户预测的范围内修改。

第 2 章　个人信息处置

第 8 条　（保护和使用个人信息）公司力争按照有关法律法规的规定保护用户的个人信息，个人信息的保护和使用受到有关法律法规和公司个人信息处理政策的约束。但是，公司的个人信息处理政策不适用于公司提供产品服务内容以外的关联服务。

根据服务的性质，可能会公开自我介绍，如与成员个人信息无关的昵称、人物照片和状态信息。

未经个人同意，公司不得将用户的个人信息提供给他人，除非有相关政府机构等要求。

公司对由于用户责任而泄露个人信息造成的损害不承担责任。

第 3 章　缔约方义务

第 9 条　（公司义务）公司将忠实遵守相关法律法规，行使本条款规定的权利及履行义务。

公司应有安全系统来保护个人信息（包括信用信息），以便用户可以安全地使用该服务并公开和遵守个人信息处理政策。除本条款和政策规定外，公司不得向任何第三方披露或提供用户的任何个人信息。

因自然灾害、紧急情况等不可抗力，公司对服务改进过程中设备或数据的任何损失或损坏不承担任何责任。公司应提供持续和稳定的服务，尽最大努力修复，不得拖延。

第 10 条　（用户义务）1. 游戏用户在使用本公司提供的服务时不得有下列任何行为：

①申请使用或更改用户资料时伪造事实；

②通过公司未提供的服务或异常方式买卖或赠予网络资产（身份证、人物、物品、游戏资金等），或者获取和使用网络资产；

③假冒公司的员工或运营者发送电子邮件，窃取他人的姓名，冒充他人或歪曲与他人的关系；

④通过窃取某人的信用卡、有线/无线电话、银行账户等其他用户的 ID 和密码来购买付费内容；

⑤未经授权收集、存储、发布或传播其他成员的个人信息；

⑥发布传播令人赌博或其他有罪行为，淫秽或粗俗信息，淫秽网站的链接，羞耻行为，厌恶或恐惧的文字、声音、图片或图像等；

⑦营利服务，如销售、广告、宣传、政治活动、竞选等；

⑧未经授权复制、分发、推广或通过使用本公司服务获得的信息，或利用已知或未知的错误；

⑨以欺骗他人的方式利用他人，或在使用公司服务方面损害他人；

⑩侵犯公司或其他人的知识产权或肖像权，或损害他人声誉；

⑪旨在干扰或破坏正常运行的计算机信息（计算机程序），计算机软件、硬件或电信设备、代码、文件或程序；

⑫未经公司许可更改应用程序，向应用程序添加或插入其他程序，对服务器进行破解或反向工程，泄漏或修改源代码或应用程序数据，构建单独的服务器，通过任意更改或使用部分网站冒充公司。

2. 用户之移动设备的账户不应该让其他人使用。公司对由于接受他人使用造成的任何损害不承担任何责任。

用户必须设置和管理支付密码，以确保在每个应用市场上不能进行未经授权的支付。公司对由于用户疏忽造成的任何损害不承担任何责任。

公司可设定以下行为的具体规则：

①账户名称、角色名称、公会名称、游戏中使用的其他名称；

②聊天内容和方法；

③如何使用该服务；

④外部移动平台联盟服务政策。

第 4 章　服务使用和使用限制

第 11 条　（提供服务）公司应根据第 5 条，向已注册完成使用合同的用户提供服务。例外，某些服务可以根据公司的实际情况从指定的日期开始。

向用户提供游戏服务时，公司可能会提供其他附加服务，包括这些条款和规则中规定的服务。

公司可以通过细分使用时间、使用次数和服务范围来对成员的成绩进行分类并区分。

第 12 条　（使用服务）根据公司的销售政策，游戏服务按固定时间提供。公司将以适当的方式将游戏服务交付时间指向游戏应用程序，在初始屏幕中进行通知。

尽管有第 1 款的规定，公司可以在下列情况下暂停全部或部分服务，在这种情况下公司应在游戏应用程序的初始屏幕或游戏服务通知中，事先通知暂停的原因和持续时间。例外，以下不可预知的情况，可不提前通知。

①在系统周期性检查、服务器扩大和更换、网络不稳定等系统运行需要时；

②由于停电、服务设施故障、服务过度使用，电信服务提供商因维修或维护而无法提供正常服务时；

③公司遇不可控的事件、自然灾害或国家紧急事件等情况时。

公司使用专用应用程序或移动设备网络来提供服务。用户可以免费下载和安装应用程序，也可以免费使用网络服务器。

付费内容通过支付服务指定的费用来使用。如果用户下载应用程序或通过网络使用这些服务，则可能会产生移动运营商设置的额外费用。

对于通过网络下载、安装或使用的应用程序，其会根据移动设备或运营商的具体情况而定制。在手机号码变更、ID 变更或海外漫游的情况下，可能无法使用全部或部分内容，此时公司不承担责任。

对于通过网络下载、安装或使用的服务，后台操作可能继续进行。在这种情况下，可能会产生额外的费用以适应移动设备或运营商的特性，公司对此不承担责任。

第 13 条　（更改和停止服务）为了提供流畅的游戏服务，公司可根据运营或技术需求更换服务。例外，如遇不可避免的需要更改错误、紧急更新，不涉及重大更改，可在以后通知。

因公司业务转移、分立、兼并、业务裁员等，以及游戏合同到期、游戏服务盈利能力下降等管理原因导致游戏服务难以维持的，公司可以中止所有服务。此时，应通过第 27 条第 1 款的方法，在游戏应用程序的初始画面或连接画面或以通知方式向用户发送通知，告知“停止日期、暂停理由、补偿条件”等事项。

针对第 2 款，公司应按照第 24 条第 3 款的要求，偿还未使用或有使用期限的付费项目。

第 14 条　（信息收集）公司可以存储和保留用户之间的聊天内容，而这些信息仅由公司拥有。公司只有在法律授权的情况下才能查看此信息，以便争议解决、处理投诉或维护用户之间的游戏秩序。

当公司或第三方根据上述第 1 款阅读聊天信息时，公司应事先通知用户该访问的原因和访问程度。例外，如果需要查看有关第 10 条第 1 款所述行为（即“申请使用或更改用户资料时伪造事实”）导致的调查、处理、确认或损害救济的信息。

公司可能会收集和使用用户个人信息之外的其他移动设备信息（设置、规格、操作系统、版本等），以确保稳定提供服务并提高服务质量。

公司可能会要求用户提供更多信息，以便改善服务和向用户推介相关服务。用户可以选择接受或拒绝此请求。如果公司提出此请求，他们应告知用户可以拒绝该请求。

第 15 条 （提供广告）公司可能会在游戏服务中刊登与服务运营相关的广告。例外，公司只能向同意接收的用户发送电子邮件、文字邮件（LMS/SMS）、推送消息（Push Notification）的广告信息。此时，用户可以随时拒绝接收，而公司在用户拒绝时不得发送广告信息。

游戏内横幅或链接可能会引入第三人提供的广告或服务。

如果第三方提供的游戏服务与其根据第 2 款提供的广告相关联，而相关地区提供的游戏服务不在公司的服务区域（跨区、跨国），因此公司不保证其可靠性和稳定性，并不承担相关责任。例外，公司因故意或重大过失，造成损害赔偿或未采取措施防止损害。

第 16 条 （版权归属）该公司制作的游戏服务内容中的版权和其他知识产权属于公司。

未经公司或发行者事先同意，不得出于商业目的，复制或以其他方式传播（编辑、宣传、表演、传播、复制等），使用公司提供的游戏服务获得的信息、属于公司的知识产权或运营商的信息、创作衍生作品等。

1. 用户权利是指以下列方式和条件使用公司之通信、图像、声音及其他所有材料和信息（“用户内容”），包括游戏中显示的任何文本、用户或其他用户通过游戏应用程序或上传或传输的游戏服务。

2. 您可以使用用户内容，更改编辑格式并进行其他修改（如发布、复制、演出、传输、发行、广播、创作衍生作品）。

3. 未经创建用户内容的用户之事先同意，不得出于商业目的出售、出租或传输相应内容。

4. 未经用户明示同意，公司不得使用未在游戏中显示且未与游戏服务整合的用户内容（如通用公告牌等内容），用户可随时删除该用户内容。

5. 若公司认为该成员发布或注册的服务信息构成本标准第 10 条第 1 款中所称的禁止行为，则公司可以在不事先通知的情况下删除、移动或拒绝注册。

6. 用户因公司运营公告板上发布的信息而导致合法权益受到侵害，可以要求公司删除信息或张贴拒绝内容。在这种情况下，公司应及时采取必要措施并通知申请人。

7. 该条款在公司运营游戏服务时有效，并在用户退出后继续有效。

第 17 条　（付费内容的购买、持续时间和使用）游戏服务中用户购买的付费内容仅适用于下载或安装应用程序的移动设备。

用户购买的付费内容的使用期限将取决于购买时指定的期限。例外，如果服务根据第 13 条第 2 款被终止，则在无固定时间段的情况下，使用付费内容的时间截至服务中断时所通知的服务终止之日。

第 18 条　（对用户使用的限制）1. 用户不得从事违反用户义务或违反第 10 条规定的行为，否则公司有权限制用户使用服务并删除相关信息（文本、照片及可能会构成使用限制的其他措施），使用限制的具体原因和程序应按照第 19 条的规定、游戏的用户协议中的规定。

操作限制：限制运行安排权限，如聊天时间。

角色使用限制：限制成员角色在特定时段或永久性使用。

账户限制：为界定服务使用者的权利、义务、责任和其他必要事项，以及公司和服务使用者的权利和义务及其他必要事项，公司可一段时间内限制用户账户的网络服务和其他服务。

用户限制：限制用户在一定时期或永久的游戏服务的使用。

2. 若本条第 1 款规定的限制系合理目的，公司可不赔偿由于限制造成的损害。

3. 游戏公司可暂停用户使用该账户的服务，直至调查完以下情况：

①收到了用户账号遭到黑客入侵或被盗的合理投诉；

②怀疑用户有非法使用目的；

③由于其他原因需要临时措施使用服务。

4. 根据第 3 款完成调查后，用户购买游戏服务的，公司将顺延暂停的用户使用时间或以有偿服务或现金等价物进行赔偿。例外，若用户属于以下任何一项，则不适用。

……

第 19 条 （使用限制的原因和程序）公司应根据第 18 条第 1 款规定的禁止行为的内容、程度、频率和结果，根据业务政策确定限制使用政策的具体原因和程序。

公司实施第 18 条第 1 款规定的限制使用政策的，应当事先告知用户以下事项：使用限制的原因；使用限制的类型和持续时间；提交使用限制的申诉途径。但是，如紧急情形的可在以后通知。

第 20 条 （使用限制的投诉程序）如果用户不同意公司的限制使用，用户申诉必须在通知之日起 14 日内以书面、电子邮件或类似方式向公司提交申诉。

公司应在收到第①项申诉之日起 15 日内以书面、电子邮件回复。例外，若公司在 15 日内不能做出回应，应通知原因及截止日期。

如果申诉理由合理，公司应采取相应措施。

第 5 章　终止提款申请、偿还超额交付和使用合同

第 21 条 购买和支付内容的购买价格，原则上取决于移动通信公司或应用市场运营商规定的政策和方法。此外，每个支付工具的限额可以根据公司的政策或公开市场经营者的政策或政府的政策给予或调整。

如果您以外币支付，实际费用可能会因汇率和费用而与服务商店中显示的价格有所不同。

第 22 条 （合同撤销）与公司签订合同购买付费内容的用户，可以在付费次日起、内容提供后 7 日内退出合同，无须支付任何额外费用或罚金，即“七天无理由退换”。

如果用户构成以下一项条款，其不能根据第 1 条款撤销申请。

立即购买并使用的付费内容；产生额外的附加利益；用户知晓开封协议的内容并坚持使用的。

根据第 2 条第 2 款规定不能撤销的内容，公司应将事实清楚地公示在用户易于识别的地方，并提供内容的试用产品（临时使用等）。若难以公示这些信息，我们将持续提供有关内容的信息，确保不中断用户撤回订阅的权利。若公司未采取此类行动，则即使有第 2 款规定的情形，用户仍可撤销合同。

若第 1 款和第 2 款购买的付费的内容与广告展示的内容不同，或与购买合同的内容不同，在事实出现之日起 3 个月内，于知道或应当知道之日起 30 日内提出申诉。

若用户撤销购买，公司应通过平台运营商或公开市场运营商验证购买记

录。公司也可与用户联系，通过用户提供的信息核实退款原因，并可根据需要进一步索要证据。

如果根据第 1 款至第 4 款撤销购买，公司将立即收回会员付费内容，并在 3 个工作日内退还款项。此时，若公司延迟退款，应按照本法执行法令第 21-3 条和《电子商务消费者保护法》等规定，支付以同期利率计算之延迟利息。

未成年人在移动设备上签订内容购买合同，公司应通知未成年人及其法定代表人，未经法定代表人同意公司可以终止合同；未成年人未经法定代表人同意订立购买合同的，在任何时候未成年人或法定代表人都可单方解除合同。例外，如未成年人已获得法定代理人追认，或善意第三人合理认为未成年人已获得法定代表人的授权。

公司基于进行支付的移动设备、支付代理信息及支付方法等信息，判断游戏内容购买合同的当事人是否为未成年人。例外，公司可以要求未成年人和其法定代理人提交相关文件，以证实他们的合法身份及合理撤销合同的原因。

第 23 条　（透支退款）如果超额支付发生，公司将为会员报销超额付款部分。例外，公司不存在恶意或疏忽，退款的实际费用将由用户在合理的范围内自行承担。

申请退款应遵守公开市场经营者提供的付款方式，如果在付款过程中发生透支支付，应退还给公司或应用市场经营者。

退款金额不含下载应用程序和网络服务所发生的通信费用（电话费、数据通话费等）。

退款流程基于每个开放市场运营商或公司的退款政策，具体取决于使用该服务的移动设备的操作系统。

公司可以通过会员提供的信息与会员联系，以便处理透支偿付，并可以要求提供必要的信息。公司应在收到退款所需信息的 3 个工作日内，退还会员。

第 24 条　（合同终止）如果用户不想继续使用游戏服务，可通过注销用户资格来终止合同。由于用户资格被取消，用户在游戏服务中的所有游戏使用信息将被删除并无法恢复。

如果用户因严重原因无法维持合同，公司将设置最长时限，逾期停止用户使用该服务或终止使用合同。

根据第 1 款和第 2 款规定的退款和损害赔偿，应按照“用户内容保护指南”处理。

从服务之日起连续 1 年内未使用公司服务的用户账号（以下简称“休眠账户”），公司应于终止使用合同并采取措施之前 30 日，通知用户终止合同、个人信息销毁等事宜及将要销毁的用户信息等内容。

第 6 章　赔偿和免责

第 25 条　（赔偿）公司或用户应承担违反上述条款赔偿责任。例外，非故意或疏忽除外。

公司与用户服务提供商达成协议，向用户提供个人服务。用户需分别同意二者独立的服务条款和条件。因个人服务提供商故意或疏忽而导致用户损失的，由用户服务提供商负责。

第 26 条　（公司豁免）由于自然灾害等不可抗力无法提供服务的，公司不承担责任。

公司对因维修、更换、定期检查、施工等其他原因造成的损失不承担责任。公司故意或过失造成的除外。

由于用户的故意或过失，公司不承担任何使用服务的责任。例外，用户有不可避免的或合法的理由。

除非有故意或严重错误，否则公司对于用户在服务中发布的信息或材料的可靠性或准确性不承担任何责任。

用户与其他用户引起的任何交易或争议，公司无义务干预，也不对用户造成的任何损失承担责任。

用户因使用免费服务而产生的任何损害，公司概不负责。例外，公司故意或重大过失。

公司对于用户在服务中的任何期待利益或间接损失不承担责任。

对于用户的游戏经验、等级、物品、游戏币等的损失，公司不承担任何责任。例外，公司故意或过失除外。

用户个人未保护移动设备密码、应用市场运营商提供的密码等，公司对第三方支付不负责。例外，公司故意或过失除外。

由于变更移动设备、变更移动设备号码、变更操作系统（OS）版本、海外漫游、变更通信公司等原因，导致无法使用全部或部分内容。例外，公司故意或过失除外。

用户删除了公司提供的内容或账户信息，公司概不负责。例外，公司故意或过失除外。

公司对于临时用户（即“游客用户”）使用服务造成的损失不承担任何责任。例外，公司的故意或过失造成的。

第 27 条　（用户通知）公司通知用户，可以通过用户的电子邮件地址、电子备忘录、游戏服务记录、短信（LMS/SMS）完成。

公司可在游戏服务中公告不少于 7 日，或在通知整个会员时显示弹出屏幕来替代第 1 款中的通知。

第 28 条　（管辖权和管辖法律）所有条款应受韩国管辖，并根据大韩民国法律解释。公司与用户之间发生争议而提起诉讼，法院依照该法规定的程序确定管辖法院。

第 29 条　（申诉和争议解决）为方便用户，公司应在游戏服务或连接屏幕上引导用户的意见或投诉。公司应设有专职人员处理投诉。

如认定用户的意见或投诉合理，公司应在合理的时间内及时处理。例外，如果处理时间较长，应以第 27 条第 1 款所列方式，通知用户延期处理的原因和时间进度。

如果公司与用户在第三争议解决机构之间发生争议，公司将诚实地展示用户采取的措施，包括使用限制。

第四章 chapter 04

电子竞技

一、世界电子竞技概述*

对于电子竞技，目前单独进行立法的仅有韩国和法国，其他国家（包括中国）只是在行政法规或者更低层级的规范性文件层面才有粗略的涉及。以下我们分别来看看。

（一）网络游戏作为体育项目的判断依据

2017 年 6 月，一个英国桥牌协会要求欧盟法院确认桥牌构成“体育”项目，因为英国政府否认“游戏”构成“体育”项目，而桥牌协会则认为“国际奥委会在 1998 年都把桥牌作为体育项目，而且在 2020 年奥运会上也有望作为比赛项目，那么英国就应该承认桥牌属于体育”。因为在英国体育项目是可以减免增值税的，而该桥牌协会的最终目的也是让英国政府减免其举办桥牌赛事中门票的增值税。所以，这就需要解释，体育的定义是什么、游戏到底能不能落入这个范围。

下面是桥牌协会的观点，“Originally, when the term was introduced into the English language in the 14th century, ‘sport’ meant ‘leisure’. Only later was it associated with physical activity to train the body according to fixed rules…Indeed, the Sport Accord International Federations’ Union, the International University Sports Federation and the International Olympic Committee expressly include mental sports or endorse activities without a physical element”。由此我们可以看出，对于“体育”的界定标准分为“肌肉运动标准”（physical activity）和“包含心智运动”（mind sport），目前承认“包含心智运动”的国家有澳大利亚、比利

* 本部分由孙磊编译。

时、丹麦、法国。其中，法国政府于2015年11月8日修改了《数字及电子产品管理法》，才将电子竞技列入法国政府正式认可的体育项目。

持“肌肉运动标准”的国家有爱尔兰、瑞士、英国、德国。2016年，柏林海盗党想从柏林市参议员弗兰克·亨克尔（Frank Henkel）那里得到“电子竞技到底是否为体育项目”的答复，因为这涉及诸如税收、签证等问题。但弗兰克把电子竞技称为“趋势运动”，并认为电子竞技不需额外立法依据。海盗党转而向议会请愿，以重新审视电子竞技。议会的回复：“从法律上来讲，电子竞技不是一种体育运动，也没有被认定为一种体育形式。”德国奥林匹克运动联盟拒绝了电子竞技的数次申请，原因在于电子竞技缺少特定的肌肉运动。

那么，我国到底持何种标准呢？我国关于电子竞技的规定主要有《电子竞技赛事管理暂行规定》《国务院关于加快发展体育产业促进体育消费的若干意见》（国发〔2014〕46号），但其中并没有针对“电子竞技为何成为体育项目”的官方解释。在体育总局信息中心电子竞技项目部负责人答《中国体育报》记者问的时候，对于“电子竞技”的表述为“电子竞技就其本质来说就是以现代电子技术和电子设备作为运动器械，在信息技术营造的虚拟环境中，采用统一的竞赛规则，在有限时间内进行的人与人之间的对抗，既是智力运动，同时也正成为身心合一的运动。电子竞技运动作为一种体育项目，可以锻炼和提高参与者的思维能力、反应能力、协调能力、抗压能力、团队精神，以及对现代信息社会的适应能力，从而促进其超越自我、全面发展和实现理想”。可以看出，我国应是持“包含心智运动”标准的。

（二）作为体育项目对电子竞技产业的好处

先以法国为例。

近期，法国政府发布了75页关于电子竞技的报告。该报告由议会议员鲁迪·萨尔（Rudy Salles）、参议员吉罗姆·杜文（Jérôme Durain）在金融监察员阿洛伊·科纳（Aloïs Kirchner）的帮助下撰写，目的是对法国的电子竞技运动提供立法方案。这份报告提出了11个主张：

主张1. 区分赌博和电子竞技运动

这一主张已经在第一版的立法中出现过。它的目的是防止电子竞技运动的线下活动涉及赌博。如今，电竞没有合法化，但是还在法律允许的范围之内，因为它被赌博所吸收。电子立法的第一部是要让电竞合法化。

主张 2. 对家长进行告知并对未成年人进行批准

这个主张认为未成年人游戏要通知其父母，同时要告知他们可以玩的游戏评级。

很多比赛已经有未成年人参赛家长告知机制，但是这对与电竞有关的要求法典化将会有很大的意义。

主张 3. 未成年人应当将他们的收入存入专项基金

在法国，从事模特、运动、演艺行业的未成年人需要遵守对于他们的收入的特别立法。这些规则的目的是在他们成年之前保护他们的收入，法国人 18 岁成年。这个主张就是要把对未成年人的收入的保护范围扩大到电竞圈。

主张 4. 广播规则和隐蔽广告保护

法国的最高视听委员会是一个和美国的联邦通信委员会相类似的媒体监管组织。这一提议将使得最高视听委员会拥有确定比赛如何播送的权力，而不是将其交由已经存在的禁止隐蔽广告法来监管。

如今的电竞行业，赞助商、商标，甚至是所玩的游戏的名称都可以被视为隐蔽广告。更进一步地说，这个主张旨在根据电竞行业调整传统的体育竞技规则，允许赞助商在比赛期间出席。

主张 5. 区分泛欧游戏信息组织的游戏评级和该游戏对应的电竞评级

因为电竞并不展示游戏的全貌，这个主张认为在电竞中游戏要拥有和原有的泛欧游戏信息组织不同的评级。

主张 6. 电竞专业人士的定期合同

一个困惑电竞队伍多年的问题领域：队员的法律地位。初步的解决方案是让职业选手签订与法国的传统体育竞技行业相同的合同。职业选手将会最终避免自主创业者身份的陷阱。

然而目前实操中，排除了使用顶级运动员合同的可能性。顶级运动员合同中包含财政支持，体育部还远没有做好这一准备。这表明体育部不仅不愿意承认电竞是运动的一种（尽管对于体育竞技的定义并不清晰），而且最重要的是体育部不愿意对电竞运动员提供财政帮助。

主张 7. 适用于电竞玩家的签证政策

这个建议使得电竞锦标赛成为申请 3 个月以下短期签证的可行理由。至于长期的签证，当一个电竞团队想要雇用一个外国队员的时候，“主张 6”中所提到的定期合同的履行会让申请长期签证更加容易。举个例子，拥有了任意一种“主张6”中的定期合同，电竞团队可以不受法语语言测试的限制取得一年的签证。

主张8. 对于电竞的总体监管

电竞无法自发地组织成为一个联盟。由一个已经存在的实体制定并实施一连串的规则更有利于电子竞技运动的发展。然后，他们提出了三种可能的方案：开发者拥有游戏并掌控比赛；独立于电竞明星的监管实体；一个由行业内各个专业领域代表出席的电竞委员会。作者支持最后一个主张，让游戏开发商、专业和业余的比赛组织者、专业和业余的队伍、法国奥委会都参与进来。将来，他们预期这个委员会会自发地成为法国电竞联盟。

主张9. 现金奖励的合法性和纳税

奖励要纳税并且在某些情况之下要纳增值税。在现实中，主要由于控制上的困难，在体育竞技中增值税是不适用的。现在的主张认为对于体育竞技的法律解释也要适用于电竞，因此现金奖励不纳增值税。

主张10. 降低观众票的增值税

这个建议针对的是观众票5.5%的增值税。这个税率和体育赛事、剧院、博物馆、动物园等持平，相对来说比较低。需要注意的是其中并不包含锦标赛的参赛费，选手仍然需要对参赛费缴纳增值税。

主张11. 捐赠纳税规则

在法国，不断收到的打赏成为许多职业玩家收入的很大一部分。但是，纳税体系对打赏的规定是模糊不清的。然而作者清楚地认识到打赏算是一种收入，因此应当缴税，不过应当缴纳增值税还是转让税仍有待讨论，后者在非父母捐赠者的情形下可能高达60%。

作者提出，符合使用目的规则的捐赠物，将会很幸运地免去60%的税。

二、2017年韩国电竞行业现状调查报告（选译）

（一）电竞现状

电竞的定义可以分为法律上的定义及韩国电竞协会给出的定义。

在法律层面，根据《电竞振兴法》，电竞是指“将游戏作为媒介，进行人与人之间的记录或决出胜负的竞技及其附属活动”。

韩国电竞协会将电竞的定义区分为狭义、中义及广义。狭义定义为“在与真实世界相似的虚拟构筑的电子环境下，结合竞争和游戏等因素，运用精神、身体能力，决出胜负的所有休闲活动”；中义定义为“直接参与狭义定义形成的竞技或大会现场，或者是通过电波传达观战的休闲活动”；广义定义为“缘于狭义定义和中义定义或与此相关的社区活动等所有线上及线下文化活动”。

在韩国，实行电竞注册项目制度。韩国电竞协会于 2014 年 2 月被指定为“电竞项目评选机构”。韩国电竞项目分为正式项目和表演项目。正式项目分为专业项目和一般项目。

（二）韩国电竞的历史沿革

1. 国际电竞市场规模

（1）市场规模

2017 年，国际电竞市场规模为 4.35 亿美元至 6.96 亿美元，根据不同研究部门的不同计算方式有些差异。

普华永道（PwC）主要通过合算消费者贡献、出售门票、企业赞助、流媒体广告四类销售额计算国际电竞市场规模。据此计算的 2017 年国际电竞市场规模大体为 4.35 亿美元（见图 1-4-1）。其中，占比最多的是企业赞助，达 39.5%；其次是流媒体广告，占 33.3%。这也表明电竞宣传取得了良好的效果。

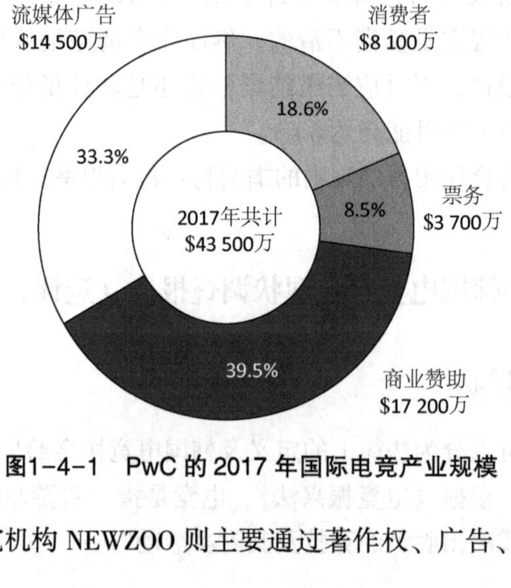

图1-4-1　PwC 的 2017 年国际电竞产业规模

市场情报研究机构 NEWZOO 则主要通过著作权、广告、企业赞助、相关产品及门票、发行费用五类销售额计算市场规模。发行费用是游戏发行方直接投资电竞的金额，因此，NEWZOO 计算出的市场规模与 PwC 存在差异。根据 NEWZOO 发表的资料，2017 年国际电竞市场规模达 6.96 亿美元，较 2016 年的 4.93 亿美元增长了 41.3%（见图 1-4-2）。根据 NEWZOO 的调查，2017 年占比最大的也是企业赞助，达 38%。此外，广告部分为 1.55 亿美元，占 22%。总的来说，两家发表的资料表明占比最多的均为企业赞助。

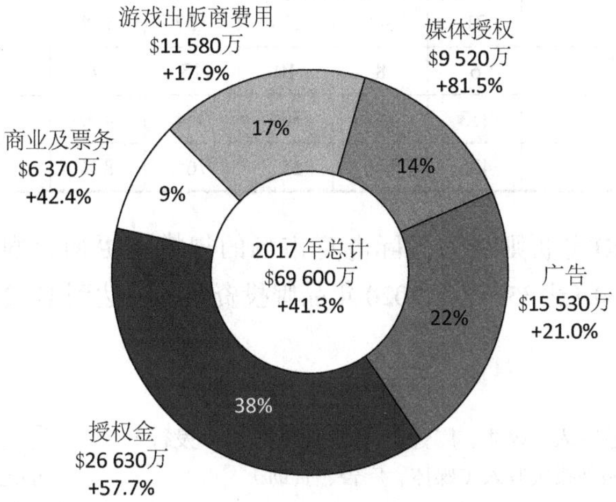

图1-4-2　NEWZOO 的 2017 年国际电竞产业规模

（2）市场前景

根据 PwC 发表的资料，国际电竞的市场规模将在未来 5 年平均增长 19.1%，于 2021 年达到 8.74 亿美元，其中流媒体广告部分的成长率预期将平均增长 28.2%（见表 1-4-1）。

表1-4-1　PwC 的电竞市场预期　　　（单位：百万美元）

	2017	2018	2019	2020	2021	2017~2021 年均增长率
全球电子竞技消费者贡献	81	99	114	128	143	15.1%
全球电子竞技票务	37	48	59	69	79	21.2%
全球电子竞技商业赞助	172	195	217	239	261	11.0%
全球电子竞技流媒体广告	145	205	267	330	391	28.2%
无重复计算总数	435	546	657	765	874	19.1%

从地域上看，2017 年度市场规模最大的是亚太地区，达 2.13 亿美元，预

计未来5年将平均增长17%，于2021年达到4亿美元。位居第二的是北美地区，2017年为1.44亿美元，预计将在2021年达到2.99亿美元（见表1-4-2）。

表1-4-2　PwC 的区域电竞市场预期　　　（单位：百万美元）

	2017	2018	2019	2020	2021	2017~2021 年均增长率
北美地区	144	184	224	261	299	20.0%
欧洲西部	71	92	114	137	158	22.2%
欧洲中东部	6	8	10	13	16	28.4%
亚太地区	213	262	309	354	400	17.0%
无重复计算总数	435	546	657	765	874	19.1%

而NEWZOO分析则认为国际电竞市场的规模将更加急剧地扩大，据推测，平均增长率将达35.6%，2020年品牌投资收入将达到12.2亿美元（见图1-4-3）。

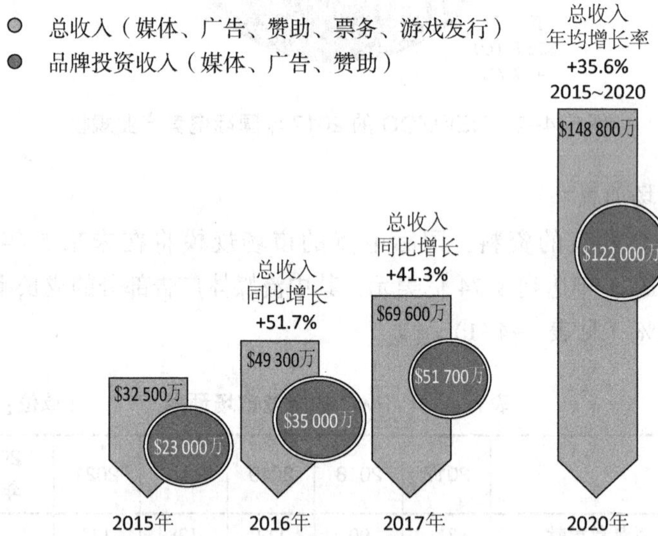

图1-4-3　NEWZOO 的电竞市场预期

（3）观众规模预期及人气

根据NEWZOO发表的资料，2017年国际电竞观众规模达3.85亿人，其中电竞爱好者约占49.6%，为1.91亿人，较2016年增长19.6%，预计之后年均将增长20.1%，于2020年达到5.89亿人（见图1-4-4）。

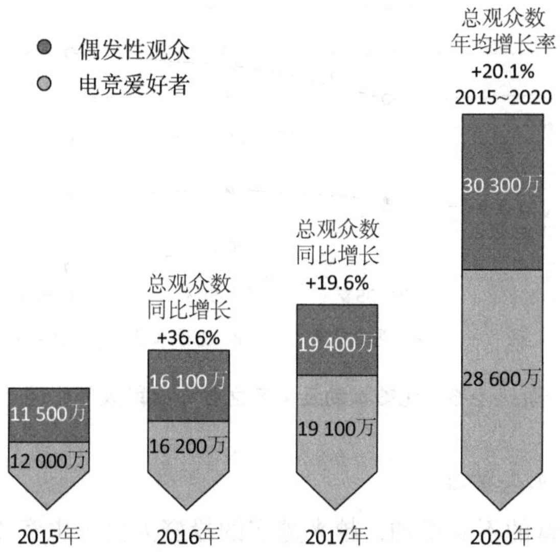

图1-4-4　NEWZOO的电竞观众数增长预期

根据NEWZOO的调查，电竞观众并不只限于20~30岁男性，在热衷观众中占较大比重的虽然仍是21~35岁男性，但36~50岁男性也达到12%，21~35岁女性为14%，36~50岁女性为7%。而普通观众中，36~50岁男性为15%，21~35岁女性为17%，36~50岁女性为10%。电竞观众构成及人气见图1-4-5、图1-4-6。

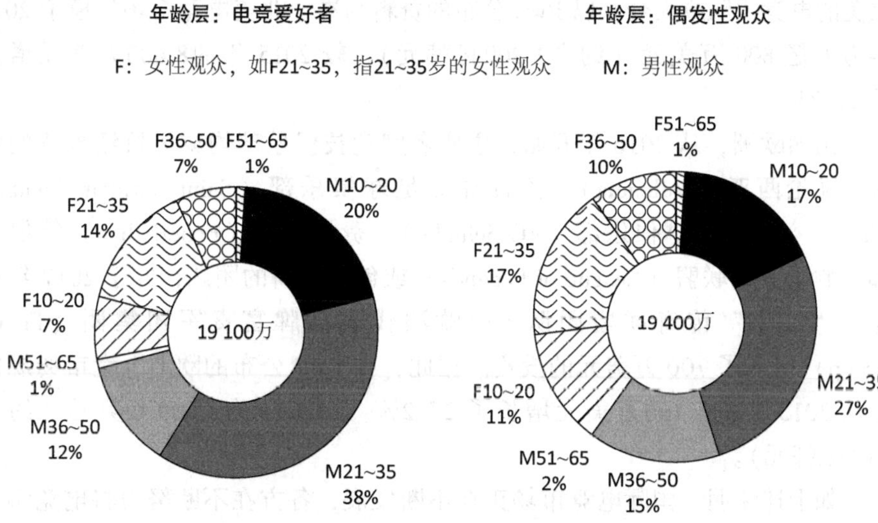

图1-4-5　电竞观众构成（NEWZOO）

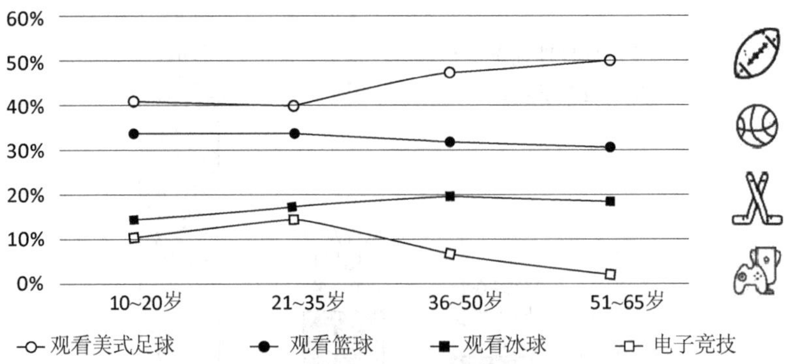

图1-4-6　北美运动及电竞之各年龄段人气比较

2. 国际电竞主要动态

随着电竞观众的不断增加，越来越多的投资人流入电竞市场。跨国企业流入电竞市场，TCL 中国剧院（TCL Chinese Theater）、麦迪逊广场花园公司（Madison Square Garden Company）、亚马逊（Amazon）、赫斯家族投资集团（Hersh Family Investments Group）等创立了电竞团队，并进行大额投资，奔驰（Mercedes Benz）、可口可乐（Coca-Cola）、英特尔（Intel）、欧莱雅（L'Oreal）等诸多跨国企业为大会提供了赞助。

（1）海外电竞动态

电竞投资主要在北美圈较为活跃。之前提及的大部分跨国企业多投资于北美的电竞团队或大会，以 PwC 公布的资料为准，北美电竞市场规模于 2016 年为 1 亿 800 万美元（约合1 200亿韩元），较 2015 年的8 400万美元增长了 27.8%。

比如欧洲，从 2016 年开始，主要名牌竞技俱乐部均成为持续投资的对象。瓦伦西亚（Valencia）、圣日耳曼足球俱乐部（Saint-Germain Football Club）、沙尔克足球俱乐部（FC Schalke）、费内巴切（Fenerbahçe）等俱乐部收购了英雄联盟（League of Legends）或创立了新的团队，并于 2017 年创立了"红牛"传奇联盟团队，而欧洲代表品牌富贵军团集团（Fnatic Group）引入了 700 万美元的投资。据此，在 PwC 公布的欧洲电竞市场规模也从 2015 年的4 400万美元增长了 27.2%，2016 年为5 600万美元（约合 640 亿韩元）。

如上述说明，国际电竞市场正在不断发展，各方在不断努力将电竞编入正式体育赛事，而电竞作为奥运会及亚运会的正式赛事的可能性也在不断提高。2018 年，在印度尼西亚雅加达/巨港举办的亚运会中电竞作为示范项目，于2022年中国杭州召开的亚运会中电竞将编入正式赛事。国际电竞联盟（International e-Sports Federation，IeSF）公开表态，正在努力将电竞纳入2024年举行的巴黎奥运会的正式赛事。

（2）中国电竞动态

根据PwC发表的资料，中国电竞市场2016年达到了5 600万美元，而近期也因中国政府的支持及重要大企业的集中投资而急速成长。

国家体育总局于2003年将电竞选入正式体育项目，此后受到中国政府机关及社会的广泛关注。2013年，中国成立了国家电竞小组，并参加了第4届亚洲室内与武道运动会。

（3）日本电竞动态

根据PwC发表的资料，日本电竞市场2016年约500万美元，目前还处于起始阶段。虽然日本游戏行业相当发达，但由于职业玩家无法大获成功的社会观念，以及游戏公司举办奖金赛事被法律所禁止等限制，因而未能形成良好的市场。然而近期随着任天堂（Nintendo）等日本游戏公司的发展，整个社会对电竞的关注不断提高，电竞市场规模也有望迅速扩大。

（4）韩国电竞动态

在韩国，电竞的地位及人气正在不断提高，近期多个行业的企业开始为电竞俱乐部提供赞助。BBQ、Style.com等已与俱乐部签署了赞助协议或正在开发销售相关商品，也有计划进行大额投资。2017年7月，Eyedentity娱乐表示现有500亿韩元的投资计划，拟发掘并培养团队及选手、支持业余及女性选手，并进行赛场设立等电竞相关基础设施的投资。此外，也正在引入防止选手受伤的保护装备的开发、共享售票收益、流媒体协议等保障收益等多种扶持方案。

近期，韩国国产项目正在成为新型电竞项目。2017年3月26日，通过互联网游戏平台Steam由Bluehole工作室推出的Early Access游戏Playerunknown's Battleground，在全世界范围内受到欢迎，2017年8月27日在Steam用户排行榜中取得了第一的位置，并在2017年8月26日至28日举办了总奖金为35万美元的电竞大赛。暴雪发布了电竞游戏星际争霸的remaste版本。此后，阿弗里卡电视台于2017年9月公布了ASL赛季4的计划，并公布总奖金达1亿80万韩元、冠军奖金6 000万韩元等较前一赛季3倍规模的奖金计划。这种新型联赛的进行及发展将带动以后韩国电竞市场的持续增长。

（三）发展中需反思的事项

电竞的急速发展也带来了一些副作用。互联网个人直播作为与粉丝们能够直接沟通的窗口，在2016年之前由韩国电竞协会和直播平台Azubu签署了独家合同，韩国国内联赛的明星选手们均只在Azubu直播平台进行直播，但是由于平台缺乏灵活性、宣传不足、职业选手们的个人直播动力不足等原因，并不活跃。为了解决这一问题，各团队拟自行开展流媒体业务，并开始签署游戏团队开发协议。随着人气选手李相赫所属的SKT1与Twitch签订了个人直播协议，大家的期待也随之提高。然而SKT1的网络播放合作伙伴KONGDOO公司参与进来，由此引发一系列问题。KONGDOO公司以二元直播的形式策划了2017年2月7日的比赛，而在直播过程中出现了双重画面、影像画质下降、faker选手的发言和翻译之间有时间差等问题，而最重要的是与观众的沟通渠道消失了。此后，为向中国转播，SKT1仍然进行了二元直播，导致画质下降、漏音等问题。在此过程中，根据与中方的协议，选手的直播义务也延迟到凌晨3点。

这些个人直播问题，是在多种错综复杂的关系中为了保证播出主体的利益而产生的，而不是从选手们的收益及福祉角度出发。此外，还存在俱乐部在赛季申报临近结束时踢出选手，导致选手无法找到其他队伍的情况，也曾发生过俱乐部为了更重要的赛事做准备，而就某一赛事弃权的情况。

（四）电竞实际情况调查结果

1. 电竞相关基础设施现状

在调查电竞相关基础设施过程中，对支持韩国国内电竞的共18个机构的预算规模进行了调查，以2017年为基准，投入金额共计79.67亿韩元。各机构专门负责电竞的人数以2017年为基准平均为3.7。而目前在韩国共设有8个竞技比赛场地，相较前一年度没有任何变化，电竞相关机构预算及主要业务见表1-4-3。

表1-4-3 电竞相关机构预算及主要业务概况

机构名称	预算			主要业务
	2015年（百万韩元）	2016年（百万韩元）	2017年（百万韩元）	
韩国资讯振兴院	700	1 392	1 492	全国残疾学生电子庆典 建立电竞档案及展示馆 国际电竞节 对电竞进行实况调查

续表

机构名称	预算			主要业务
	2015 年（百万韩元）	2016 年（百万韩元）	2017 年（百万韩元）	
韩国电竞协	6 770	4 600	4 500	总统杯电竞大会 电竞项目评选机构
国际电竞联盟	300	766	766	世界电竞峰会 电竞专业人才培养
釜山信息产业振兴院	150	400	650	釜山公共机构星际争霸电竞大赛 第 9 届 KeG 釜山代表选拔及全国决赛 运营釜山业余电竞选手队 全球电竞训练营运营支援 为在釜山举办的 2017 年电竞世界锦标赛提供支持 为世界电竞峰会提供支持
大丘数据产业振兴院	10	10	10	第 9 届 KeG 大丘代表选拔及全国决赛 举办大丘国际游戏文化节游戏大会
仁川经济产业信息科技园	20	20	40	新设确保仁川文化产业并使其活跃的组织 举办仁川电竞大会 举办仁川电竞游戏团队面试
广州信息文化产业振兴院	100	20	18	第 9 届 KeG 广州代表选拔及全国决赛
大田信息文化振兴院	25	22	22	电竞大会
蔚山信息产业振兴院	30	30	30	第 9 届 KeG 蔚山代表选拔及全国决赛
京机资讯振兴院	100	200	200	第 9 届 KeG 京机代表选拔及全国决赛
韩国电竞协议江原分会	5	7	8	第 9 届 KeG 江原代表选拔及全国决赛
忠清北道知识产业振兴院	30	30	30	第 9 届忠北电竞大会
忠清南道文化产业振兴院	9	9	8	第 9 届 KeG 忠南代表选拔及全国决赛
庆尚北道文化信息振兴院	70	70	70	第 10 届庆北分会杯业余电竞大赛
庆南文化艺术振兴院	10	10	10	第 9 届 KeG 庆南代表选拔及全国决赛

续表

机构名称	预算			主要业务
	2015 年（百万韩元）	2016 年（百万韩元）	2017 年（百万韩元）	
西归浦市政府	58	58	63	第 9 届 KeG 济州代表选拔及全国决赛 举办第 11 届西归浦电竞大会
全罗南道信息文化产业振兴院	40	40	40	第 9 届 KeG 全南代表选拔及全国决赛
全罗北道文化资讯振兴院	5	1 000	10	第 9 届 KeG 全北代表选拔及全国决赛
合计	8 432	8 684	7 967	

2017 年，平均每个机构负责电竞的专业人员为 3.7 人。其中，韩国电竞协会最多，为 17 人，大部分机构为 1~2 人（见表 1-4-4）。

表1-4-4　电竞负责人员现状

机构名称	2015 年人数	2016 年人数	2017 年人数	平均人数
韩国资讯振兴院	5	5	5	5
韩国电竞协	17	17	17	17
国际电竞联盟	7	7	7	7
釜山信息产业振兴院	2	2	2	2
大丘数据产业振兴院	1	1	1	1
仁川经济产业信息科技园	1	1	1	1
广州信息文化产业振兴院	1	1	1	1
大田信息文化振兴院	1	1	1	1
蔚山信息产业振兴院	1	1	1	1
京机资讯振兴院	1	1	1	1
韩国电竞协议江原分会	8	10	11	9.7
忠清北道知识产业振兴院	8	10	10	9.3
忠清南道文化产业振兴院	1	1	2	1.3
庆尚北道文化信息振兴院	1	1	1	1
庆南文化艺术振兴院	2	2	2	2
西归浦市政府	1	1	1	1
全罗南道信息文化产业振兴院	1	1	1	1

续表

机构名称	2015 年人数	2016 年人数	2017 年人数	平均人数
全罗北道文化资讯振兴院	1	1	1	1
合计	60	64	66	63.3

2. 支持机构负责人对发展电竞的意见

支持机构的相关负责人员对韩国电竞事业的发展提出了三点建议：①国产游戏的电竞化；②对地区电竞活动进行支持；③改善对电竞的社会认知。

3. 电竞俱乐部的现状

截至 2017 年，韩国电竞的 14 个职业俱乐部共运营 28 支队伍。大企业主要以英雄联盟队为中心运营 1~2 支队伍，小规模自立型队伍中不仅有英雄联盟，还有守望先锋（Overwatch）、炉石传说（Hearthstone）等多种项目的电竞团队。14 个俱乐部内 28 支队伍共有 237 人，其中员工 70 人、职业选手 167 人；14 个球队的总预算从 2015 年的 221 亿韩元减少到 2017 年的 206 亿韩元（见表 1-4-5）。

表1-4-5　韩国电竞预算及年薪

俱乐部数	预算（亿韩元）			选手年薪（亿韩元）			平均年薪（万韩元）
	2015 年	2016 年	2017 年	2015 年	2016 年	2017 年	2017 年基准
14	221	212.7	206.6	119.3	117.9	129.3	9 770

4. 电竞大会现状

以 2016 年为基准，韩国一年内总共举办了 221 个大大小小的电竞赛事，总奖金规模为 46 亿韩元。奖金规模最大的赛事是韩国冠军联赛，每年举行两次，总奖金规模达 3 亿韩元。当然，也存在很多奖金很少的小型比赛。随着阿弗里卡电视台等在线个人广播平台的大众化，电竞专业选手们大举登场。

俱乐部运营主要依赖母公司及企业赞助，所以俱乐部运营过程中最大的问题就是“怎样维护并获得更多的企业赞助”。俱乐部发展的最大障碍之一是引进赞助企业。据调查结果显示，俱乐部中回答“很难吸引赞助企业”的比例高达 60%。另外，60%的俱乐部认为不断上升的队员年薪成为俱乐部的最大负担，有 50%的俱乐部认为有限的销售结构也是障碍之一（见图 1-4-7）。总的来说，大部分俱乐部在有限的预算下进行运营，独自销售额不足以使其自立，而为了提高成绩，又不得不以高薪吸收明星选手，所以需要通过政策性支持为各俱乐部的自立提供直接或间接支持。

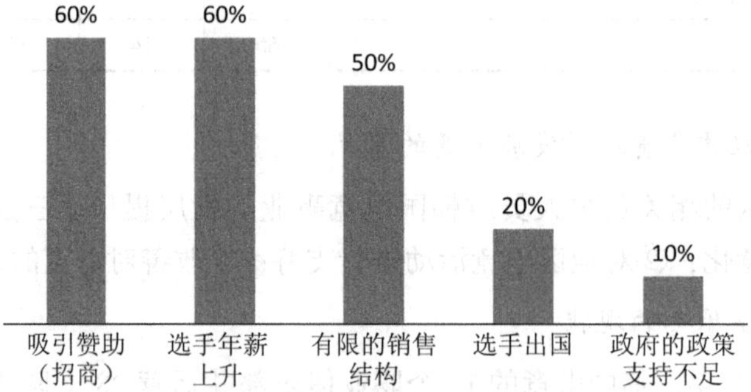

图1-4-7　俱乐部的运营障碍

（五）电竞选手调查结果

1. 职业选手

以参加英雄联盟比赛“LOL Champions league Korea”的10个团队共74位选手为对象进行职业选手调查的结果显示，电竞职业选手们目前的平均年龄为20.3岁。职业选手们的出道年龄平均为18.3岁（见图1-4-8）。

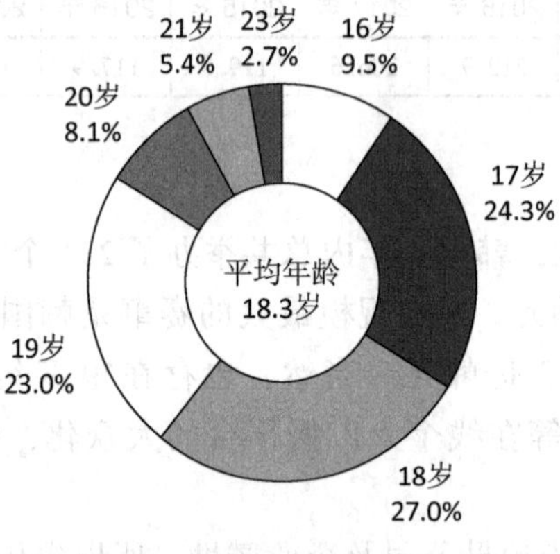

图1-4-8　职业选手的出道年龄

其中，67.6%的选手是因兴趣及适合自己而出道，23%的选手是因为相比周围其他人实力更为突出而选择成为职业选手。

关于选手们的学历，高中毕业人数占45.9%，中学毕业人数占31.1%，正在读专科或大学的人数占18.9%，专科或大学毕业人数占4.1%。

职业选手收入构成因素占比见图 1-4-9。

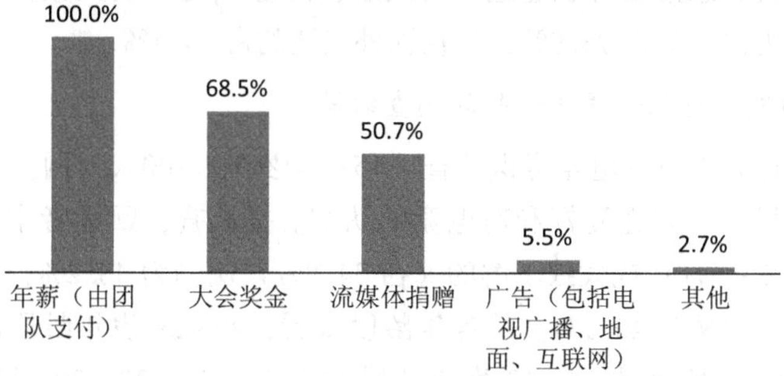

图1-4-9　职业选手收入构成因素占比

以 2017 年为准，职业选手们的平均年薪为9 770万韩元。其中，收入为 5 000万~1 亿韩元的占 31. 1%，2 000万~5 000万韩元的占 36. 5%，1 亿~5 亿韩元的占 20. 3%，不到2 000万韩元的占 8. 1%，5 亿韩元以上的占 4. 1%。

2. 练习时间

大部分选手们平均练习 12 小时以上，且没有周末休息。根据问卷调查显示，职业选手们平日平均练习 12. 8 小时，周末平均练习 12. 6 小时，平日练习时间超过 13 小时的超过 50. 7%。

3. 满足度及障碍

根据调查显示，职业选手对选手生活的满足度达 3. 46 分（满分 5 分），而对收入的满足度只有 3. 01 分（满分 5 分）。

对职业选手来说，职业生涯中最大的障碍是职业规划不够透明。调查结果显示，在被问到职业活动中有哪些困难时，回答职业前景不透明的比例最高，达 52. 5%，其次是服兵役等因素导致断档的为 29. 5%，再次是报酬较低，为 26. 2%。

有意愿海外服务的人数占 76. 5%，偏好的地区是北美，占其中的 92. 3%。对于进军海外市场，有 40. 6%的选手最为担心不公平的合同及对方不履行合同。

对于隐退后的活动计划，34. 8%的人回答希望以后可以成为电竞教练/指导等教练，在阿弗里卡电视台等互联网广播平台进行个人直播活动的比例为 30. 4%。

4. 业余选手

电竞业余选手调查以参加总统杯电竞大赛的选手为对象（其中答复1 101 人，排除无效答卷，有效统计为 718 人）进行的。大部分的业余选手仍在完成学业或有其他职业，其中正在完成学业的选手比例为 75.6%。

对于是否有意愿成为职业选手的问题，回答“是”的人数占 54.9%，其中想要在国内出道的占 75.9%，想在国外出道的占 24.1%。

5. 普通民众对电子竞技认知的调查结果

针对普通人进行的电竞意识调查（15~54 岁共1 200人，网上调查）是为了掌握普通民众的兴趣爱好和对电竞的认知。据调查，回答者中，对电竞非常了解（占 13.4%）或大致了解的（占 34.8%）比例为 48.2%，而将电竞作为业余爱好的比例为 45.1%。从各年龄段来看，20~29 岁年龄段的认知度最高，为 66.7%，其次是 15~19 岁年龄段的为 57.9%，30~39 岁年龄段的为 52.2%。而男性的认知度为 65.9%，较女性认知度的 29.4%高出许多。

调查结果显示，普通民众总体认为，电竞有助于缓解压力，并可以带来自我满足感，而且内容也很有趣。

从收看电竞的方式来看，收看直播节目的观众最多，达到了 75.1%，而在现场观看的比例仅为 9.4%，相对较低。54.5%的受访者回答亲自享受电竞项目。在电竞比赛中，大部分人对电竞没有具体想法。对于不喜欢电竞的原因，有 61.5%的人回答完全不感兴趣，40.3%的人回答没有特别的理由。

（六）韩国电竞产业规模

1. 电竞产业规模

截至 2016 年，韩国电竞市场规模达 830 亿韩元。在韩国电竞市场中，占最大比重的是直播领域，达 372.3 亿韩元（44.8%）。除此之外，俱乐部预算为 212.7 亿韩元、流媒体和门户网站达 136.4 亿韩元、线上及线下媒体为 62.9 亿韩元、奖金规模为 46 亿韩元等。与 2015 年相比，2016 年市场增加了 14.9%，特别是流媒体及门户网站的销售额增长率最高，达到了 41.3%。

根据 NEWZOO 发布的资料，相较国际电竞市场规模，韩国的电竞市场规模 2016 年占国际市场的 14.9%，2015 年占国际市场的 18.9%。

2. 电竞经济效益

电竞的经济效应以 2016 年为基准，促进生产效应为1 637亿韩元、促进增值效应为 633 亿韩元、促进就业效应为10 173人。促进生产效果较 2015 年的 1 413亿韩元增加了 15.9%，特别是电视、流媒体及门户网站的促进生产效果显著增加。附加增值率也较 2015 年的 554 亿韩元大幅增长了 14.1%。

3. 结果及关注点

研究结果显示，2016 年韩国电竞市场规模为 830.3 亿韩元，较 2015 年增长了 14.9%，尤其是全球电竞市场的占比也增加了 14.9%。由此可见，在国内外市场的影响力正在逐渐扩大，特别是从能够间接测定广告效果的赞助商市场规模来看，电竞已继韩国足球、棒球之后位居第三。

为使电竞的持续发展不受个别公司的利润创收影响，需要有一个独立并中立的协调方，如足球界的国际足联（Federation Internationaled Football Association，FIFA）整合全球资源，并促使更多俱乐部及国家参与，承认、管理及适当规制国际选手转会。为了将这些作用的核心带到韩国，要积极参与国际电竞联盟举办的电竞峰会，推动议题。

为了持续发展电竞并加强全球影响力，急需创造出能够使电竞主体可以持续参与联赛的基础，因此需要为俱乐部的自生力提供基础，相应地也有必要制定或改善推销计划及法律制度。如果能够通过改善制度将长期合约格式化，不仅可以通过长期合约确保选手，还能积极利用转会费制度使韩国的电竞俱乐部积极发掘业余选手，而相对较零散的俱乐部也能在培养出较为优秀的选手后通过取得转会费扩大投资规模，形成良性循环。

最后，为生成有用且运用度较高的统计资料，需要改善并构筑友好的合作体系。目前，大多电竞主体由于信息公开的危险性而拒绝提供资料，因此今后需要引入并构建良好的网络环境，并引入能够保障保密的方案。

三、韩国电子竞技促进法*

［法律　第 13971 号，2016-02-03 修订］［2016-08-04 实施］

第 1 条　（目的）为了建立并提高电子竞技产业与文化的竞争力，通过电子竞技丰富人民业余生活并发展国家经济，制定本法。

第 2 条　（定义）本法所称术语定义如下。

1. “电子竞技”是指以《游戏产业促进法》第 2 条第 1 款规定的游戏产品为媒介，玩家之间为得分或胜利进行的竞技活动以及相关活动。

2. “职业电子竞技”是指电子竞技选手的电子竞技活动。

3. “全民电子竞技”是指为了享受业余时间和睦邻友好进行的自发或日

* 本部分由于旻辰编译。

常性电子竞技活动。

4. “电子竞技产业”是指以电子竞技相关的产品或服务创造附加值的产业。

5. “电子竞技设施”是指用于电子竞技的场馆或其他设施。

6. “电子竞技选手”是指根据电子竞技组织规定注册的个人选手。

7. “电子竞技组织”是指以电子竞技活动或业务为目的设立的法人或组织。

第 3 条 （与相关法律的关系）除非其他法律有特别规定，电子竞技的促进适用本法规定。

第 4 条 （国家与当地政府的责任）国家与地方行政机关应当建立和实施促进电子竞技所需的政策。

第 5 条 （地方电子竞技的促进）为了活跃电子竞技活动从而使得地方人民享受业余时间与睦邻友好，地方行政机关可以为电子竞技设施、建立和运营电子竞技组织、举办电子竞技赛事等创造条件和环境。

第 6 条 （基本规划的制定等）1. 为了实现本法目的，文化体育观光部部长应当制定和实施相关基本规划，包括就中期及长期促进电子竞技的基础且全面的基本规划（以下简称“基本规划”）和就单个电子竞技类别的年度性的具体实施规划（以下简称“实施规划”）。

2. 基本规划应当包括以下内容：

①电子竞技促进的基本方向；

②建立活跃电子竞技所需的基础；

③电子竞技相关专业人才的培养并改善相关人才的权益；

④电子竞技相关国际赛事和活动的推广及国家合作与交流；

⑤保障电子竞技促进的财政投入；

⑥培育和支持职业电子竞技并协助全民电子竞技扩大基础与进一步活跃；

⑦电子竞技的学术推广和基础建设；

⑧其他总统令[1]规定的促进电子竞技所需的事宜。

3. 文化体育观光部部长为制定和执行基本规划或实施规划认为必要时，可要求相关行政机关、地方行政机关、公共组织、研究机构、大学、民营企业或个人提供必要的协助。

第 7 条 （现状调查）1. 政府为了电子竞技相关政策的建立和实施，应当每年对电子竞技现状进行调查，其结果应当公开发布。

2. 文化体育观光部部长就第 1 款规定的现状调查认为有必要时，可要求

[1] 韩国总统令（대통령령）为行政命令的一种。

电子竞技相关公共组织/从业者或法人/组织提供数据资料或意见。此时电子竞技相关公共组织/从业者或法人/组织如无特殊情况，应当提供相应协助。

3. 第 1 款规定的现状调查所需的必要事项由总统令规定。

第 8 条　（财政支持等）1. 国家和地方行政机关应当致力于保障基本规划和实施规划的有效执行所需的必要资金。

2. 文化体育观光部部长应在公共组织、电子竞技组织或电子竞技的从业者根据基本规划或实施规划试图执行强化电子竞技竞争力项目时，在预算范围内提供全部或部分地提供必要的资金补助。

3. 文化体育观光部部长为促进电子竞技认为必要时，可与地方行政机关协商建设电子竞技设施。此时可在预算范围内提供全部或部分地提供必要的资金支持。

4. 支持电子竞技设施的方法和范围等相关的必要事项由总统令规定。

第 9 条　（电子竞技促进咨询委员会）1. 文化体育观光部部长可设置电子竞技促进咨询委员会（以下简称“委员会”），以向文化体育观光部部长提供咨询。

2. 委员会的组成及运营相关的必要事项由总统令规定。

第 10 条　（电子竞技专业人才培养）1. 文化体育观光部部长应当致力于为电子竞技促进所需的比赛、播放、研究等电子竞技促进相关的专业人才。

2. 文化体育观光部部长为了第 1 款规定的人才培养，可依据总统令指定《高等教育法》[1] 规定的大学或其他认为必要的人才培养机构为电子竞技专业人才培养机构。

3. 文化体育观光部部长可根据总统令，向第 2 款规定的电子竞技专业人才培养机构在预算范围内全部或部分地提供必要的资金补助。

4. 其他电子竞技专业人才培养相关的必要事项由总统令规定。

第 11 条　（电子竞技赛事的培育、支持等）文化体育观光部部长可基于文化体育观光部令，培育及支持电子竞技赛事。

第 12 条　（项目多样性支持）1. 为了促使电子竞技项目多样化，文化体育观光部部长可指定游戏项目选择的责任机构并授权该机构选择电子竞技项目。

2. 如第 1 款规定的项目选择机构无法满足指定要求，文化体育观光部部

---

[1] 韩国政府立法部. 韩国高等教育法［EB/OL］.（2019-08-01）［2019-09-08］. http://www.law.go.kr/%EB%B2%95%EB%A0%B9/%EA%B3%A0%EB%93%B1%EA%B5%90%EC%9C%A1%EB%B2%95.

长可根据总统令撤销相关指定。

3. 第 1 款规定的项目选择机构的指定条件、申请、运营等及项目选择程序、候选项目、项目选择标准和项目选择申请程序等相关的必要事项由文化体育观光部令规定。

第 13 条 （电子竞技产业支持中心的指定等）1. 为发展电子竞技产业，文化体育观光部部长可指定符合以下任一款规定的机构作为电子竞技产业支持中心（以下简称“支持中心”）。

①公立研究机构；

②《高等教育法》规定的大学或学院；

③其他文化体育观光部令规定的机构。

2. 支持中心负责以下工作：

①就电子竞技产业发展与地方行政机关合作的相关事宜；

②支持电子竞技产业发展的研究开发以及咨询服务的相关事宜。

3. 如支持中心无法充分执行第 2 款规定的工作，文化体育观光部部长可解除相关指定。

4. 其他支持中心的指定及解除等相关的必要事项由总统令规定。

第 14 条 （国际交流及海外推广的协助）1. 为了活跃电子竞技国际交流，政府可向以下电子竞技相关机构提供必要的协助。

①国际电子竞技联合会[1]；

②其他由政府部门出资的机构或组织。

2. 为了加强国内电子竞技竞争力并活跃海外市场拓展，政府可推动海外推广等项目。

3. 为了高效支持根据第 1 款实施的项目，文化体育观光部部长可根据总统令委托或授权相关机构或组织执行，在预算范围内全部或部分地提供必要的资金补助。

第 15 条 （职业电子竞技和全民电子竞技的促进）为了促进电子竞技发展和人民健康的业余生活，国家应当采取必要的措施促进职业电子竞技和全民电子竞技。

第 16 条 （听证）文化体育观光部部长应就符合以下任一情况的事项召开听证会。

①撤销对第 12 条第 2 款规定的项目选择机构的指定；

---

[1] 国际电子竞技联合会是一个位于韩国首尔市，旨在推动电子竞技合法化的国际组织，详见 http://www.ie-sf.org。

②解除对第 13 条第 3 款规定的支持中心的指定。

第 17 条　（职权的授予及委托）文化体育观光部部长可根据总统令，将本法规定的部分职权授予特别市市长、广域市市长、道知事或特别自治道知事[1]，或委托为促进电子竞技而设立的机构或法人。

第 18 条　（奖励）1. 文化体育观光部部长可向为电子竞技发展做出重大贡献的个人、组织、企业等给予奖励。

2. 其他第 1 款规定的奖励选择标准等相关的必要事宜由总统令规定。

附则　（第 13971 号，2016-02-03）

本法自公布 6 个月后实施。

[1] 韩国行政区划中，全国划分为 1 个特别市（특별시）、1 个特别自治市（특별자치시）、6 个广域市（광역시）、8 个道（도，不含“以北五道”），以及特别自治道（특별자치도）。

第二编

韩国与游戏相关的政策

韩国电影相关法*

电影振兴法

［法律　第 5929 号，1999-02-08 全部修订］［1999-05-09 实施］

第 1 章　总则

第 1 条　（目的）本法的目的旨在通过提高电影艺术的质量、促进电影产业的振兴，提高国民文化生活，为民族文化的兴盛做出贡献。

第 2 条　（用语的定义）本法中的用语具有如下含义。

“电影”是指胶片等媒体载有的有声或无声的连续影像。

“电影产业”是指电影的制作、运用、流通、发行、出口、进口等相关产业。

“韩国电影”是指主要营业地位于国内的主体（包括法人）制作的电影及第 7 条下电影振兴委员会（以下简称“委员会”）根据第 5 条第 2 款规定认定为韩国电影的联合制作电影。

“外国电影”是指主要营业地位于外国的主体（包括法人）制作的电影。

“联合制作电影”是指韩国电影制作主体与外国电影制作主体联合制作的电影。

“故事片”是指由人出演或利用动物及其他形象等进行演艺的电影。

“动画电影”是指利用人力或技术对实物世界或想象的虚拟世界进行加工，表现出与现实相似的动态感觉的电影。

---

* 本章由孙磊编译。

“短篇电影”是指不论胶片的规格，放映时间不超过40分钟的电影。

“小电影”是指使用16毫米以下胶片制作的电影。

“上映”是指公演法第2条第1款规定的公演，即能够使公众观看影片的行为。

“电影业者”是指以营利为目的的下列主体：

①电影制作主体：从事电影制作的主体；

②电影进口主体：从事电影进口的主体；

③电影发行主体：从事电影发行的主体；

④电影上映主体：从事电影上映的主体。

“电影人”是指参与电影制作的导演、演员、摄影及照明等技术人员、剧本编剧、音乐人、美工及企划人员等。

第3条 （电影振兴基本计划及实施计划）为了影像文化的兴盛及影像产业的振兴，文化体育观光部部长应听取电影振兴委员会的意见，制定并实施电影振兴基本计划和实施计划。

第1款规定的电影振兴基本计划应包括下列事项：

①韩国电影振兴的基本方向；

②为了振兴电影制作而进行的调查、研究、制作基础的扩充、技术开发等相关事项；

③为了振兴电影发行而进行的调查、研究、开发相关事项；

④韩国电影出口及外国电影进口相关事项；

⑤电影资料的收集及保存相关事项；

⑥培养电影人的相关事项；

⑦为扩充电影振兴所需的财政基础而进行的资金来源的确保及有效的运用方案相关事项；

⑧电影的国际交流及合作相关事项；

⑨其他与电影艺术的振兴有关的事项。

第2章　电影的制作及进口

第4条 （电影业者的申报等）拟成为电影业者的，应向文化体育观光部部长进行申报。变更申报事项时也需要进行申报。

第1款规定的申报、变更申报、申报证书的交付等相关必要事项由总统令规定。

第5条 （联合制作电影的制作申报）拟联合制作电影的，应在满足总统令规定的条件后，向文化体育观光部部长进行申报。但是，无论电影振兴委员会是否将其认定为韩国电影，进口的电影均不包括在内。

联合制作电影完成后，由电影振兴委员会结合其主题、外部表现及民族性等后，决定是否将其认定为韩国电影。

第 1 款规定的申报等相关必要事项由总统令规定。

第 6 条 （外国电影进口推荐）电影进口主体拟进口外国电影的，该外国电影应取得公演法第 17 条规定的影像等级委员会的进口推荐。

第 3 章　电影振兴委员会

第 7 条 （机构设置）为提高电影质量、振兴韩国电影及电影产业，文化体育观光部设立电影振兴委员会（以下简称“委员会”）。

第 8 条 （委员会的构成）委员会由文化体育观光部部长从在电影艺术及电影产业等方面具有专业性、丰富经验且德高望重的人员中选出的 10 位委员构成。

委员会的构成方式和流程由总统令规定。

第 9 条 （委员长等）委员会设委员长 1 人和副委员长 1 人。委员长和副委员长从委员中互选产生。委员长代表委员会总揽委员会事务。委员长因不得已的原因无法履行职责的，由副委员长代为履行其职责，委员长与副委员长均无法履行职责的，按年龄选择最为年长者代为履行职责。委员长及副委员长以外的其他委员均非常任。

第 10 条 （委员的任期）委员长、副委员长及委员的任期为 3 年。委员空缺的，文化观光部部长应自空缺之日起 30 日内补选继任委员，继任委员的任期为前任的剩余任期。

直至按照第 8 条规定选任继任者为止，包括任期已终止的委员长在内的委员应继续履行其职责。

第 11 条 （委员的待遇及禁止兼职）向委员中的常任委员支付报酬，而非常任委员为名誉职位，可按照委员会规定向其支付因履行职务产生的经费等实际费用。

除委员会另有规定外，常任委员不得兼任以盈利为目的的其他职位。

第 12 条 （委员丧失资格的理由）下列情形之一的，不得成为委员：

①公务员（教育公务员及法官除外）；

②正党法规定的党员；

③国家公务员法第 33 条各款规定的人员；

④其他总统令规定的人员。

第 13 条 （委员的职务独立及身份保障）委员在任期内履行职责时不受任何指示或干涉。

除非有下列情形之一的，委员不会在违背其意思的情况下被免职：

①存在第 12 条规定的丧失资格理由的；

②因长期身心障碍无法履行职责的。

第 14 条 （委员会的职责等）委员会审议表决下列事项：

①对电影振兴基本计划等的制订、变更提出意见的相关事项；

②委员会运营计划的制订、实施相关事项；

③委员会规定的制定、修改等相关事项；

④影像制作相关设施的管理、运营相关事项；

⑤联合制作电影的韩国电影认定相关事项；

⑥规定的电影振兴基金的管理、运用相关事项；

⑦为韩国电影振兴及电影产业培育，调查、研究、教育研修相关事项；

⑧电影的流通发行相关事项；

⑨韩国电影的出口及国际交流相关事项；

⑩韩国电影的进口相关事项；

⑪韩国电影的义务上映制度的实施相关事项；

⑫电影观众的不满及请愿相关事项；

⑬其他委员会认为必要的事项。

为确认第 1 款规定的审议表决事项是否被遵守，委员会可以要求电影业者等提供必要的资料。

第 15 条 （决议法定人数）委员会的决议由在职委员过半数出席、出席委员过半数赞成通过，但第 14 条第 1 款第③项相关事项须有在职委员过半数赞成方可通过。

第 16 条 （会议公开）委员会会议应当根据委员会规定对外公开，但委员会认为有特殊需要且通过决议的除外。

委员会应当根据委员会规定制作会议记录。

第 17 条 （委员会等）为履行第 14 条第 1 款规定的职责，必要时委员会可组成并运营小委员会及协议调整会议等机构，有关该类机构运营相关必要事项由委员会规定确定。

委员会为履行第 14 条第 1 款、第 7 款规定的职责，委员会可以设立并运营研究机构等，有关该类机构运营相关必要事项由委员会规定确定。

第 18 条　（事务局）为辅助委员会相关事务，委员会下设事务局。事务局设事务局长 1 人，由委员长经委员会同意后加以任命。

除本法另有规定外，委员会的组织及运营等相关必要事项由委员会规定确定。

第 19 条　（委员会规定的制定及修订等）拟制定或修改委员会规定的，需至少提前 20 日发出预告，必要时委员会可以将其刊载公布于官报等处。

第 20 条　（支持）委员会运营所需的经费可由国库支持。

第 4 章　上映等级分类及电影胶片等的提交

第 21 条　（上映等级分类）电影（包括预告片及广告电影）在上映之前应取得影像等级委员会的上映等级分类。但是，属于下列各项之一的电影除外。

①不收取对价且仅向 18 岁以上的特定人群播出的小型、短篇电影；

②由委员会推荐的在电影节上映的电影；

③由委员会推荐的由团体等制作并上映的电影；

④其他文化体育观光部部长认为不需要等级分类的电影；

⑤未按照第 1 款规定取得上映等级分类的电影不得上映。

第 1 款规定的电影的上映等级具体如下。但是，在放映本片之前上映的预告片、广告电影等一切电影，在第一种情况下可取得上映等级分类。

① “全部皆宜”：所有年龄均可观看的电影；

② “12 岁可观看”：未满 12 岁的观众不得观看的电影；

③ “18 岁可观看”：未满 18 岁的观众不得观看的电影。

影像等级委员会根据第 3 款规定对上映等级进行分类时，认为电影存在下列情形之一的，为审阅内容等，可根据总统令规定指定 3 个月以内的期限，对其上映等级分类做出保留意见。

①违反宪法民主基本秩序的或可能损害国家权威的；

②对暴力、淫秽等进行过度描述而有害公序良俗或可能造成社会秩序混乱的；

③损害国际外交关系、民族文化主体性等而可能危害国家利益的。

影像等级委员会根据第 4 款规定审查内容后认为其存在违法的，应书面通知电影上映等级分类申请人并列明具体理由，认为必要的，可以公开相关内容或向相关机构进行通报。

任何人均不得让未满足第 3 款各项规定的上映等级年龄的观众入场。但是，父母等监护人随行观看第 3 款第②项规定的上映等级的除外。

任何人均不得变造第 1 款规定的上映等级分类，且不得上映与已获得上映等级分类的电影内容不一致的电影。

第 1 款规定的上映等级的分类流程、方法，第 3 款各项规定的上映等级的分类具体标准，第 4 款规定的上映等级分类保留流程、方式，第 5 款规定的通知、公开及通报流程、方法等必要事项由总统令规定。

第 22 条 （上映等级规定）影像等级委员会应当为第 21 条规定的上映等级分类制定、公布电影上映等级相关规定（下称“等级规定”）。

第 1 款的等级规定中应包含下列内容：

①维护宪法民主基本秩序、尊重人权的相关事项；

②健康的家庭生活和保护儿童及青少年的相关事项；

③加强公众道德及社会伦理的相关事项；

④有关电影上映等级分类标准等的事项。

第 23 条 （复审）对根据第 21 条第 1 款规定进行的分级有异议的电影业者，可自取得上映等级分类之日起 30 日内，向影像等级委员会提出复审请求。

影像等级委员会应自收到复审请求起 15 日内进行复审，复审内容应向当事人或代理人公开。

复审流程相关必要事项由影像等级委员会规定确定。

第 24 条 （宣发、刊载限制）拟发布或刊载电影相关广告或宣传品的主体应当按照委员会规定在发布或刊载前取得影像等级委员会作出的是否对未成年人（指未满 18 岁的人，下同）存在危害的确认。

不得发布或刊载第 1 款规定的影像等级委员会确认危害未成年人的宣传品。

第 1 款规定的影像等级委员会确认是否危害未成年人的相关必要事项由影像等级委员会规定确定。

第 25 条 （电影胶片等的提交）电影制作主体根据第 21 条第 1 款规定取得上映等级分类时，应当按照总统令规定向委员会提交一份该电影的原版胶片或其复制品（下称“电影胶片”），以便保存电影资料。小型、短篇电影也可向委员会提交，以便保存电影资料。

委员会应及时向根据第 1 款规定提交电影胶片及其剧本的主体交付提交证明文件，并根据总统令规定提供正当补偿。电影胶片及剧本的补偿金由国库承担。

第5章　电影的上映

第26条　（电影放映场馆的区分等）“电影放映场馆”是指以盈利为目的播放电影的演出场所。“专用放映场馆”是指第1款规定的电影放映场馆中每年放映下列情形之一的特定电影或向特定观众放映的电影的天数超过3/5的演出场所。

①韩国电影；

②动画电影；

③小电影、短篇电影；

④委员会认定的艺术电影；

⑤青少年电影。（属于第21条第3款第①项、第②项的电影）

“非常设放映场所”是指除第1款的规定项下电影放映馆以外的放映电影的户内外场所。但是，非常设放映场所每年应在不超过120日范围内并按照总统令规定的天数放映电影。

第27条　（对专用放映场馆的支持）为保护儿童和青少年、弘扬电影艺术，文化体育观光部部长可以为专用放映场馆的设置和运营提供支持。

专用放映场馆的运营和支持标准等相关必要事项由总统令规定。

第28条　（放映韩国电影的义务）电影放映场馆的经营主体每年放映韩国电影的天数应当超过总统令规定的最低天数。

第29条　（放映电影的限制）对于下列电影，文化体育观光部部长有权禁止或停止其上映：

①未取得上映等级分类的电影；

②以虚假方式取得上映等级分类的电影；

③变造或违反已取得的上映等级分类而上映的电影；

④上映内容与取得上映等级分类时不一致的电影；

⑤未取得第21条第3款第①项等级分类的预告片及广告电影；

⑥其他违反本法或本法项下命令的电影。

第30条　（电影放映师）电影放映主体应当令具备总统令规定的电影放映相关技术资格的人员放映其电影，但是电影胶片规模小于16毫米的除外。

第31条　（电影业者等的停止经营）电影放映场馆放映韩国电影的天数未达到第28条规定的标准天数的，收到根据公演法第9条第1款规定进行公演注册的市长、郡守、区厅长（指作为地方自治团体的区的厅长）应当根据总统令规定，指定3个月以内的期限，责令该电影放映场馆停止经营。

根据第 29 条规定被处以禁止或停止上映处罚后，仍不履行的电影上映主体或电影放映场馆的经营主体，文化体育观光部部长可根据总统令规定，指定 3 个月以内的期限，责令其停止经营。

第 32 条 （对市民监督活动的支持）关于电影上映及专用放映场馆的运营等，市民团体等为保护观众权益自发进行监督活动的，委员会可以提供必要的支持。

第 1 款规定的支持等相关必要事项由委员会规定确定。

第 6 章　电影振兴基金

第 33 条 （基金的设置等）为提高电影艺术质量、振兴韩国电影及电影产业，设置电影振兴基金（以下简称“基金”）。基金由委员会运营、单独核算，独立审计。管理及运用基金的相关必要事项由委员会规定确定。

第 34 条 （基金的构成）基金由下列各项资金构成。

①文化产业振兴基本法第 33 条规定的文化产业振兴基金捐款；

②文化艺术振兴法第 17 条规定的文化艺术振兴基金的捐款；

③其他收入等。

第 35 条 （基金的用途）基金应当用于下列目的：

①对韩国电影创作、制作振兴相关的支持；

②对韩国电影的出口及国际交流的支持；

③对小型、短篇电影及制作的支持；

④对专用放映场馆设施的维护及改善的支持；

⑤对委员会认可的电影相关团体及市场团体事业的支持；

⑥其他委员会通过决议认为必要的事业。

用于第 1 款第⑥项事业的基金数额不得超过基金年度执行数额的 15%。

第 7 章　附则

第 36 条 （权限的委任、委托）本法项下文化体育观光部部长的权限可以根据总统令规定部分委任给地方自治团体的负责人，委员会的权限可以委托给为影像文化及影像产业振兴而设的机构或团体。

第 37 条 （适用罚则时的拟制公务员）委员会的委员或事务局的职员及从事第 36 条规定的受托事务的人员，在适用刑法及其他法律相关罚则时，将其视为公务员。

第 38 条 （罚金）对于进行第 40 条各项条款中规定的任一行为而获取利

益的人，文化体育观光部部长可以根据总统令规定责令其缴纳2 000万韩元以下的罚金。

第 1 款规定的罚金金额及其他必要事项由总统令规定。

第 1 款规定的须缴纳罚金的人如未在缴纳期限内缴纳的，文化体育观光部部长可以根据总统令规定依照国税拖欠处罚之例进行征收。

根据第 3 款规定征收的款项由征收主体使用，但不得用于下列用途以外的目的。

①创作电影的制作、发行、上映及出口；

②专用放映场馆的管理及环境改善。

第 39 条　（手续费）根据本法进行的下列申请或申报应当按照总统令规定缴纳手续费：

①第 4 条第 1 款规定的电影业者的申报、变更申报；

②第 4 条第 2 款规定的重新交付申报证书的申请；

③第 5 条第 1 款规定制作联合制作电影的申报。

根据本法进行下列各项申请或请求的，需经文化体育观光部部长批准，缴纳影像等级委员会规定的手续费。

①第 6 条规定的进口外国电影的申请；

②第 21 条规定的上映等级分类申请；

③第 23 条规定的复审请求；

④第 24 条规定的确认广告宣传品是否有害未成年人的申请。

第 8 章　罚则

第 40 条　（罚则）符合下列情形之一的，将处以 2 年以下有期徒刑或者2 000万韩元以下的罚金：

①违反第 6 条规定的未取得进口推荐擅自进口外国电影的；

②违反第 21 条第 7 款规定上映电影的；

③违反根据第 29 条规定要求禁止或停止上映命令的。

第 41 条　（罚款）构成下列情形之一的，处以5 000万韩币以下罚款：

①未进行第 4 条第 1 款规定的申报，擅自制作、进口、发行或上映电影的；

②违反第 21 条第 2 款规定，上映未取得上映等级分类的电影的；

③违反第 21 条第 6 款规定，让观众入场的；

④未经确认是否属于第 24 条第 1 款规定的有害未成年人的广告或宣传

品，擅自将其发布或刊载的；

⑤违反第 24 条第 2 款规定，擅自发布或刊载被确认为对未成年人有害的广告或宣传品的；

⑥未履行第 25 条第 1 款规定的提交电影胶片及剧本义务的；

⑦违反第 26 条第 3 款但书规定中的电影上映天数上映电影的；

⑧违反第 30 条规定，允许未取得放映电影相关技术资格的人员放映电影的。

第 1 款规定的罚款由文化观光部部长根据总统令规定进行征收。

不服第 2 款规定的罚款处分的，可以在收到处罚告知之日起 30 日内向文化体育观光部部长提出异议。

受到第 2 款规定的罚款处罚后，根据第 3 款规定提出异议的，文化体育观光部部长应及时向管辖法院通知相关事实，收到通知的管辖法院根据非诉案件流程法就罚款进行审理。

未在第 3 款规定的期限内提出异议且不缴纳罚款的，依照国税拖欠处罚之例进行征收。

附则 （第 5929 号，1999-02-08）

第 1 条 （实施日期）本法自公布之日起 3 个月后实施。

第 2 条 （电影振兴委员会的设置）第 7 条规定的电影振兴委员会应于本法实施之日起 1 个月内设立。

直至委员会完成设立，由原电影振兴公社代为履行委员会职责。

第 3 条 （权利、义务及财产的继承）委员会自设立之日起概括继承原第 20 条规定的电影振兴公社拥有的所有权利、义务及财产。

第 4 条 （关于电影业注册者及申报者的过渡措施）本法实施时，根据原第 4 条第 1 款及第 3 款规定进行注册或申报的电影业者，视为已按照本法进行了电影业者申报。

第 5 条 （关于联合制作电影的制作申报者的过渡措施）本法实施前，已根据原第 9 条第 1 款规定申请制作联合制作电影的，视为已根据本法申报了联合制作电影的制作。

第 6 条 （关于外国电影的进口推荐的过渡措施）本法实施前，已根据原第 10 条第 1 款规定取得了韩国公演艺术振兴协会进口推荐的外国电影，视为已根据本法取得了影像等级委员会的进口推荐。

第 7 条 （关于上映等级分类的适用）第 21 条第 1 款规定，最早适用于本法实施后第一次需要进行上映等级分类的电影。

第8条　（关于电影胶片等的提交主体的过渡措施）本法实施前，已根据原第14条第1款规定提交电影胶片等的，视为已按照本法提交了电影胶片等。

第9条　（关于基金的过渡措施）本法实施前，已根据原有规定设立的电影振兴基金，视为按照第33条规定设置。

第10条　（关于罚则的过渡措施）对于在本法实施前违反原电影振兴法的行为，在适用罚则时仍依照原有规定。

第11条　（与其他法律的关系）本法实施时，其他法律规定中引用原电影振兴法规定的，如本法中存在相应规定，则视为引用本法相关条款。

第二章 chapter 02

韩国射幸相关法*

射幸行为等规制及处罚特别法

[法律　第 14839 号，2017-07-26 其他法律修订] [2017-07-26 实施]

第 1 章　总则（2011-08-04 修订）

第 1 条　（目的）本法旨在防止诱发过度射幸心理而损害国民健康生活、维护善良风俗，规定对射幸行为经营的指导和规制相关事项，针对射幸行为相关经营以外的赌博机（投钱机）或通过射幸游乐设施进行射幸行为的主体等的处罚特例相关事项。

第 2 条　（定义）本法中的用语含义如下：

1. “射幸行为”指从多人处募集钱财或财产利益（下称“财物等”），通过偶然的方法决定得失，从而增加财产或带来损失的行为。

2. “射幸行为经营”指下列各项经营行为：

①彩票发行业（福券发行业）：从多人处募集钱财等后，使用特定标签（包括通过具有电脑程序等信息处理能力的设备等的电子形态），通过抽签等方式向中奖人提供钱财利益，给其他参与者带来损失的经营活动；

②悬赏业：以对特定问卷调查预测答案在预测准确时获取利益为条件，自应募者募集财物等后，向正确者或预测准确者提供全部或部分钱财利益，给其他参与人带来损失的经营活动；

* 本章由孙磊编译。

③其他射幸行为业：除第①项及第②项以外的以盈利为目的利用旋转转盘、抽签、赠品等可能诱发射幸心理的设施或方法等进行的经营活动，由大总统令规定。

3. “射幸设备制造业”，是指制造、改造或维修用于经营射幸行为的机械、主机板、用具或电脑程序（下称“射幸设备”）的经营活动。

4. “射幸设备销售业”，是指销售或进口射幸设备的经营活动。

5. “赌博机”，是指投入硬币、纸币或其替代品后，根据偶然的结果产生财物等物品，从而对利用者的财产产生利益或带来损失的机器。

6. “射幸游乐设施”，是指除第5款赌博机以外的，机械式弹珠机与射幸电子游乐设施等可能诱发射幸心理的器械、设备等。

第1款第②项至第④项的经营活动可按照大总统令规定进行细化。

（2011-08-04全文修订）

第2章　射幸行为经营（2011-08-04修订）

第1节　经营设施及许可等

第3条　（设施标准）经营射幸行为的主体应当按照经营种类具备行政安全部令规定的设施及射幸设备，并进行维护及管理。（2013-03-23；2014-11-19；2017-07-26修订）

第4条　（许可）1. 拟经营射幸行为的主体应在具备第3条规定的设施等后，按照行政安全部令规定取得地方警察厅长的许可。但是，其经营对象范围跨过两个以上的特别市、广域市、道或特别自治道的，应当取得警察厅长的许可。（2013-03-23；2014-11-19；2017-07-26修订）

2. 取得第1款规定的许可的主体，拟变更大总统令规定的重要事项的，应当按照行政安全部令规定取得警察厅长或地方警察厅长的许可。（2013-03-23；2014-11-19；2017-07-26修订）

3. 国家机构或地方自治团体拟经营射幸行为的，须取得警察厅长的许可。

第5条　（许可要件）1. 警察厅长或地方警察厅长在收到第4条第1款规定的射幸行为经营许可申请后，在符合以下条件之一的情形下，可以许可其经营：

①为增加公共福利，认为特别需要的；

②为销售、宣传商品，认为特别需要的；

③为振兴观光业、吸引游客，认为特别需要的。

2. 对于第 1 款各项中“认为特别需要的”，由大总统令规定。

第 6 条 （许可限制）属于下列情形之一的，警察厅长或地方警察厅长不得批准第 4 条第 1 款项下射幸行为经营（下称“经营许可”）：（2015-07-20 修订）

1. 按照第 21 条第 2 款规定被取消经营许可，或按照第 24 条第 1 款规定关闭营业点以后两年内，在同一场所经营同种业务的。

2. 拟进行射幸行为经营的主体存在下列情形之一的：

①未成年人、被监护成年人或限制行为能力人；

②被宣告破产且未重整的；

③《精神健康法》第 3 条第①项规定的精神疾病患者，但精神科专家认为其适合经营的除外；

④构成暴力行为等处罚法第 4 条项下团体或集团，或向该等团体或集团提供资金援助的；

⑤被处以拘役以上刑罚且未执行完毕或被判处该等刑罚但确定不予执行的，自确定之日起未满两年的；

⑥被处以拘役以上刑罚且被判处缓期执行后，现仍处于缓期执行期限内的；

⑦被处以拘役以上宣告缓刑，现仍处于缓刑期限内的；

⑧存在第①项至第⑦项任一情形之一的高管所在的法人。

3. 其他法律规定不得经营射幸行为的情形。

第 7 条 （经营许可的有效期限）1. 经营许可的有效期限按照射幸行为经营种类由大总统令规定，且不得超过 3 年。

2. 第 1 款规定的经营许可有效期限届满，拟继续经营的，应当按照行政安全部令规定重新取得许可。（2013-03-23；2014-11-19；2017-07-26 修订）

（2011-08-04 全文修订）

第 8 条 （附条件经营许可）1. 警察厅长或地方警察厅长在许可经营时，可以以在大总统令规定的期限内具备第 3 条规定的设施及射幸设备作为条件进行许可。

2. 按照第 1 款规定取得许可的主体在无正当理由的情况下，未能在规定期限内具备设施及射幸设备的，警察厅长或地方警察厅长应取消其许可。

第 9 条 （经营的继受等）1. 符合下列情形之一的主体继承经营许可主体（下称“经营者”）地位：

①经营者死亡的，为其继承人；

②经营者转让其经营的，为其受让人；

③企业合并的，为合并后存续的法人或合并新设的法人。

2. 收购方按照下列各项流程收购全部经营设施及射幸设备（指大总统令规定的主要设施及射幸设备）时继承前一经营者的地位。此时，前一射幸行为经营者的许可失效。（2016-12-27 修订）

①《民事执行法》规定的拍卖；

②《债务人重整及破产法》规定的变现（换价）；

③《国税征收法》《关税法》或《地税征收法》规定的扣押财产的出售；

④其他适用第①项至第③项规定的流程。

3. 按照第 1 款或第 2 款继承经营者地位的主体，应当按照行政安全部令规定在继承之日起 1 个月内向警察厅长或地方警察厅长进行申报。（2013-03-23；2014-11-19；2017-07-26 修订）

4. 第 1 款与第 2 款规定的继承适用关于许可限制的第 6 条规定。

第 2 节　经营的运营

第 10 条　删除。（1999-03-31）

第 11 条　（经营方法及限制）1. 经营方法及中奖金额相关必要事项由大总统令规定。

2. 为了公益需要，或是防止诱发过度射幸心理等维护善良风俗的需要，警察厅长认为需要时，可以按照大总统令规定，对经营射幸行为的经营时间、营业点的管理、运营或其他经营相关事项加以必要的限制。

第 12 条　（经营者应遵守的事项）关于下列各项和第 11 条规定的经营方法及中奖金额，经营者（包括大总统令规定的从事者）应遵守大总统令规定的事项、经营时间等限制事项。（2011-09-15；2013-03-23；2014-11-19；2017-07-26 修订）

①不得将经营资质（营业名义）出借给他人；

②不得设置或使用违反法律规定的射幸设备；

③不得违法变造射幸设备；

④不得允许青少年（指《青少年保护》第 2 条第①项规定的青少年，下同）出入行政安全部令规定的射幸行为营业点，或允许青少年利用互联网等信息网络参与射幸行为；

⑤不得进行诱发过度射幸心理等损害善良风俗的广告或宣传。

第 12 条之 2 （检查经营者的射幸设备）1. 利用射幸设备进行经营的经营者应当按照行政安全部令规定，就其射幸设备是否符合第 14 条第 1 款或第 2 款规定的规格及标准，接受警察厅长的检查。（2013-03-23；2014-11-19；2017-07-26 修订）

2. 检查合格证书的粘贴及检查方法、流程等适用第 15 条第 2 款及第 4 款规定。

第 3 章　射幸设备的制造、销售等（2011-08-04 修订）

第 13 条 （射幸设备制造行业的许可等）1. 拟从事射幸设备制造行业的，应当在具备行政安全部令规定的设施、设备及人力等后，按照行政安全部令规定取得警察厅长的许可。（2013-03-23；2014-11-19；2017-07-26 修订）

2. 拟从事射幸设备销售行业的，应当按照行政安全部令规定取得警察厅长的许可。（2013-03-23；2014-11-19；2017-07-26 修订）

3. 取得第 1 款规定的射幸设备制造行业的许可（下称“射幸设备制造者”）与取得第 2 款规定的射幸设备销售行业许可的（下称“射幸设备销售者”）拟变更大总统令规定的重要事项的，应当按照行政安全部令规定取得警察厅长的许可。（2013-03-23；2014-11-19；2017-07-26 修订）

4. 第 1 款与第 2 款规定的射幸设备制造行业及射幸设备销售行业的许可限制、附条件经营许可及继承经营事项，适用有关经营许可限制的第 6 条、第 8 条及第 9 条规定。

5. 射幸设备制造者视为已取得了第 2 款规定的射幸设备销售许可。

第 14 条 （射幸设备的规格及标准）1. 警察厅长认为必要时，可以规定与射幸设备的形态、结构、材质、性能等相关的规格和标准。

2. 对于没有第 1 款规格和标准的射幸设备，按照行政安全部令规定，经行政安全部长指定的检查机构完成检验的，警察厅长可以认定其已具备射幸设备的规格和标准。（2013-03-23；2014-11-19；2017-07-26 修订）

3. 即使有第 1 款与第 2 款规定，以出口为目的的射幸设备，可以按照出口方要求的规格和标准制造。

第 15 条 （检查射幸设备制造者等的射幸设备）1. 射幸设备制造者及射幸设备销售者（下称“射幸设备制造、销售者”）在制造（指制作、改造及维修，下同）或进口大总统令规定的射幸设备时，应当按照行政安全部令规定，对其射幸设备的每类产品是否均符合第 14 条第 1 款或第 2 款规定的规格和标准，

接受警察厅长的检查。(2013-03-23；2014-11-19；2017-07-26 修订)

2. 经第 1 款检查合格的射幸设备，应粘贴行政安全部令规定的检查合格证书。(2013-03-23；2014-11-19；2017-07-26 修订)

3. 射幸设备制造、销售者应当按照行政安全部令规定记录第 1 款规定的受检事项，并自产品受检之日起保存 3 年。(2013-03-23；2014-11-19；2017-07-26 修订)

4. 第 1 款规定的检查方法、流程等必要事项由行政安全部令规定。(2013-03-23；2014-11-19；2017-07-26 修订)

第 16 条　(标注标准) 射幸设备制造、销售者应当按照大总统令规定，在射幸设备中标注行政安全部令规定的事项，不得虚假标注。(2013-03-23；2014-11-19；2017-07-26 修订)

第 17 条　(射幸设备制造、销售者的遵守事项) 射幸设备制造、销售者应就经营遵守大总统令规定的事项。

第 4 章　对经营者的指导、监督等 (2011-08-04 修订)

第 18 条　(进出、检查) 1. 特别必要时，警察厅长或地方警察厅长可以要求经营者及射幸设备制造、销售者（下称“经营者等”）进行必要的报告，要求相关公务员进出营业点检查经营者等的遵守状态、经营设施、射幸设备、相关文件或账簿等。此时，也可以检查利用互联网等信息网络进行射幸行为的经营。

2. 根据第 1 款规定进出营业点进行检查的相关公务员应当手持表示其权限的凭证，并出示给相关关系人。

第 19 条　(行政指导及纠正命令等) 1. 为了公益需要，或防止诱发过度射幸心理等维护善良风俗的需要，警察厅长或地方警察厅长有权向经营者等进行必要的指导或命令。

2. 属于下列情形之一的，警察厅长或地方警察厅长可责令立即或在指定期限内维修、改善或纠正经营设施等事项。

①经营的设施等不符合第 3 条或第 13 条第 1 款规定的标准的；

②经营者等违反本法或本法项下命令的。

第 20 条　(销毁处分等) 对于不符合第 14 条第 1 款或第 2 款规定的规格或标准，或未进行第 15 条规定的检查，而擅自销售的射幸设备，警察厅长或地方警察厅长可责令射幸设备的制造或进口主体回收并销毁，或责令相关公务员回收销毁。

第 21 条 （行政处分）1. 经营者存在第 6 条第 2 款各项许可限制之一的，警察厅长或地方警察厅长应当取消其经营许可。此时，经营者如为法人，且因第 6 条第 2 款第⑧项事由应被取消许可的，在取消决定前应当向其提供 3 个月以上的时间，以便其替换适合高管。

2. 经营者等违反本法或本法项下命令的，警察厅长或地方警察厅长可以取消其经营许可，或指定 6 个月以内的期限责令其停止经营。

3. 第 2 款规定的行政处分的具体标准由行政安全部令规定。（2013-03-23；2014-11-19；2017-07-26 修订）

第 22 条 删除。（1997-12-13）

第 23 条 （行政处分效果的继承）按照第 9 条第 1 款（包括适用第 13 条第 4 款规定的情形）规定继承经营的，对前一经营者等采取的行政处分效果，在第 21 条第 2 款规定的处分期限终止之日起 1 年内，由新经营者等继承，如果仍在进行行政处分相关流程，可以继续向新的经营者等进行相关流程，但新的经营者等（继承的除外）证明继承经营时不知晓该处分或违反事实的除外。

第 24 条 （关闭措施等）1. 未取得第 4 条第 1 款、第 2 款，第 7 条第 2 款或第 13 条第 1 款至第 3 款规定的许可，擅自从事射幸行为的经营、射幸设备的制造或射幸设备的销售，或按照第 21 条第 1 款或第 2 款规定被取消许可或被责令停止经营后仍然继续经营的，为关闭该等营业点，警察厅长或地方警察厅长可以责令相关公务员采取下列各项措施：

①拆除或删除在该营业点的招牌及其他经营标志；

②在该营业点粘贴营业点不合法的说明等告示；

③为使经营所需的设施或设备等无法使用进行查封。

2. 进行第 1 款第③项规定的查封后，发生下列情形之一的，可以解除查封，按照第 1 款第②项粘贴告示的亦同。

①认为不再需要进行查封的；

②经营者等或其代理人承诺关闭其营业点的；

③经营者等或其代理人有正当理由要求解除查封的。

3. 采取第 1 款规定的措施时，应当提前书面告知经营者等或其代理人相关事实，但有紧迫事由的除外。

4. 第 1 款规定的措施中要求不得经营的部分应当限于必要的最小范围。

5. 按照第 1 款规定查封营业点的相关公务员应当持表示其权限的证件，并出示给相关关系人。

（2011-08-04 全文修订）

第 25 条 （射幸行为营业点利用者的遵守事项）1. 利用射幸行为营业点时，不得要求经营者进行行政安全部令规定的引起过度射幸心理的行为或是损害善良风俗的行为。（2013-03-23；2014-11-19；2017-07-26 修订）

2. 经营者为确认其是否为青少年，要求出示居民注册证等或询问确认身份所需事项时，出入射幸行为营业点的人员应当进行协助。

（2011-08-04 全文修订）

第 5 章 射幸行为经营相关团体（2011-08-04 修订）

第 26 条 （经营者团体的设立）1. 经营者等为促进其经营的健康发展，可以按照经营种类设立全国组织性质的经营者团体（下称“团体”）。

2. 根据第 1 款规定设立的团体应为法人。

3. 团体可按照章程规定设立支会或分会。

4. 本法对团体未规定的事项适用《民法》中关于社团法人相关规定。

（2011-08-04 全文修订）

第 6 章 附则（2011-08-04 修订）

第 27 条 （听证）警察厅长或地方警察厅长按照第 21 条规定取消经营许可或按照《民法》规定取消团体设立许可时，应当进行听证。

第 27 条之 2 删除。（1999-03-31）

第 28 条 （手续费）属于下列情形之一的，应当按照大总统令规定支付手续费。

①第 4 条第 1 款、第 2 款，第 7 条第 2 款及第 13 条第 1 款至第 3 款规定的许可；

②第 9 条第 3 款（包括按照第 13 条第 4 款规定适用的情形）规定的继承经营的申报；

③第 12 条之 2 第 1 款及第 15 条第 1 款规定的射幸设备的检查；

④第 14 条第 2 款规定的射幸设备的检验。

第 29 条 （权限的委任及委托）1. 警察厅长可以将本法项下部分权限按照大总统令规定委任给地方警察厅长或警察署长。

2. 警察厅长可以将第 12 条之 2 第 1 款及第 15 条第 1 款规定的射幸设备的检查业务，按照大总统令规定委托给专业检查机构。

3. 第 14 条第 2 款规定的检查机构中进行检验业务的高管及员工或是第 2

款规定的专业检查机构中进行检查业务的高管及员工，在适用《刑法》第129条至第132条时视为公务员。

第7章　罚则（2011-08-04修订）

第30条　（罚则）1. 属于下列情形之一的，处以5年以下有期徒刑或5 000万韩元以下的罚金：

①除依法经营射幸行为以外的，以赌博机或射幸游乐设施进行射幸行为为主业的；

②向第①项行为为主业的主体，销售或以销售为目的制造或进口赌博机或射幸游乐设施的。

2. 属于下列情形之一的，处以3年以下有期徒刑或2 000万韩元以下的罚金：

①未取得第4条第1款或第7条第2款规定的许可，擅自经营的；

②违反第12条第②项或第③项规定，设置、使用或改造射幸设备的；

③未取得第13条第1款或第2款规定的许可，擅自经营的。

3. 属于下列情形之一的，处以1年以下的有期徒刑或1 000万韩元以下的罚金：

①未取得第4条第2款或第13条第3款规定的变更许可，擅自经营的；

②违反第9条第3款（包括适用第13条第4款规定的情形），未进行继承申报，擅自经营的；

③违反第12条各项以外的规定，对于第11条规定的经营方法及中奖金额，未遵守大总统令规定的事项或经营时间等限制进行经营的；

④违反第12条第①项规定，将经营名义借给他人的；

⑤违反第12条第④项规定，允许青少年入场或允许青少年参与的；

⑥违反第12条第⑤项规定，进行广告或宣传的；

⑦使用未接受第12条之2规定的检查的射幸设备进行经营的；

⑧销售未接受第15条第1款规定的检查的射幸设备的；

⑨损坏或去除第15条第2款（包括适用第12条之2第2款规定的情形）规定的检查合格证书的；

⑩违反第15条第3款规定，未保存检查记录的；

⑪违反第16条规定，销售没有标记的射幸设备的或虚假标记后出售的；

⑫未进行第18条第1款规定的报告义务，或进行虚假报告的，或是拒绝、妨碍或逃避相关公务员进出、检查或采取其他措施的；

⑬未遵守第 19 条第 2 款规定的修改、改善或纠正命令的；

⑭违反第 21 条第 2 款规定的停止经营处分，在停止经营期间经营的。

（2011-08-04 全文修订）

第 31 条　（双罚规定）法人的代表人或法人或个人的代理人、使用人及其他从业人员，对其法人或个人的业务进行违反第 30 条规定的行为的，除处罚其行为人外，针对其法人或个人同时处以该条文的罚金刑。但是，法人或个人为防止其违反，并未怠于履行对该等业务的注意及监督义务的除外。

附则　（第 14839 项，2017-07-26）

第 1 条　（实施日期）本法自公布之日起实施。但是，按照附则第 5 条修订的法律中，如有本法实施前颁布但未开始实施的，该等修订部分应在各法律施行日开始施行。

第 2 条至第 4 条　略。

第 5 条　（其他法律的修订）

①至<121>略。

<122>射幸行为等规制及处罚特别法部分修订如下：

将第 3 条、第 4 条第 1 款正文、该条第 2 款、第 7 条第 2 款、第 9 条第 3 款、第 12 条第④项、第 12 条之 2 第 1 款、第 13 条第 1 款至第 3 款、第 14 条第 2 款、第 15 条第 1 款至第 4 款、第 16 条、第 21 条第 3 款及第 25 条第 1 款中的“行政自治部令”修改为“行政安全部令”。

将第 14 条第 2 款中的“行政自治部部长”修改为“行政安全部部长”。

<123>至<382>　略。

第 6 条　略。

射幸行为等规定及处罚特别法施行令

［总统令　第 28215 号，2017-07-26 其他法律修订］［2017-07-26 实施］

第 1 条　（目的）本令旨在规定射幸行为等规定及处罚特别法（以下简称“法”）所委任的事项及其实施所需事项。（1994-07-23 修订）

第 1 条之 2 （其他射幸行为）《特别法》第 2 条第 1 款第①项第 4 目中规定的“总统令规定的经营”是指下列情形之一：

①轮盘业：参与者以金钱下注后，用箭等物品射向或投向正在旋转的带有图画及数字等标记的轮盘，在转盘停止时以箭等物品命中的标记提供资金的行为；

②抽签业：向参与者提供填写号码的单据，在指定日期通过抽签等方式选定获奖者，并根据一定的支付标准发放奖金的行为；

③赠品业（彩票业）：向参与者提供填写名次的单据，根据单据中显示的名次及奖金支付标准支付奖金的行为。

（1994-07-23 本条新设）

第 2 条 （射幸行为经营许可事项的变更）《特别法》第 4 条第 2 款规定的需要取得许可的变更事项如下：

①经营场所名称或商号的变更；

②获得许可的经营场所的同一区域内（同一所有者的同一建筑物内或同一栋楼的建筑物，下同）的变更；

③已获许可的经营方式的变更；

④已获许可的中奖金额（包括代替奖金的物品，下同）或与中奖金额有关的获奖率表的变更；

⑤已获许可后设置的射幸设施的更换或设置台数的变更。

第 3 条 （许可条件）《特别法》第 5 条第 2 款规定的法第 5 条第 1 款各项许可条件中，“认为特别需要的”是指认为不妨碍维护公序良俗的以下各项情形。（1994-12-23；1999-04-30；2008-02-29 修订）

1. 为了增加公共福利特别需要的：（《特别法》第 5 条第 1 款第①项相关）

①相关中央行政机构负责人认为救济自然灾害及其他类似灾害需要的；

②拟促进获得国家或地方自治团体的补助或支持的社会福利活动的；

③公共机构拟为公益活动筹措资金的。

2. 为了进行商品的销售宣传特别需要的。（《特别法》第 5 条第 1 款第②项相关）

为促进自产商品或自售商品的境内外销售，相关中央行政机构负责人、特别市长、广域市长、道知事认为需要的。

3. 删除。（1995-03-06）

4. 为振兴观光业及吸引游客特别需要的：（《特别法》第 5 条第 1 款第④项相关）

①根据观光振兴法第 4 条第 1 款规定，在文化体育观光部部长登记的旅游住宿业中，1 级以上观光酒店及游客利用设施业中的综合度假村的同一区域内经营射幸活动，且被认为振兴观光业及吸引游客需要的；

②在5 000吨以上的跨境客轮内经营射幸行为的。

第 4 条 （许可的有效期限）《特别法》第 7 条第 1 款规定的经营许可的有效期限的种类分别如下：（1994-07-23 修订）

①福利彩票发行行业、悬赏行业及其他射幸行为行业：90 日；

②删除。（1995-03-06）

第 5 条 （附条件经营许可期限等）1.《特别法》第 8 条第 1 款规定的附条件经营许可的期限为取得许可之日起 2 个月以内，但认为存在不得已的情形时可以延长 1 次，但延长期限不得超过 2 个月。

2. 根据《特别法》第 8 条第 1 款规定取得附条件经营许可的主体应在具备许可所需的设施及设备后，按照行政安全部令在第 1 款期限内向警察厅长或地方警察厅长（下称“许可机构”）进行申报。（1999-04-30；2008-02-29；2013-03-23；2014-11-19；2017-07-26 修订）

第 6 条 （继承经营时需要收购的主要设施等）根据《特别法》第 9 条第 2 款及法第 13 条第 4 款规定继承经营时，需要收购的主要设施及射幸设施如下：

①经营射幸行为：按种类取得《特别法》第 4 条规定的射幸行为经营许可进行营业的设施及射幸设施；

②制造、销售射幸设施：按照法第 13 条第 1 款或第 2 款规定取得许可后进行营业的设施及制造、销售的射幸设施。

第 7 条 （经营方式及中奖金额）法第 11 条第 1 款规定的射幸行为经营方式及中奖金额的标准如附表所示。

第 8 条 （射幸行为经营限制）《特别法》第 11 条第 2 款规定的射幸行为的经营时间或经营场所的管理、运营及其他与经营相关的限制事项如下：（1994-07-23；1999-04-30；2008-02-29；2013-03-23；2014-11-19；2017-07-26 修订）

1. 共通事项：

①不得违反行政安全部令规定的经营时间进行经营；

②在获得经营许可的场所以外的地点进行经营。

2. 福利彩票发行行业、悬赏行业及其他射幸行为行业：

①删除；（1999-04-30）

②不直接销售福利彩票、投票券（悬赏主体发行的记有答案、投票方法及金额等的券票，下同）、奖券或赠品券等（下称“参与券票”），而是指定经销点并通过该经销点进行销售的，应当按照行政安全部令规定管理指定的经销点；

③不得向未成年人出售参与券票，或允许其参与射幸行为；

④不得强制购买参与券票；

⑤针对转盘旋转行业，除要遵守上述第②至④项规定外，还需要遵守下列事项：

A. 经营场所中设置的轮盘器械不得超过行政安全部令规定的台数；

B. 删除；（1999-04-30）

C. 删除。（1999-04-30）

3. 删除。（1994-07-23）

第 9 条 （射幸行为经营从事者的范围）《特别法》第 12 条正文规定的“大总统令规定的从事者”是指代理经营主体、受经营主体指示的正式或临时进行经营活动的代理人、使用人及其他从业人员。

第 10 条 （射幸设施制造、销售者的许可事项的变更）按照法第 13 条第 3 款规定应当取得许可的变更事项如下：

①经营场所的名称或商户的变更；

②制造或销售种类的变更。

第 11 条 （对制造、销售射幸设施主体的射幸设施检查）射幸设施制造者及销售者根据法第 15 条第 1 款规定制造（指制造、改造或维修，下同）或进口时，应当接受检查的射幸设施如下：（1994-07-23 修订）

①删除；（1995-03-06）

②用于轮盘行业的射幸设施。

第 12 条 （需标注的射幸设施）根据法第 16 条规定，应标注行政安全部令规定的事项的射幸设施为第 11 条规定的应当进行检查的射幸设施。（1999-04-30；2008-02-29；2013-03-23；2014-11-19；2017-07-26 修订）

第 13 条 （射幸设施的制造者、销售者应遵守的事项）《特别法》第 17 条规定的射幸设施的制造者及销售者应遵守的事项如下：（1999-04-30；2008-02-29；2013-03-23；2014-11-19；2017-07-26 修订）

1. 射幸设施制造者：

①不得违反法律制造射幸设施；

②发现受托进行改造或修理的射幸设施存在违反规定进行变造的事实时，应当按照行政安全部令向许可部门报告；

③受射幸行为经营主体的委托销毁射幸设施的，应当按照行政安全部令向许可部门报告；

④置备制造台账，记录射幸设施制造相关事项并保存 2 年。

2. 射幸设施销售者：

①不得违反法律规定销售射幸设施；

②发现销售的射幸设施存在违反规定进行变造事实的，应当按照行政安全部令向许可部门报告；

③置备销售台账，记录销售相关事项并保存 2 年。

第 14 条　（手续费）《特别法》第 28 条第 1 款及第 2 款规定的手续费如下：（1994-07-23；1995-03-06 修订）

1. 经营许可：

①福利彩票发行行业及悬赏行业的许可：10 万韩元；

②其他射幸行为行业的许可：5 万韩元；

③射幸设施制造行业的许可：10 万韩元；

④射幸设施销售行业的许可：5 万韩元。

2. 变更许可：

①福利彩票发行行业及悬赏行业的变更许可：5 万韩元；

②其他射幸行为行业的变更许可：25 000 千韩元；

③射幸设施制造行业的变更许可：5 万韩元；

④射幸设施销售行业的变更许可：25 000 千韩元。

3. 继承申报：

①福利彩票发行行业及悬赏行业的继承申报：5 万韩元；

②其他射幸行为行业的继承申报：25 000 千韩元；

③射幸设施制造行业的继承申报：5 万韩元；

④射幸设施销售行业的继承申报：25 000 千韩元。

《特别法》第 28 条第 3 款及第 4 款规定的射幸设施的鉴定及检查相关手续费，由行政安全部令按照射幸设施的种类或鉴定、检查项目进行规定。（1999-04-30；2008-02-29；2013-03-23；2014-11-19；2017-07-26 修订）

第 15 条　（委任或委托）1. 警察厅长根据《特别法》第 29 条第 1 款规定向警察厅长授予下列权限：法第 13 条第 2 款及第 3 款规定的射幸设施销售行业的许可及变更许可、法第 21 条规定的取消许可及停止经营、法第 27 条

权限中的听证相关权限。(1997-12-31；1999-04-30 修订)

2. 警察厅长根据法第 29 条第 2 款规定，指定并委托专业检查机构进行《特别法》第 12 条之 2 第 1 款及法第 15 条第 1 款规定的射幸设施的检查业务。(1994-07-23 修订)

3. 根据第 2 款规定由警察厅长指定的专业检查机构，应当按照行政安全部令，规定检查业务相关业务规定并取得警察厅长的批准，变更时亦同。(1994-07-23；1999-04-30；2008-02-29；2013-03-23；2014-11-19；2017-07-26 修订)

第 16 条 （敏感信息及固有识别信息的处理）警察厅长（包括根据第 15 条取得警察厅长授权或委托的人）及地方警察厅长在履行下列各项职责时，在不可避免的情况下，可以处理《个人信息保护法》第 23 条项下与健康相关的信息、该法施行令第 18 条第 2 款项下有关犯罪记录资料的信息、该令第 19 条第 1 款项下包含居民注册号的资料。

①《特别法》第 4 条、第 6 条至第 8 条、第 13 条项下与经营、许可等相关的业务；

②《特别法》第 9 条及第 13 条项下与经营主体地位的继承相关的业务；

③《特别法》第 15 条项下与射幸设施检查相关的业务；

④《特别法》及本令项下与指导监督经营主体相关的业务；

⑤第 1 款至第 4 款规定的履行事务所需的必要业务。

(2012-01-06 本条新设)

附则 (第 28215 项，2017-07-26)

第 1 条 （实施日期）本令自公布之日起实施。

第 2 条 略。

第 3 条 （其他法律的修订）①至⑭略。

⑮射幸行为等规制及处罚特别法施行令部分修订如下：

将第 5 条第 2 款、第 8 条第 1 款第 1 目、该条第 2 款第 2 目、该款第 4 目 (1)、第 12 条、第 13 条第 1 款第 2 目和第 3 目、该条第 2 款第 2 目、第 14 条第 2 款及第 15 条第 3 款前段中的“行政自治部令”修改为“行政安全部令”。

将附表中的悬赏行业经营方式栏第 2 款、该表其他射幸行为业的 1. 旋转转盘奖金标准栏第 1 款及该表备注中的“行政自治部令”修改为“行政安全部令”。

⑯至⑳略。

韩国艺人与艺人经纪促进法*

[第 12349 法案，2014-01-28] [第 14629 修正案，2017-04-21]

第 1 章　总则

第 1 条　(原则) 本法旨在树立一种健康的大众文化，为大众文化和艺术产业奠定基础，对相关商业人士、流行文化艺术家等的规定，促进韩国文化生活的质量。

第 2 条　(定义) 本法所使用的术语定义如下：

①“流行文化与艺术产业”指由大总统令规定，制作广播、电影、视频产品、节目表演、录像制品、音乐文件、音乐视频产品、音乐视频文件等产业（以下简称“流行文化产品”），使用大众文化流行文化艺术家提供的服务，或计划、管理等为大众流行文化艺术家提供服务的经纪产业；

②“流行文化服务”指表演、舞蹈、演奏乐器、歌唱、朗诵及涉及流行文化、艺术等与艺术人才有关的服务；

③“艺人”指提供流行文化服务，或与经纪商签订有关流行文化服务合约并有意提供流行文化服务的人；

④“流行文化产业”指提供流行文化服务，制作流行文化产品的业务，通过多层转包、分包进行制作的情况下，也包括一个上层分包商的业务（包括主承包商）；

⑤“流行文化制作者”指提供大众文化制作业务的人；

⑥“艺人经纪”指提供或代理流行文化服务、培训、指导流行文化艺术家或提供法律咨询等业务；

⑦“艺人经纪人”是按照第 26 条第 1 款规定向文化体育观光部登记，从

---

* 本章由孙磊编译。

事艺人经纪业务的人；

⑧“流行文化商”是指从事流行文化生产业务或流行文化策划业务的人；

⑨“流行文化从业人员”指从事流行文化艺术行业的人群，在策划、拍摄、声音、美术等方面提供与流行文化产品的制作有关的技术或服务；

⑩“未成年人”指在19岁以下的人，但在当年1月1日年满19周岁的人除外。

第3条 （诚信原则）1. 上述人员应遵守诚信原则。

2. 流行文化商和流行文化从业人员应努力保护流行文化艺术家的隐私权、名誉权。

3. 艺人、流行文化商或流行文化制作工作人员，不得泄露他们在履行职责过程中知悉的机密信息，或以任何不公正的目的提供其相关信息。

第4条 （与其他法律的关系）《劳动标准法》与本法选择适用时，优先适用本法。

第5条 （支持国际合作和进入海外市场）1. 为了提高民族品牌的价值，国家可促进以下项目涉及流行文化和艺术行业的进入海外市场。

①支持大众文化艺术产业的海外公共关系及海外市场活动；

②支持国际联合制作的流行文化产品和海外分销活动；

③提供进入海外市场的资讯；

④吸引海外投资；

⑤保护海外市场流行文化产品的知识产权。

2. 国家可以对在第1款的分段中推广项目的人员给予行政和财政方面的支持。

第2章　流行文化和艺术行业的商业秩序

第1节　公平交易秩序的建立

第6条 （建立公平秩序）1. 国家要努力为大众文化艺术事业的健康发展创造公平、有序的秩序。

2. 流行文化商或与流行文化从业人员在签订合同时，不得向对方施压，要求其订立不公平的合同或者取得不合理的收益。

3. 流行文化商或与流行文化商签订制作和提供流行文化产品合同的人违反本条第2款，文化体育观光部应通知公平贸易委员会或相关机构处理。

第7条 （关于流行文化服务合同）1. 合同当事人应当订立公平、平等的合同，善意履行合同。

2. 第 1 款规定的合同当事人应当在合同中约定下列事项，并向对方提供在合同中签名或者盖章的部分。

①合同期限、续订、变更、解除事项；

②合同当事人的权利和义务事项；

③服务范围和媒体的事项；

④向流行文化艺术家提供品德教育、精神健康的事项；

⑤商标权、肖像权、著作权等事项；

⑥有关利润分配的事项；

⑦争议解决事项；

⑧未成年艺人保护的事项；

⑨附加协议事项。

3. 第 8 条所称标准格式合同，即此条第 1 款和第 2 款下订立合同。

第 8 条　（标准格式合同的制定和分发）1. 与公平贸易委员会磋商后，文化体育观光部应为流行文化服务艺术家和流行文化业务人员拟制标准格式合同，并分发给业务人员和贸易协会。

2. 文化体育观光部制定或者修改第 1 款规定的标准格式合同的，应当从利害关系方（如行业协会等）和专家那里取得协商一致的意见。

第 9 条　（与流行文化产品制作者签订合同）从事流行文化产品制作的，应比照第 7 条和第 8 条适用于流行文化从业人员的合同形式。

第 10 条　（事先释明义务）1. 流行文化策划代表所属的艺人，订立服务合同之前，应事先向他/她释明合同的细节。

2. 违反第 1 款的事先释明义务中的充分解释条款，流行文化策划不得与艺人订立合同。

第 11 条　（流行文化策划业务与流行文化制作业务兼营的例外情况）

1. 艺人经纪人同时经营流行文化制作业务的，拟提供作品服务之前，应得到相关艺人的同意，但不适用于艺人经纪人制作音乐制品或音乐文件的情况。

2. 未遵守 1 款事项，艺人如认为属于不公平待遇或歧视性待遇等情形，他/她可以单方修改或解除合同。

3. 艺人经纪人不应向其所属的艺人收取经纪费，也不得因此不合理地降低其提供服务的报酬。

第 12 条　（在订立转包合同时，报酬责任）1. 一个流行文化产品经过多层分包安排，上层分包商（包括承包商）无法支付流行文化艺术家或流行文化从业人员报酬，上层分包商和承包商应负责薪酬，上层分包商不得以无直接义务为由拒绝支付。

2. 对直接上一级分包商的事由，应指下列任何一项：

①无正当理由，转包合同的金额没有根据分包合同中规定的付款日期支付；

②无正当理由，没有提供合同中规定的设备、材料、设施、人力资源等；

③无正当理由，未履行合同中约定的条件，承包商无法正常开展工作。

3. 第 1 款规定的，上层分包商已经采取如现金或担保措施来保证支付艺人或流行文化从业人员的，承包商应免除连带责任。

第 13 条 （艺人的商业继承）1. 根据第 30 条第 1 款承继艺人经纪资质的经纪人，应当承继与策划流行艺术服务有关的合同权利和义务，并在继承时发生法律效力。

2. 第 1 款不适用于有人身隶属关系的艺人，但是此款不得对抗善意第三人。

第 14 条 （保持会计记录）1. 流行文化策划应针对每个艺人单独发放和管理相关成本和费用，并为每个艺人准备和保持一个单独的账簿。例外，当流行文化服务是以两名以上不可拆分的艺人整体提供的（如艺人组合）。

2. 有隶属关系的艺人提出要求时，艺人经纪人应及时披露与相关艺人有关的会计记录，如第 1 款项下的会计账簿等。

3. 在艺人经纪人从第三方接收服务费用时，其应从收到之日起 45 日内支付合同隶属艺人相应报酬。例外，有正当理由延迟付款的，付款期限可以最多延长 45 日。

第 15 条 （禁止虚假广告等）在招募艺人或提供流行文化服务时，不得提供虚假信息或做出虚假承诺。

按照私人教学为目的建立和运营的机构，或以提供教育服务、课外课程为目的培训艺人，不得做出虚假经纪规定或虚假信息，或为招聘实习生而做出虚假承诺。

第 16 条 （禁止行为）艺人经纪或流行文化制作人员不得违反《商业性活动行为管理处罚法》第 2 条第 1 款第①项，诱导或胁迫艺人在文艺服务中提供上述服务、获取利益。

艺人经纪或流行文化制作人员不得通过暴力或恐吓，强迫艺人提供《商业性活动行为管理处罚法》第 2 条第 1 款第①项所列任何行为。

第 17 条　（援助中心）1. 文化体育观光部应建立保护艺人、流行文化制作从业人员与艺人经纪公司相关的员工权益的支持中心（以下简称“支持中心”）。

2. 支持中心执行以下职责：

①韩国、国外权益保护制度的实际情况研究；

②调解协商，如不公平交易、暴力等，以及法律支持；

③联系紧急呼叫中心、预防性暴力等；

④保护权益的教育事业；

⑤发展流行文化制作人员的职业技能和教育支持；

⑥公共关系的职责等，以及其他必要的项目，以达到建立支持中心的目的。

3. 文化体育观光部在支持中心下成立咨询委员会，制定关于流行文化和艺术产业的政策。

4. 第 1 款和第 3 款所述的支持中心和咨询委员会的设立、运作等所必需的事项，由大总统令规定。

第 18 条　（对实际情况的研究）1. 为制定和实施在流行文化和艺术产业中公平有序的交易政策，文化体育观光部应定期对其所属的文化、艺术产业和从业人员的实际情况进行研究。

2. 如有必要对第 1 款下的实际情况进行研究，文化体育观光部可要求艺人经纪人提交数据。在这种情况下，艺人经纪人应遵守该规定，但有合理理由的除外。

3. 对第 1 款实际情况的研究对象、方法等所必需的事项，由大总统令规定。

第 2 节　未成年艺人保护

第 19 条　（未成年艺人保护原则）未成年艺人提供流行文化服务的，国家、艺人经纪人、父母或者监护人应当注意确保其权利和利益受到保护，并保证其成年后具有良好的人格。

第 20 条　（对未成年人的禁止行为）1. 制作流行文化产品的艺人经纪人，不得强迫未成年艺人，禁止《保护儿童和未成年人性虐待行为法》第 2 条第④项所列行为。

2. 根据《未成年人保护法》第 4 款（a）和（b）、第 2 条第 5 款，艺人经纪人不得安排未成年艺人参与不利于未成年人的药物、材料、经营场所的广告。

3. 艺人经纪人不得安排公司企业提供或雇用未成年艺人《未成年人保护法》中未成年人禁止的内容。

第21条 （为青少年提供流行文化服务）与未成年艺人签订合同的艺人经纪人，应包含保障基本人权的措施，包括未成年人身心健康，正确的教育、宣传，睡眠、休息的权利，自由选择的权利等。

艺人经纪人不得强迫未成年艺人表演身体过多暴露或不适当的色情表达。

第22条 （为15岁以下青少年提供流行文化服务）1. 15岁以下的艺人，工作时间不得超过每周35小时。

2. 艺人经纪人不得要求15岁以下的未成年艺人从晚上10点至早上6点工作。例外，学校假期期间，或经未成年艺人及父母或法定监护人同意，可在午夜时段在监管下工作。

3. 第1款不适用于以下合理情况，如出国旅游、长途旅行等。在这种情况下，艺人经纪人应保证未成年艺人受教育的权利、休息的权利、睡觉的权利等。

第23条 （15岁及以上未成年艺人）1. 15岁及以上的未成年艺人工作时间每周不得超过40小时。例外，经双方同意，一天延长1个小时，每周6小时。

2. 艺人经纪人不得要求15岁及以上的未成年艺人从晚上10点至早上6点工作。例外，经未成年艺人及父母或法定监护人同意，可在午夜时段在监管下工作。

3. 第1款不适用于以下合理情况，如出国旅游、长途旅行等。在这种情况下，艺人经纪人应保证未成年艺人受教育的权利、休息的权利、睡觉的权利等。

第24条 文化体育观光部认为合同确定的提供内容明显不利于未成年艺人的，可建议当事人采取纠正措施。

未成年艺人的身心健康、受教育权利等受到明显侵犯的，未按照第1款的规定执行纠正建议的，可以提出改正命令。

第25条 （对青少年流行文化服务的报酬要求）1. 未成年艺人可以亲自向制作人或经纪人索要报酬。

2. 基于第1款提出的索赔，制作人或经纪人应向已履行了合同义务的未成年艺人支付报酬，即使合同规定“有权要求报酬是父母的权利等”。

第3节 艺人经纪业务的注册和运营

第26条 （艺人经纪业务的注册）1. 从事艺人经纪业务的，应当向文化体育观光部登记，同时对注册事项的修改也应参照执行。

2. 依照第 1 款申请登记的人应符合下列要求：

①开展艺人经纪业务的人至少有 4 年工作经验。例外，在以法人为单位的情况下，至少有一名行政人员符合此条件；

②有独立的办公室。

3. 依照第 1 款申请注册或注册变更的，应当提交下列文件：

①文化体育观光部条例规定的变更登记或登记申请书；

②公司注册证（只限于法人）；

③商业登记的副本；

④第 2 款规定的条件。

4. 文化体育观光部依照第 1 款的规定办理登记或者变更登记的，应当向申请人颁发登记证书。

5. 依照第 1 款至第 3 款的规定，办理变更登记注册手续、要求和方法、签发登记证书等手续，由总统令规定。

6. 根据其他行为和附属法规规定的程序注册的艺人经纪业务，视为在本法案下注册。

第 27 条　（不合格原因）下列人员不得经营或从事艺人经纪业务：

未成年人或在成年人监护下的限制行为能力人；被宣告破产的人尚未恢复；个人被刑事处罚执行结束或因违反以下法律刑期不予执行、接受罚金处罚未满 3 年：《刑法》第 287 条、第 292 条和第 294 条的犯罪行为，第 5-2 条加重惩罚，《商业性行为处罚法》等特定的犯罪，《娱乐业道德管理条例》和《儿童和青少年反性虐待法》；根据第 33 条第 1 款撤销注册后，3 年未获通过的公司法定代表人构成第 1 款至第 4 款情形，并在发生后继续任职的。

第 28 条　（禁止借用资质）艺人经纪人，不得允许任何第三人使用其公司名称从事艺人经纪业务，或向第三人借用其注册证书。

第 29 条（艺人经纪人的培训）文化体育观光部可以针对该法案的条款、注意事项，公平贸易秩序和大总统令规定的其他事项对艺人经纪人进行培训。

根据第 26 条第 1 款登记的艺人经纪人应按照第 1 款接受培训。

文化体育观光部可依总统法令委托专门机构，依照第 1 款的规定开展培训。同时，文化体育观光部可以在预算范围内补贴全额或部分费用。

第 1 款中培训的时间、细节等，由文化体育观光部的条例规定。

第 30 条　（业务承继）根据第 26 条第 1 款进行注册登记的艺人经纪人，由于死亡或由于合并法人资格消失，将业务转移给第三人，受让人、继承人、合并存续的法人或合并后建立的新法人应当继承之前的艺人经纪资质。

依照第 1 款取得企业法人地位的人，应当向文化体育观光部登记。

根据其他附属法例进行的业务承继，可视为与本法案具有同等效力。

第 31 条 （有关临时关闭、关闭或恢复业务）艺人经纪业务计划暂时关闭、关闭、恢复营业，应按照总统法令的规定向文化体育观光部报告。

未按照第 1 款的规定进行报告的，文化体育观光部可以根据大总统令在确认关闭业务的事实后注销登记。

根据第 1 款报告停业的，第 26 条第 1 款的登记将失效。

对临时关闭、关闭或者恢复业务的报告，按照其他行为和附属法规的程序进行的，与本法具有同等效力。

第 32 条 （综合信息系统的建设与运行）为了全面管理艺人经纪业务的信息，并为希望成为艺人的人提供相关信息，文化体育观光部可以构建和运营一个全面的信息系统。

第 1 款中有关艺人经纪业务的范围、细节等信息系统的建设和运行所必需的事项，由大总统令规定。

第 4 节　行政措施

第 33 条 （注销登记）依照第 26 条第 1 款规定登记艺人经纪业务的，文化体育观光部有权注销登记：

①通过欺骗取得注册资质的；

②严重违反相关程序的。

依照第 26 条第 1 款规定登记艺人经纪业务的人，文化体育观光部可以在不超过 6 个月的规定期限情况下发出中止令：

①未根据第 26 条第 1 款登记修改的；

②适用第 27 条第 1 款至第 5 款情况。例外，第 27 条第 5 款的情形在 3 个月内指定更换主管的；

③违反第 16 条或第 20 条的；

④违反暂停的命令，继续营业的；

⑤依照第 1 款接受撤销业务处分的人，应当自收到处分通知之日起 7 日内退回证书。

第 1 款和第 2 款下的行政处分的详细标准应参考违反的类型和程度等，由大总统令规定。

第 34 条 （实施惩罚附加费）艺人经纪人出现第 33 条第 2 款之情形的，

文化体育观光部必须暂停营业的，根据大总统令，处不超过5 000万韩元罚款。

文化体育观光部按照第 1 款的规定收缴的罚款，应用于促进大众文化和艺术产业的发展，并加强对该交流的执行，同时制订并执行下一年的罚款附加费的年度计划。

依照第 1 款规定缴纳罚款附加费的，由文化体育观光部依照国家税收或者当地税收的征收方式征收。

对违反规定的罚款数额、滞纳金、强制征收程序等事项，由总统令规定。

第 35 条　（行政处分的承继）对于根据第 30 条第 1 款进行承继的，因违反第 33 条第 1 款对前者的行政处分的影响，在处罚之日起 1 年内及于承继者，行政处分程序正在进行的，行政处分程序可以继续有效。例外，提供的受让人、继任者和现存法人的，在转让或合并时收购或处置中并不知道行政处分的事实，可不适用此条。

第 3 章　附则

第 36 条　（听证程序）文化体育观光部依据第 33 条注销登记的，当事人可申请听证。

第 37 条　（费用）依照文化体育观光部的规定，依照第 26 条第 1 款申请办理艺人经纪业务登记或者变更登记的人，应当缴纳费用。

第 38 条　（授权和委托）由大总统令规定，文化体育观光部长可将本法授予的部分权力交由特别行政区长官、市长、特别自治市市长、州长和特别自治省省长。

文化体育观光部长可依大总统令，将本法赋予的权力授予有关的公共机构、协会行使。

第 4 章　刑事处罚

第 39 条　（刑事处罚）违反第 20 条第 1 款，强迫未成年艺人进行《未成年和青少年反性虐待保护法》第 4 条第 2 款中规定的表演，将被处 5 年以上有期徒刑。

违反本法第 16 条第 2 款规定，违反《商业性行为处罚条例》第 2 条第 1 款规定的行为，将被判处 10 年以下有期徒刑，或者 1 亿韩元以下的罚款处罚。

教唆、引诱未成年艺人违反本法第 16 条第 1 款规定，构成《商业性行为处罚条例》第 2 条第 1 款第①项的行为，处 3 年以下的有期徒刑，或不超过

3 000万韩元罚款。

第 40 条 （罚则）有下列行为之一的，处两年以下有期徒刑，并处 200 万韩元以下罚款：

①违反第 20 条第 2 款规定，要求未成年艺人制作关于对未成年人有害的药物、材料、经营场所等的广告等流行文化服务；

②艺人经纪人违反本法第 20 条第 3 款，为公司企业介绍未成年艺人提供就业或雇佣的；

③违反第 26 条第 1 款，擅自经营业务的。

第三编

东南亚地区游戏政策

马来西亚网络游戏相关政策*

马来西亚并无对游戏分类、分级的专门制度，亦无单独针对游戏的立法或者规章制度，在游戏管理类型上属于行政管理类，在立法方面主要散见于《马来西亚通讯与多媒体法案》（Malaysian Communications And Multimedia Commission Act）。这部法案几乎涵盖了所有涉及传播与内容物的领域。同时，在涉及内容物审查标准方面，有《马来西亚通讯及多媒体内容准则》。

2015~2019 年，东南亚电竞爱好者的数量以 36.1%（全球最高）的年复合增长率持续增长，2019 年达到1 980万。同时，拉丁美洲电竞爱好者数量的年复合增长率为 24.7%，而全球年复合增长率平均值仅为 19.1%。另外，在东南亚区域，98%的电竞爱好者来自马来西亚、越南、新加坡、泰国、印度尼西亚和菲律宾 6 个国家，其中马来西亚电竞爱好者的人数占当地网民的 7.9%，占比最高。东南亚地区游戏增长最快的 5 个国家分别是印度尼西亚、菲律宾、越南、泰国和马来西亚。这 5 个国家中，网游玩家与手游玩家重合的比例较高。[1]

一、简述

（一）智能手机与 4G 网络通信

马来西亚的大部分智能手机为中低端机型，中国品牌占主导地位，如华为、小米、联想。销量最大的智能手机价格为 150~200 美元。

操作系统方面，马来西亚的手机市场上 59 款品牌手机中 40 款为安卓系

* 本章由孙磊编译、撰稿。

[1] ASO100 专栏. 东南亚游戏市场概况：电竞备受青睐，玩家偏爱多平台游戏［EB/OL］.（2016-12-23）［2019-06-08］. https://zhuanlan.zhihu.com/p/24535060.

统。根据 NEWZOO 的 2015 年报告，马来西亚的游戏玩家人数有1 430万，其中付费玩家占 46%。而马来西亚是多屏游戏最流行的国家，26.5% 的玩家会在全部设备上玩游戏：电脑屏（台式机）、个人屏（智能手机）、娱乐屏（游戏机）和浮动屏（平板/掌机），这比全球水平高出 23.9%[1]。

（二）支付方式

1. 预付卡

预付卡是马来西亚最常见的网络游戏支付方式之一，玩家可以在任何便利店买充值卡进行网上充值。最近几年，由于网络的发展，许多网吧直接售卖充值卡。

比较常见的预付卡是 MOL。玩家可以在附近的 Pay Quik 亭里购买，Pay Quik 亭在许多便利店都有，必须注册为支付网站的会员才能使用消费。

2. 网上银行

网上银行充值也是玩家常见的游戏支付方式之一。由于中国的影响力，许多游戏都设有中国的网上银行支付，而充值金额从 10 元到1 000元不等。主要的网上银行有马来西亚银行、RHB、CIMB、中国银行、中国建设银行、BEA 东亚银行等。

3. 支付宝

马来西亚当地的移动网络支付方式为支付宝。

二、马来西亚通讯及多媒体内容准则*

……

2. 在准备和提供新闻、报告、娱乐和广告时，内容提供商必须在观众、听众和使用者拥有广泛内容选择与维护法律、条例及道德的需要之间取得平衡。

3. 原则上确保不出现猥亵、淫秽、虚假、恐吓或攻击性的内容。

4. 不可出现针对种族、国籍或人种、宗教、年龄、性别、婚姻状况或生理或心理残障做出歧视的内容及言论。

---

[1] CAMIA 东南亚手游观察. 马来西亚游戏玩家达1 430万　付费占比 46% [EB/OL].（2016-12-23）[2019-06-08]. http://news.17173.com/content/2015-03-25/20150325142954612.shtml.

* 本部分由孙磊选译。

5. 在积极追求广泛兴趣的同时，女性和男性应该从多元化的人口因素方面，获得公正平等的描述，包括年龄、公民地位、民族文化、外表、背景、宗教、职业、社会经济状况和休闲活动。

6. 特别关注涉及儿童的内容及有关儿童的描述事项。

……

第 5 条　（定义和诠释）

……

"未成年者"是指 18 岁以下的人士。

（一）内容指南

……

2. 依照《准则》必须确保所传送的资料不含任何冒犯权益或礼仪，可伤害公众感受，可能鼓吹刑事罪行或引起混乱或含威胁性质的成分。

……

第 4 条　（暴力）1. 暴力通过很多形式呈现，如天灾所产生的灾难、恐怖主义的残暴活动、战争、真实或虚构的人类冲突、卡通角色的滑稽动作及（身体）接触运动等。生活中的现实暴力，执行者必须有能力去合理反映、描述或作出报告。

2. 否认或虚构世界上所发生的真实情况；经过编辑之后，暴力描写扮演着重要的地位。

3. 心理或生理暴力，尤其是生理暴力，描述必须在负责及禁止滥用的前提下。有关暴力的呈现，必须是非过激且带有教育性的，应该避免仅仅为了使用暴力及通过视觉或听觉形式描述残暴及肉体上的痛苦。与暴力有关的节目应呈现加害者及逞凶者的下场。在儿童可观赏到或参与有关暴力行为的描述时，必须予以特别的关注，尤其是以下情形：

（1）攻击性暴力。

①生理、口头或心理上的暴力描述，可能困扰、引起惊慌及冒犯观众，可在观众群中引起恐惧和鼓励模仿。

②在描写真实和虚构的暴力时，必须考虑到公众的感受。有关暴力的描述必须符合情况、背景及公众的期望。

③应避免无根据和荒唐地呈现有关残酷和虐待的描述，伤害、攻击行为及血腥的鲜明与极端影像。

④有关暴力的描述只允许在下列情况下的新闻报道、讨论或分析及被认

可的体育活动中出现：

A. 报道有关暴力、攻击行为或破坏事件的视觉与听觉表述的内容应适当编辑；

B. 在选择或重复暴力的内容时，必须有所警惕并作出适当的判断；

C. 在展示有关特殊暴力或关于敏感课题的图解报告情景前，必须预先警告观众。在出现血腥或死刑的真实情景或放映人们被杀的画面时，必须适当提醒观众。

（2）可模仿的暴力。应认真考虑到在现实生活中，暴力的视觉描写是有可能被模仿的。在呈现可轻易被模仿的危险动作时，必须持有合理的理由，且最好将它排除在外。

（3）必须考虑到较年轻听众或观众的敏感性，特别是那些易受影响的人士。

第 5 条 （恐吓内容）1. 引起厌烦、威胁伤害或邪恶、煽动罪行，或可能致使公众骚动的内容被视为恐吓性内容，而且是被禁止的。

2. 不可描述宣传憎恨的内容，宣传对某一个团体进行种族灭绝或憎恨，这类资料被视为恐吓性质，不被允许。

3. 不可呈现可能威胁国家安保或公共健康和安全的资讯。

例子说明：

①提供指示与指导有关制造炸弹、非法生产药物或仿造物的；

②传播有关在国内某个地方的种族冲突的假消息；

③传播有关可能被恐怖分子攻击的资讯和声明；

④传播或提供有关致命或传染病暴发的消息。

第 6 条 （粗野的语言）粗野的语言包括将冒犯许多人的咒骂与亵渎语言。使用粗俗的字眼和贬低的词语极可能冒犯他人，尤其是当有关言语违反观众或听众的期望。粗野的语言包括以下种类：

①攻击性言语：禁止使用贬低或侮辱的语言试图伤害个人或群体；

②粗俗的提示：禁止使用任何提到侮淫或亵渎的马来西亚普遍使用语言的文字，但根据原意使用有关字眼，而不是故意以粗俗语言呈现是被允许的；

③憎恨言论：禁止任何具有贬低、诋毁或轻视某人或团体、种族、种族划分、国籍、性别、残障的描述（字眼、言论、图片等），特别是使用强烈字眼、粗俗语言对任何团体或成员作出的描述；

④暴力：在适当的编辑判断下，在新闻报道、讨论或分析及被认可的体育活动中准许出现的暴力描写，必须谨慎使用鲜明或生动术语来描述有关破坏、意外或性暴力的故事，因为这可能会让一般人在观看时感到不安。

第 7 条　（虚假内容）1. 必须避免含有虚假内容及因不完整资讯而具误导性的内容。内容提供商必须遵守在《准则》下有关特定部分所说明的规定，以限制通过传播虚假内容的可能性。

2. 在未经合理的方法判断其真实性就公开的内容，被归为虚假内容。

3. 禁止虚假的内容，除非在以下情形下：

①讽刺及模仿；

②普通用户清楚地知道，有关内容是虚构的。

4. 必须根据在《准则》下提出的特定部分所说明的步骤来减少虚假内容的可能性。

第 8 条　（儿童内容）为 14 岁及以下儿童设定的内容，由于容易影响他们的思想、社会态度和倾向，必须紧密监督选择、素材管制、人物塑造和故事结构，但这并不表示在儿童幻想与冒险中常见的暴力必须被删除。以下事项须予特别关注：

1. 暴力。

①由真人扮演的儿童内容中，有关暴力的描写只有在角色及故事结构需要时才可以呈现；

②在儿童动画内容的故事风格中，可含有非真实性的暴力，但不能以暴力为主题，同时也不可引起危险性模仿；

③儿童内容不应含有过多暴力情节，以减少或掩饰暴力行动的效果。任何有关暴力的描述必须从人道关系及暴力给受害者和逞凶者所带来的后果方面进行。

2. 安全、保安及可模仿的动作。

①谨慎处理与儿童有关的、可能影响儿童安全意识的内容，在描述如家庭冲突、父母或亲密家属的离世、他们的宠物受伤或死亡、街头罪行或药品使用的内容时，必须予以特别关注；

②必须对那些可能造成儿童模仿动作的内容予以特别关注，如使用塑胶袋作为玩具、使用火柴、使用危险家庭用品作为玩具或攀爬公共的露台、屋顶等。

第 9 条　（家庭价值观）1. 尊重两性的智力、情绪平等及每个人的尊严。尽管存有社会歧视的问题，但内容必须避免及解决性别歧视的情形。男人和女人应该在经济及情绪上、在公共和私人范围内获得平等的描述。

2. 内容必须描述所有人士是家庭单位、管理家庭及家务的活跃分子。他们必须被描述在工作和休闲中尽可能在所有主题下，享有家庭或个人生活中的平等权益。

3. 在获得或牵涉非马来西亚的内容中，《准则》执行者必须尽他们所能来评估内容观念，确保内容符合《准则》中提到的家庭价值观。

第 10 条 （特殊人士）虽然是无恶意的，但不得以心理、生理或感官残障作为幽默的题材可能会伤害到特殊需要人士。涉及特殊人士的内容只有在内容需要时才加入及以中立的立场来表达。特殊人士可在所有种类的节目中出现。

（二）广告

……

第 4 条 （特定指南）将《准则》的涵盖范围、目标及原则扩大，以下的特定指南将施用于广告。

1. 合法性。广告商的重任是确保他们的广告遵守法律及不会煽动任何人去违反法律。

2. 礼仪。

①广告不应含有任何可导致严重或蔓延性侮辱的成分，特别是（但不限于）应避免冒犯种族、宗教、性别及心理或生理残障的成分；

②广告也不能含有冒犯接触广告者的礼仪、视觉或听觉表述。如果有任何产品冒犯了一些人士，这并不足以作为直接反对有关广告的理由。

3. 诚实和真实性。

①广告不可被滥用来欺骗消费者的信任或剥削在消费经验上及知识上贫乏的消费者；

②广告不该以不正确、含糊、夸大、删除或其他方式来误导消费者。

4. 恐慌和不安。广告不可在无合理的理由下引起恐慌。它可以标识含有“惊吓”成分在内，以提醒消费者提高警惕及避免进行危险的行动，并且应考虑到所引起的惊吓是否与风险不相称。

5. 安全。广告不应该展示或鼓吹不安全的做法，除非是为了强调安全。对象为儿童及年轻人的广告必须给予额外的关注。

6. 暴力/反社会行为。广告不该含有宽恕反社会行为，或可能煽动暴力或反社会行为的成分。

7. 保护隐私。

①在还未获得批准之前，广告不应该以任何方式描述或提到任何活着的人；

②广告商必须确保没有冒犯与广告中所描述或提及的已故者有关的所有敏感事项。这一条件适用于所有人士，包括社会名人、国外公民。

8. 声明。

①广告商必须持有文件证据，以证明所有在广告中出现的直接或间接声明是有客观性根据的。如果对任何声明的意见出现显著分歧，不应被描述为“一般都同意”；

②未获得中立证实，不能夸大产品的价值、准确性、科学正确性或实用性。不太可能误导的明显谎言或夸大和偶然的小错误的广告文字是被允许的，条件是它们不影响受众对广告性质的准确性或看法。

9. 见证和认可。广告不应含有或提到任何见证和确认，除非它是真实的，同时它与一个人在一定期限内的个人经验相关。

10. 价格。

①任何标价都必须明确，同时和刊登的广告有关，广告商必须确保价格符合说明中的产品；

②如果产品价格和购买另一项产品有关，消费人所受到的约束性必须清楚说明；

③在有关“高达”及“低于”的价格说明中，不可夸大消费人可能享有的好处。

11. 免费赠品。

①在以购买另一项产品作为获得免费赠品时，消费者必须承担的费用必须在有关献议中明确地阐明。

②一项赠品只有消费人在以下情况才被当作免费的：

A. 没有支付超过现有的公众邮费；

B. 没有支付超过空运或运送的实际费用；

C. 没有支付超过消费者前往索取有关产品时的交通附带费用的成本。

③广告商不应该向消费人征收包装费和手续费等额外费用。

12. 产品是否可以获得。

①除非广告商有合理的理由相信他可以在广告刊登后，有能力保障广告中所登产品的供应，否则不应该刊登有关广告；

②特别不能为了评估公众的需求而宣传无法获取、未获登记（假如登记是必需的）或不存在的产品，即使有关产品在较后时才获得供应；

③当广告产品明确无法获得供应时（消费者不能从广告中假定产品是可获取的情况下），广告商必须马上采取行动确保有关产品的进一步广告获得修改或收回。

13. 保证。

①不能随意使用“保证”字眼，以削弱消费者的法律权利。广告中必须

说明其限制。消费者在做出承诺前必须向广告商获取所有关于保证的详情；

②广告商应该通知消费者有关保证的性质及其他额外在法律上所享有的权益范围，以及说明有关索赔的详情。

14. 比较。

①在良性竞争及公众资讯利益下，与其他广告商或其他产品作出比较的广告是被允许的，条件是广告商必须遵守此篇的指南。

②所有比较性的广告必须遵守公平竞争的原则，以保证消费人不会因为有关比较广告产品而被误导。

③比较中的主题不应蓄意好处说明，以向消费者提出还有其他更好的赠品的建议。

④比较资料必须根据可证实的实情作出，禁止在不公平的情形下作出选择，特别是：

A. 在进行比较方面，是以同性质产品作为根据，并必须在广告中清楚表示；

B. 当列出项目与其他竞争者的产品作出比较时，有关名单必须是完整的，否则广告必须明确说明有关产品只是被挑选出来的一部分。

15. 诋毁。广告商不应该攻击或贬低其他商业或其产品。

16. 破坏商誉。广告商不应破坏其他组织的商标、名称、品牌、标志、标语或广告宣传活动的商誉。

17. 抄袭。任何广告都不应该与其他广告相似，造成误导或引起混淆误认。

……

第 5 条 （间接式广告及产品摆置）1. 一个合法的产品或服务广告，一旦明显地间接宣传不合法的产品或服务，则可被当作不合法的广告。

2. 与广告内容情景相关的“产品陈列”是被允许的，但被禁止的产品及服务是不被允许的。

3. 在限定时期内进行不同产品或不同品牌的“联合促销”是被允许的。

第 6 条 （广告商及广告识别）1. 广告商、线上出版商、广播公司商及其他电子媒介拥有人应该确保所设计和呈现的广告主体明确。

2. 由广告商控制，作为付款交换或互惠安排的特写、标识或宣传的内容，应遵守《准则》，必须可以清楚地识别这些广告主体。

3. 备有回应机制的远程直销广告（如邮寄、传真或电邮）、单日促销、沿户促销及其他相似的都应该含有广告商的名字和地址。商业机会的远程销售广告应该含有广告商的名字和联络详情。除非法律要求，其他广告商通常都不需要验证身份。

第7条 （广告人物的使用）广告中的儿童必须受到特别的关注，必须遵守以下条文：

1. 不鼓励广告中使用儿童，除非广告产品和儿童有关或为了宣传与儿童安全有关的内容。

2. 针对儿童或青少年或可能接触到这类广告的人士，不应含有任何以插图或其他形式造成他们心理、生理或道德上受伤害或利用他们的轻信、缺乏经验或忠心的天性。

3. 有关社会活动或儿童俱乐部的广告，必须为受到适当监督的俱乐部及社会组织。

4. 在任何情况下，涉及有关儿童的描述时必须特别顾及儿童的安全。

例子说明：

①不应描述儿童靠在窗口或桥杆上，或以危险方法攀登陡斜的峭壁；

②不可描述年幼儿童爬上高架或在高过他们头部的桌子上拿东西；

③药物、消毒、防腐、腐蚀特质、农药及所有的烟雾剂不可被展示存放在儿童可接触的地方，或在没有家长的监督下接触到类似东西；

④不应出现儿童使用可能导致他们被烧到、触电或其他伤害的火柴或任何天然气、汽油、柴油、电器或其他机械工具；

⑤不应出现儿童驾驶或乘骑农耕机械（包括拖拉机）或任何重型车辆；

⑥不应出现儿童在没有成人的监督下接触任何形式的火种；

⑦不应该出现儿童燃放已在马来西亚被禁止的爆竹或烟花。

第5编　特定线上指南

第1条 （涵盖范围）1. 执行《准则》依据本篇指南及《准则》有关部分行事时，不得违反《法令》第3节第3条文所阐明的事项，“本法令没有任何部分意图审查互联网的内容”。

2. 本篇提及的《准则》执行者是指线上内容供应者，或通过现有和未来技术提供线上内容存储服务者，这包括（但不只限于）：

①互联网接入服务供应商；

②互联网内容主机供应商；

③线上内容创制者；

④线上内容聚合平台；

⑤链接供应者。

3. “线上”意指源自马来西亚，通过连接网络服务的网络环境，公众可在付费或免付费的情况下存取内容。根据本篇的含义，“内容”是依照法律所阐述的定义，不包括：

①一般私人及（或）个人电邮，不限于大量或滥发的电邮；

②仅通过传真机、语音电话技术、VOIP 传送兼供私人用途的内容；

③公众不论是在免费、付费或注册之下都不能接触的内容，这包括（但不限于）通过封锁内容申请服务或限制性内容申请服务所获取的内容，如《法令》分别在第 207 条文及第 209 条文所阐释的定义。

第 2 条 （不知情载体的概念）根据本篇的含义，《准则》执行者在提供接入内容服务时，如对有关内容的成分不具控制权同时不知情，将被视为“不知情载体”。“不知情载体”对所提供的内容不必负责任，然而这并不意味他们不必遵守本篇第 6 条款列明的普通条例，他们仍受此条款管制。

……

第 5 条 （线上指南）《准则》执行者应根据《准则》第 2 篇所列明的指南，以甄别内容是否含猥亵、淫秽、恐吓或攻击性成分。

1. 禁止事项。《准则》执行者不可在知情之下提供被禁止的线上内容。

2. 虚假内容。虚假和可能误导他人的内容是被禁止的，以下的情况例外：

①讽刺及模仿；

②普通用户清楚有关内容是虚构的；

③事先有文字声明，如“网站呈现的有关内容是并非事实”。

……

第 7 条 一旦“互联网接入商”接到投诉局的通知，指控其用户或订户提供被禁止的内容，而“互联网接入商”能够辨认有关用户或订户时，“互联网接入商”将采取以下措施：

①从接到通知算起 2 个工作日内，通知订户下架被禁止的内容；

②通知订户在限定的期限删除被禁止的内容，限期是从接到通知算起 24 小时内；

③如果订户没有在限定的期限删除被禁止的内容，“互联网接入商”有权吊销或终止订户的接入账户。

第 8 条 一旦内容聚合平台接到投诉局的通知，指出其用户、订户及内容提供者提供被禁止的内容，而内容聚集者能够辨认有关用户、订户及内容提供者时，内容聚集者将采取以下措施：

①从接到通知算起的 2 个工作日内，通知用户、订户及内容提供者下架被禁止的内容；

②命令用户、订户及内容提供者在限定的期限删除被禁止的内容，期限是从接到通知算起 24 小时内；

③如果用户、订户及内容提供者没有在限定的限期删除被禁止的内容，内容聚合平台有权删除被禁止的内容。

……

第 10 条　一旦“内容服务器商”接到投诉局的通知，指其用户或订户提供被禁止的内容，而“内容服务器商”能够辨认有关订户或用户时，“内容服务器商”将采取以下措施：

①从接到通知起的 2 个工作日内，通知用户或订户下架被禁止的内容；

②命令用户或订户在限定的期限删除被禁止的内容，期限是从接到通知算起 24 小时内；

③如果用户或订户没有在限定的期限删除被禁止的内容，“内容服务器商”将有权删除被禁止的内容。

第 11 条　（无须的措施）“互联网接入商”“内容服务器商”和内容聚合平台者不必遵守以下规则：

①为线上内容提供分级；

②阻止用户及订户存取资讯，除非接到投诉机关的指示，才需要这么做，阻止存取是基于《准则》内的投诉程序做出的；

③监督用户及订户的活动；

④保留资料供调查。除非有关当局根据马来西亚法律依法要求提供有关资料。

……

第 8 编　《准则》的执行

……

第 4 条　（一般公众投诉的程序）1. 公众必做出书面投诉，若可能的话，应指明已被触犯的《准则》条款，同时附上提供证据的文件或被指行为不端的详情。

2. 投诉状呈交主席考虑。如主席认为该投诉无意义，不足以构成投诉或超出《准则》的范畴，应将原因告诉投诉者，该局不会采取进一步的行动。

3. 如主席认为，需要展开进一步的调查以核实其真实性，他将马上将投诉状发给被投诉的一方，要求其在2个工作日内做出答复。

4. 主席应在2个工作日后，审查投诉状和被投诉者做出的答复（如有的话）。如主席认为，投诉理由不足，他应在4个工作日内把自己的看法、投诉状和答复（如有的话）传给该局其他成员知晓。

5. 在3个工作日内，如大多数的成员同意主席的看法，该局将发出书面通知给投诉者，告知其投诉不成立。

6. 如主席认为投诉有理的话，他将在2个工作日内把自己的看法、投诉状和被投诉一方做出的答复，传给该局其他成员征求意见。

①如大家意见一致，该局将把决定通知所有涉及的单位；

②如意见分歧，该局将在3个工作日内召开会议进行讨论。

第5条 （业者投诉程序）1. 业者或会员在做出投诉前，应以书面通知照会被投诉的一方，指明已被触犯的《准则》条款，副本呈交投诉局。

2. 如在2个工作日内，有关投诉无法解决，其中一方应发出书面通知给投诉局。投诉局将在2个工作日内把投诉状传给该局其他成员，征求他们的意见。

①如大家意见一致，主席将通知秘书处采取必要的行动；

②如意见分歧，该局将在3个工作日内召开会议进行讨论。

第6条 （调查程序）1. 投诉局在针对投诉做出裁决之前，可要求涉及各方提出证据，作为证实或反驳之辩证，可要求：

①投诉者和答辩人提供书面陈述，附上文件、录音带或副本；

②投诉者和答辩人及各自证人出席调查会；

③任何能够证明所提呈文件的证人到场；

④不涉及投诉的独立人士出席，以获取进一步的资料或进一步的证据。

2. 该局将规定时间，让投诉者、答辩人、他们的证人及其他受影响的人士出席调查会。

3. 各方当事人应严守所定下的时间。不过，如果该局认为严守时间条款会造成不公平的现象，则有权延长时限。

第7条 （投诉局的裁决）1. 投诉局发出的是书面裁决，该局是根据成员的多数票表决做出裁决。

2. 各方当事人将接获有关裁决的书面通知。

3. 裁决后，其中一方才拿到较早时无法提出的证据，则可要求该局重新考虑前裁决。提出该要求的一方需缴纳费用，金额由该局决定。重新考虑后做出的判决为最终裁定。

第 8 条（处罚）1. 投诉局在做出裁决，认为有关人士已触犯《准则》之后，就可依此《准则》征收罚款和施以其他惩罚。在裁定触犯此《准则》后，投诉局可以采取如下措施：

①发出书面处罚书；

②征收不超过 5 万马来令尼的罚款；

③删除违法的内容或停止违法的行为。

2. 该局亦可把触犯《准则》的人员提交通讯及多媒体委员会，采取进一步行动。

第 9 条（公布裁决结果）1. 投诉局将向论坛理事会报告其调解结果或裁决结果，以及被投诉的一方是否遵守或同意遵守裁决。

2. 该局将在完成调查的 30 天内公布调查结果，但不会在报告中提到如下内容：

①任何具保密性质的资料；

②跟投诉无关的个人资料或揭发材料。

第 10 条（投诉局的阵容）1. 投诉局的组成包括 1 位受委的主席及 6 位委员会成员，包括广告商、声讯文字服务提供者、广播公司、民间组织、内容创制者/分发者及互联网接入服务供应商，各有 1 位代表。

2. 受委主席可以是退休法官、司法官或理事会认为合适的人选。受委主席被委任和再度被委任的任期据理事会认为恰当的期限而定。该局成员将在“内容论坛”举行的常委大会上接受 2 年的任期。每位成员可被重新委任，唯不可两期连任。

3. 该局成员有权在他代表的相同领域中，委任另一名委员会成员作为候补，并会以书面通知照会委员会秘书。

4. 召开正式调查会时，其组成必须有主席和至少 3 位成员。若主席无法如期出席调查会，只要有至少 3 位成员在场则可照常举行，其中一位成员将出任调查会主席。

5. 为了确保投诉是在公平的情况下进行聆讯，该局成员如有跟各方当事人有直接或间接的利益关系，必须尽快如实地告诉主席。如主席认为有必要，就会把此事告诉参与调查会的有关人士，以鉴定该局成员是否可继续执行其职责。如无人反对，该成员可继续执行其职责。有人反对，则应回避。

6. 在委员会常委会期间，如投诉局有空缺，则由理事会成员填补，直至下一届常委大会。投诉局行使的权利和做出的表现，不该因为有空缺而受到影响。

7. 投诉局主席和成员只需以书面通知董事会/理事会，即可随时辞职。

8. 董事会/理事会有权以投诉局成员行为不当或无能为由，终止他们的职务[1]。

三、马来西亚通信和多媒体委员会（MCMC）

（一）MCMC 2016 年度报告

图3-1-1 马来西亚通信和多媒体委员会标志

MCMC 的宗旨：

①促进对通信和多媒体服务的访问。

②确保消费者享受、选择和满意的服务水平价格合理。

③提供透明的监管流程以促进公平竞争和行业效率。

④确保最佳使用频谱和号码资源。

⑤定期咨询消费者和服务提供商，并提供行业协作便利。

2016 年，政府通过 MCMC 将重点放在建设新的电信塔，以及升级现有电信塔上。随着海底光缆项目的实施，该国的宽带容量也得到了增强，为提供 4TB/s 的带宽奠定了基础。

高速宽带项目支持全国各州首府和主要城市的宽带速度达到 100Mbps，而郊区宽带项目在郊区和农村地区提供高达 20Mbps 的宽带速度。这些举措符合政府关于建立更全面的宽带的愿望设施，包括将其扩大到农村宽带（RBB）项目下的农村地区。

为了加强基础设施建设，特别是在缺乏覆盖的地区提供互联网便利，通过普遍服务提供（USP）在全国建立了 758 个马来西亚互联网中心（PI1M）。为此，PI1M 内容的重点已经升级，倾向于提供更多的服务和支持，以迎合不同的目标群体。

---

[1] 马来西亚通信和多媒体委员会. 马来西亚通信及多媒体内容准则［EB/OL］.（1998-11-01）［2019-06-08］. https://www.mcmc.gov.my/legal/acts/malaysian-communications-and-multimedia-commission.

（二）关于短视频

MYKomunitiKreatif 是一种可视化媒介，旨在促使 PI1M 社区按照教程、指南、提示、方法、建议、配方或任何其他可上传到视频共享网站（如 You Tube）的视频内容进行操作。

该项目旨在鼓励社区之间在数字内容方面的知识分享，鼓励内容开发行业，并为当地社区的转型铺平道路。MCMC 组织了一场 MYKomunitiKreatif 视频制作比赛，作为激励社区参与制作高质量视频的手段。对全国所有马来西亚互联网中心社区开放，竞赛分为四个阶段，参赛者个人参赛或分组。

本次比赛的形式是就日常家务、手工艺、食谱分享、习惯做法、医疗保健、时尚或旅游等问题制定了一个简化视频版，时间为 5 分钟，最后必须上传到 You Tube（见图 3-1-2）。参与活动在 http://mykif.mcmc.gov.my 上在线完成。竞赛评委是根据 MCMC、马来西亚国家电影发展公司（FINAS）、马来西亚电台（RTM）、马来西亚电信（TM）和国家艺术文化与传统学院（ASWARA）等内容开发机构的积极参与而选出的。比赛的获奖者将获得奖金和参与证书。

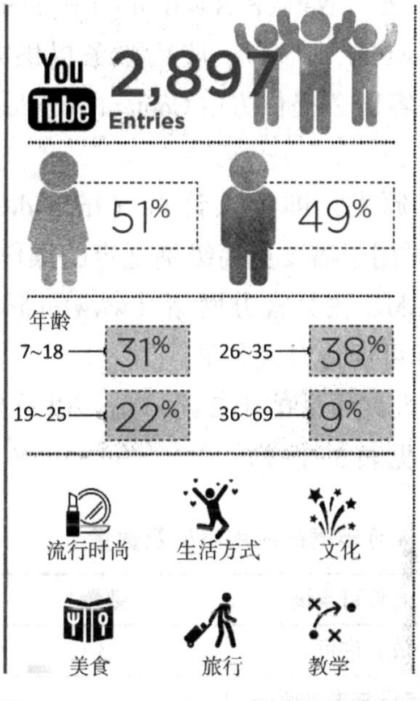

图3-1-2　You Tube 直播网站的网页

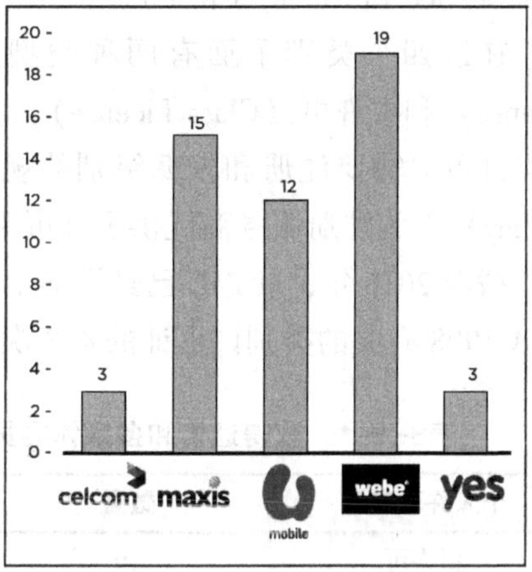

图3-1-3　2016 年不同服务器商服务器宕机统计

（三）立法

2016 年 MCMC 加强了其最终修订的 1998 年通信和多媒体法案［法案 588］（CMA 1998）、马来西亚通信和多媒体“1998 年委员会法令”［第 589 号法令］（MCMCA 1998），提出了 1998 年通信和多媒体法案与 1998 年马来西亚通信和多媒体委员会法令修正案。

在法律事务部的协助下，MCMC 在 2016 年 8 月 26 日和 9 月 27 日获得总检察长办公室的批准后，在最终确定 CMA 1998 和 MCMCA 1998 的修正案时分别通过。

（四）许可

MCMC 的任务是根据 1998 年通信和多媒体法案、2012 年邮政服务法案（PSA）和 1997 年数字签名法案（DSA）颁发许可证。

CMA 1998 的许可条款允许被许可人开展和管理与营销相关的活动，进而创造有利环境，提高认知度并加速行业的发展势头，特别是在应用服务提供商的范围内，并且实现更多网络基础设施的使用。

被许可人有四类主体，即网络设施提供方（Network Facilities Provider，NFP）、网络服务提供方（Network Service Provider，NSP）、应用服务提供方（Applications Service Provider，ASP）、应用内容服务提供方（Content Applications Service Provider，CASP）。

在这四个类别下面有两种类型的许可颁发，即个人许可（Individual License）和类许可（Class License）。个人许可用于需要更高级别规定的操作，而类许可只需要注册和较低级别的规定。MCMC 在其官方网站（www.mcmc.gov.my）上为注册服务商提供了许可手册和许可证持有人名单。

截至 2016 年，MCMC 已经评估了涉及个人许可证的 122 份申请，以及与 CMA 1998 有关的类别许可证的 498 次申请（见表 3-1-1）。

表3-1-1　获得通信和多媒体委员会个人许可申请的应用类型及数量

个人许可申请	数量	个人许可申请	数量
新许可	59	放弃许可	3
重新申请	42	提名设施提供商	1
修改许可	17	合计	122

关于新申请，截至 2016 年 12 月 31 日，通信和多媒体部长共批准了 59 份

许可，包括27份NFP（I）、18份NSP（I）和12份CASP（I）执照，以及两个许可证申请未获批准。

一般来说，2016年NFP（I）和NSP（I）个人许可申请是围绕提供网络设施的，目的是扩大马来西亚的移动和高速宽带服务的覆盖范围。对于CASP（I）申请，部长已批准了12项，其中1项地面无线电活动申请、1项非订购广播服务申请和10项数字地面广播服务、数字广播平台（Digital Terrestrial Television Broadcast，DTTB），由MYTV BroadcastingSdnBhd管理。

MCMC评估了单个许可证共42次续签申请，其中20次申请NFP（I）、18次申请NSP（I）、4次申请CASP（I）许可证（见图3-1-4）。

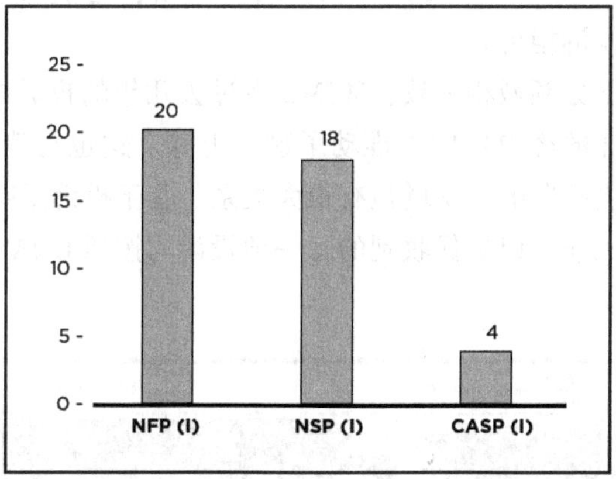

图3-1-4　2016年管理机关更新许可证总数

共有17份修改单个许可证条款的申请获得了部级批准，其中包括对NFP（I）许可证、两个NSP（I）许可证和11个CASP（I）许可证的4个修改。2016年，MCMC还看到两家公司签订了3份单独的许可证，即Teras MilleniumSdnBhd为NFP（I）许可证和Pernec PaypointSdnBhd为NFP（I）、NSP（I）许可证。

“1998年通讯和多媒体法令”颁发类别牌照共收到15份NFP Class［NFP（C）］许可类别注册申请、15份NSP（C）许可注册申请，CASP（C）许可类别获得12份注册申请，而ASP（C）许可证则收集了456个注册申请。

许可部门已采取多项措施，优化现有资源，以确保部门运作的畅顺，其中许可管理系统（LMS）促进个人和类别许可申请流程的自动化。

除此之外，许可部门亦着手加强个人牌照申请评估的内部机制，其中部门内部人士会就下列主要标准给予优先处理，可以加快评估期，平均从60天减至30天。最重要的是，许可部门亦已加强了类别牌照的再注册程序，将申请文件的审查期由 14 天缩短至 7 天以内。

（五）投诉

根据 CMA 1998，MCMC 成立了消费者保护和投诉局（CPCB），以彻底提升通信和多媒体交织领域内的消费者保护结构。该局旨在规范马来西亚通信和多媒体网络用户对涉及服务质量的投诉的解决程序。

除此之外，MCMC 还处理众多消费者投诉，其中包括广播、互联网、邮政和数字认证服务等众多领域。所有投诉信息都将依据 CMA 1998 规定的投诉处理和解决程序。为了方便消费者，MCMC 已建立和运行各种投诉渠道，如投诉热线 1-800-188-030、MCMC 投诉门户网站、电子邮件、邮寄、传真，以及遍布各州的投诉柜台。

与目前技术服务领域相一致，MCMC 在过去几年的投诉中出现大幅增长。通信和多媒体行业的客户群增长推动了这一上涨。这也与消费者对维护自己的权利并寻求解决问题的意识增强有很大关系。鉴于投诉量明显增加，MCMC 应加强投诉处理工作，以确保收到的每一项投诉均按照 CMA 1998 年的规定处理（见图 3-1-5）。

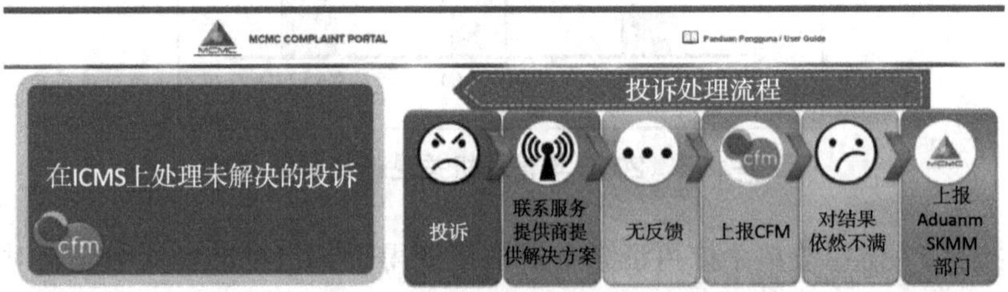

图3-1-5　ICMS 显示消费者维权流程

ICMS 的实现是 2016~2020 年消费者授权计划（CEP）下最重要的项目之一。ICMS 系统于 2016 年 11 月全面投入使用，并被称为 MCMC 最重要的成就，是第一个综合投诉系统，由马来西亚通信和多媒体部门管理。最重要的授予消费者的优势如下：

①马来西亚通信和多媒体行业的第一个综合投诉系统：与通信和多媒体领域（电信、电视和广播、邮政/快递服务）相关服务提供商所采用的投诉管理系统及马来西亚消费者协会相结合；

②提高运营效率：它使 MCMC 能够对服务提供商和消费者协会正在处理的投诉进行系统和有效的监控，这也有助于提高服务提供商提供解决方案的水平；

③加强执法机构之间的协同合作：该系统将有助于执法机构系统地向MCMC举报投诉。它能够通过一个参考号码将MCMC与执法机构连接起来；

④作为未来发展的一个指标：向MCMC报告的所有投诉在不久的将来用作发展目的的指标；

⑤消费者知识模块：除了处理投诉外，该系统还通过在提交任何投诉之前提供重要提示，为消费者提供多元化的信息模块。

MCMC于2016年录得的投诉总数已达15 493宗。这个数字表明与2015年的数字相比，增长了9%，其中涉及电信服务和滥用互联网的问题。

全国的手机用户使MCMC更加警惕发挥监督和执法职责。MCMC保证每个注册过程遵守程序，具体来说，服务提供商根据所含信息提供的个人详细信息MyKad、护照和其他有效的个人身份证明验证。

除了由服务提供商进行的验证过程之外，MCMC也在对已有数据进行验证方面发挥作用，通过与国家手动记录注册部门（JPN）建立合作。

直到2015年，JPN预付费电话的数据总订户人数为110万，而从这一批量来看，8%被认定为与JPN的数据记录无法匹敌。这些不完整的数据返回给相应的服务提供商重新验证。如果数据的所有权不能验证，特定的蜂窝号码将被停用。

1. 监测服务提供商的合规水平

MCMC已经执行了几次突击检查，以确认服务提供商及其合法代理商是否遵守明确的注册程序，2016年进行了两大重大检查。

2. 在线赌博广告使用短消息服务（SMS）

MCMC投诉局作为2015年第四季度投诉数量突然增加的回应，对2015年以来采用SMS方式的“赌博广告”进行了密切监测。2016年关于利用SMS模式的“赌博广告”投诉的统计数字见图3-1-6。

作为电信公司确定问题根源并有效处理问题的手段之一，反垃圾邮件过滤包含三个基本配置，即关键字拦截、阈值过滤、号码阻止。

①关键字拦截。各电信公司实施“阻止”用于赌博短信的关键字广告，如赌博、赌场。

②阈值过滤。电信公司采用可疑的“实时监控”由用户执行的短信活动被相应的电信系统禁止。

③号码阻止。MCMC要求电信公司阻止电话通过投诉确定的数字从公众得到。

从激活赌博短信反垃圾邮件过滤开始，MCMC投诉局在2016年第四季度收到的投诉大幅减少。

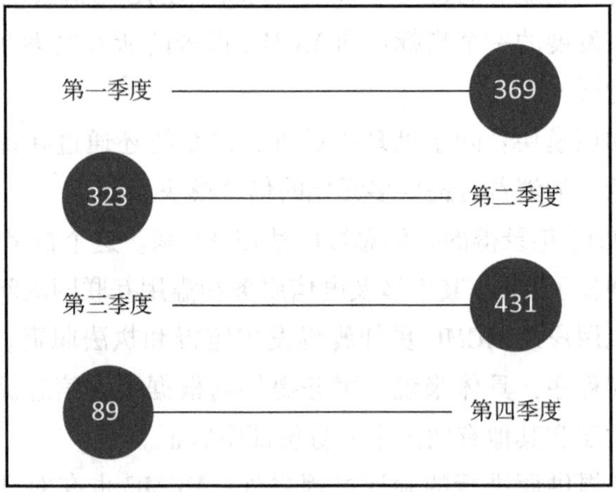

图3-1-6　2016 年赌博广告投诉统计

3. 监测网络服务质量

为了与通信技术的进步和确定每个服务提供商向每个用户提供最佳服务的意识保持一致，MCMC 不断监测基于《1998 年通信和多媒体法案》所规定的强制性标准的服务质量（CMA 1998）。对服务质量（QoS）进行的监控分为三个主要部分：

①符合委员会关于服务质量（公众移动服务）强制性标准决定的移动服务质量（语音呼叫）——2015 年第 1 号决议；

②无线宽带服务质量符合委员会关于服务质量（无线宽带接入服务）强制性标准的决定——2016 年第 1 号决议；

③有线宽带服务质量符合委员会关于服务质量（有线宽带接入服务）强制性标准的决定——2016 年第 2 号裁定。

（六）数字身份倡议

数字身份的实施被视为一个数字支持平台，其重要性已被认为可以刺激数字经济的增长和潜力，并随之将该国变成一个智能国家及一个智能社区。与各种利益相关者的联合协作无疑是有助于实现发展数字身份的重要途径。整体而言，MCMC 通过采纳治理，推动各种促进数字身份发展的措施和活动。

数字身份的实施要求在政策、绩效策略、模型或方法、技术和成本等众多关键领域进行深入考虑。考虑到数字身份的实施是预计将由政府和私营部门，因此有必要使各种数字服务提供者和各种利益相关方进行磋商讨论，如 MAMPU、国家注册马来西亚部、内政部及主要行业起草实现上述目标的最佳策略。

数字身份的采集具有提高用户之间数字服务利用率的潜力，无论是由政府提供还是由私人实体提供，在线服务变得更容易，同时降低了隐私风险和数据安全。

（七）无现金支付的举措

作为实施数字服务的三大支持者之一，无现金支付的主要目标是促进该国所有公共和私人服务的在线支付交易的使用。MCMC 与电信业者、金融科技创业公司及数字服务领域的其他各方进行了合作，以执行采用无现金支付的策略。

通过数字创新部门，MCMC 与 PrimeKeeper 马来西亚私人有限公司合作，在 Putrajaya 实施电子钱包系统。由 PrimeKeeper 设计的无现金支付系统已于 2016 年 4 月 12 日被马来西亚通信及多媒体部长批准为 NKEA 对通信内容和基础设施部门的一项举措，该项目能够将许多消费者与现有银行系统连接起来，包括信用卡交易，以方便用户进行在线交易。

通过私营部门向 PrimeKeeper 提供赞助，支持数字服务的发展变得更加明显，即 AxiataDigital 创新基金和 Silverlake 私募股权公司，这些实体将资助该公司系统的实施。

（八）开发 MyComms 移动应用程序

MCMC 开发了兼容 Android 和 IOS 平台的 MyComms 移动应用程序。它能够利用增强现实（AR）技术利用位置显示通信服务和基础设施。

MyComms 手机的功能如下：

①允许访问不同平台的不同内容；

②为了显示兴趣点（POI）而渲染虚拟景物，无论是地图显示还是通过 AR 技术使用电话摄像机；

③提供基于马来西亚可用的 2G、3G 和 LTE 网络服务技术的覆盖信息；

④公共用户可以立即在马来西亚的特定地区体验网络性能；

⑤公众可以根据 GPS 位置向 MCMC 提供有关某些地区网络服务当前状态的反馈。

此应用程序可在 AppStore（MCMC MyComms）和 PlayStore（MCMC MyComms）中找到，并可由公众下载。

图3-1-7　MyComms 移动应用程序官网页面

四、马来西亚 MCMC 的投诉文书指引样式

Malaysian Communications and Multimedia Commission

Guidelines for Dispute Resolution

Form 1 - Notification of Dispute

Claim No:.............

Between

....

("the Claimant")

and

....

("the Respondent")

Note to the Respondent:

Please be informed that a Notification of Dispute has been filed against you. *The Commission will hold a preliminary inquiry to determine as to whether the Commission will convene to resolve the dispute. The Commission will notify the Claimant and the Respondent of its decision in due course.

**(The Commission will convene if it is expressly provided under the Communications and Multimedia Act 1998 or its subsidiary legislation that the resolution of the dispute in question may be heard by the Commission.)*

Malaysian Communications and Multimedia Commission

Guidelines for Dispute Resolution
Form 1 - Notification of Dispute
Claim No: …………..

The Parties

1. I/We (Name of Claimant) ……………………………………………………………
with my/our address/registered address at ……………………………………………
……………………………………………………………………………………………
do hereby request that my/our dispute with (Name of Respondent) …………………………………………… with his / its address/registered address at ……………………………………………………………………
……………………………………………………………………………………………
is referred to the Malaysian Communications and Multimedia Commission ("the Commission") for resolution.

Reference to the Communications and Multimedia Act ("CMA") and/or its subsidiary legislation

2. The specific provision(s) of the CMA and/or its subsidiary legislation which expressly provides for the resolution of the dispute in question by the Commission are as follows :-

……………………………………………………………………………………………
……………………………………………………………………………………………
……………………………………………………………………………………………
……………………………………………………………………………………………
……………………………………………………………………………………………
……………………………………………………………………………………………
……………………………………………………………………………………………

General nature and details of the dispute

3. The general nature and details of the dispute are as follows :

……………………………………………………………………………………………
……………………………………………………………………………………………
……………………………………………………………………………………………
……………………………………………………………………………………………
……………………………………………………………………………………………
……………………………………………………………………………………………
……………………………………………………………………………………………
……………………………………………………………………………………………
……………………………………………………………………………………………

Remedy sought

4. …………………………………………………………………………………………
……………………………………………………………………………………………
……………………………………………………………………………………………
……………………………………………………………………………………………
……………………………………………………………………………………………

Proof of attempts to resolve dispute between Parties and supporting evidence (if any)

5. …………………………………………………………………………………………
……………………………………………………………………………………………
……………………………………………………………………………………………
……………………………………………………………………………………………
……………………………………………………………………………………………
……………………………………………………………………………………………
……………………………………………………………………………………………
……………………………………………………………………………………………

………………………… Date　　　　………………………………………… Signature of Claimant (To affix company chop where relevant)

………………………… Date of filing　　　　………………………………………… Acknowledgement

第二章 chapter 02

泰国网络游戏相关政策*

一、泰国游戏产业简介

（一）概况

泰国总人口6 943万（截至 2018 年 12 月），网民2 110万，玩家1 470万，付费玩家 830 万，付费玩家人均年消费额为 27.76 美元。2014 年泰国游戏市场规模 2.3 亿美元，它也是东南亚游戏消费最高的国家。泰国年复合增长率达到了 30.9%，且进入全球游戏市场 TOP 20。泰国付费玩家占玩家总人数 49%，但与东南亚其他国家不同的是泰国付费玩家人数最多的为赛车游戏，从动作、格斗、射击等游戏元素可以看出泰国玩家的喜好有些欧美化。

泰国是东南亚人均游戏消费最高的国家。印度尼西亚与马来西亚则分别是这项排名的第二名与第三名。同时，泰国 3G 网络的扩张及 4G 网络的建设也在积极商谈准备中。泰国有 63% 的玩家每月至少玩一次网游和手游，占比最高。马来西亚这一比例最低，但也达到了 56%。综合来看，这三个国家每月至少玩一次网游和手游的玩家占比达到 61%，愿意在两个平台（电脑和手机）上付款的玩家比例为 40%。❶

泰国移动用户达9 600万人，其中8 400万人都为预付费用户，仅有1 180万人为后付费用户。线上支付（主要是第三方支付）是本地公司的绝对优势区域。主流方式有两种：预付费，如 MOL、Truemoney；运营商计费，如 AIS、

* 本章由孙磊编译。

❶ NEWZOO. 东南亚游戏市场概况［EB/OL］.（2017-12-30）［2019-03-15］. https://zhuanlan.zhihu.com/p/24535060.

DTAC、Truemove。泰国的八大支付方式几乎覆盖泰国所有支付渠道。❶

（二）智能手机及通讯情况

泰国手游用户数增长空间巨大。49%的泰国智能手机用户几乎每天都会登录社交平台。Line 和 Facebook 是泰国用户偏好的社交平台。泰国6 943万总人口中，有3 500万互联网用户、4 460万移动互联网用户、3 000万 Facebook 社交用户、2 620万 You Tube 视频用户、2 400万 Line 用户。

Facebook 月活跃用户3 000万人，移动端用户2 800万人。男性用户占52%，女性用户占48%。所有用户中每天都登录的占66%，即1 980万人，而每天通过移动设备登录的有1 850万人。不同年龄阶段中使用 Facebook 较多的是18~24岁和25~34岁，各占到30%左右。Facebook 手机客户端用户所用的操作系统中安卓系统为1 920万人，苹果系统为860万人，Windows 系统为110万人，其他为760万人。❷

（三）电子竞技

每周的游戏时间超过21小时的玩家被称为“游戏发烧友”。在泰国这类游戏玩家比东南亚其他国家多很多，这促进了泰国 PC 电子竞技市场的逐步发展。

二、计算机犯罪法案（2007）*（选译）

……

第3条　“计算机系统”是指计算机设备或一组计算机与另一设备连接并共同操作的命令、程序或其他自动数据处理的工作过程。

“计算机数据”是指存储在计算机系统中并能够由计算机系统处理的数据、文本、命令、程序，包括电子交易法下的电子数据。

“计算机传输数据”是指与计算机系统通信有关的数据，该数据表明与该计算机通信有关的来源、终端、路线、时间、日期、大小、持续时间，服务

❶ 游戏陀螺. 深度揭秘泰国市场　游戏付费玩家占比达49%［EB/OL］.（2017-11-29）［2019-06-08］. http://games.qq.com/a/20150708/027739.htm.

❷ 游戏陀螺. 深度揭秘泰国市场　游戏付费玩家占比达49%［EB/OL］.（2017-12-30）［2019-06-08］. http://games.qq.com/a/20150708/027739.htm.

* 《计算机犯罪法案（2007）》，即 Act On Commission Of Offences Relating To Computer，B. E. 2550。

类型或有关的信息系统。

“ISP”（网络服务商）包括以下两项：

①为他人提供互联网接入服务或任何其他服务，使用户能够通过计算机系统进行通信，无论这些服务是以他或她的名义提供，还是代表他人或为其他人的利益提供；

②为其他人提供计算机数据存储服务的人。

“用户”是指使用服务提供商提供的服务的人，无论是否收取服务费。

“主管官员”是指部长为执行本法而任命的人员。

“部长”是指负责和控制本法的执行的人。

……

第 5 条 破解任何具有特定安全措施、使用接触限制的计算机系统，应处以不超过 6 个月的监禁或不超过 1 万泰铢的罚款。

第 6 条 明知他人设置安全措施，以可能损害他人的方式错误地披露该措施的，处 1 年以下有期徒刑或者 2 万泰铢以下罚款，或并罚。

第 7 条 违法访问任何具有特定安全措施和获取此类安全措施的计算机数据并使用，判处不超过两年的监禁或不超过 4 万泰铢的罚款。

第 8 条 使用任何电子手段以截取计算机系统中他人传输的计算机数据和此类计算机数据，违背公共利益或公开传播，处以不超过 3 年监禁或不超过 6 万泰铢罚款，或并罚。

第 9 条 不正当地损害、破坏、修改、删除或增加他人全部或部分计算机数据信息，应判处不超过 5 年的监禁或不超过 10 万泰铢的罚款，或并罚。

第 10 条 非正常地阻止、推迟或干扰他人的计算机系统，导致其不能正常运行程序，应处以 5 年以下监禁或 10 万泰铢罚款，或并罚。

第 11 条 隐瞒或伪造数据来源，向他人发送计算机数据或电子邮件干扰计算机系统正常使用的，应处以 10 万泰铢罚款。

第 12 条 根据第 9 条或第 10 条犯罪：

1. 不论该犯罪是否初犯或造成实际损害，对公众造成损害的，应处以不超过 10 年的监禁并处以不超过 10 万泰铢的罚款。

2. 造成保护国家安全、公共安全、国家经济安全或公共服务等方面的计算机数据或计算机系统损害的犯罪，或损害公共利益而提供计算机数据或侵害计算机系统的犯罪，处 3 年至 15 年监禁，并处 6 万泰铢至 30 万泰铢的罚款。

如果犯第 2 款所述罪行致任何人死亡，则罪犯应被判处 10 年至 20 年监禁。

第13条　处置或传播属于第5条、第6条、第7条、第8条、第9条、第10条或第11条所述犯罪工具的，应处以不超过1年监禁或不超过2万泰铢罚款，或并罚。

第14条　犯下列罪行的，处5年以下监禁或者10万泰铢以下罚款，或并罚：

1. 将全部或部分伪造的计算机数据或虚假的计算机数据输入计算机系统，可能对他人或公众造成损害的。

2. 向计算机系统输入虚假的计算机数据，可能对国家安全造成损害或者引起公众骚动的。

3. 为实施刑法中的与叛国罪或恐怖主义罪行有关的，在计算机系统中输入任何计算机数据。

4. 将任何淫秽的信息输入计算机系统，而且计算机数据可能被公众访问的。

5. 在第1款、第2款、第3款或第4款下发送或转发计算机数据。

第15条　服务提供者故意支持或同意向其控制下的计算机系统实施第14条所列犯罪行为的，应受到与罪犯相同的处罚。

第16条　凡在公众可随意访问的计算机系统中输入显示他人肖像的计算机数据，通过电子方法或任何其他方式创建、编辑、添加或修改这些图片，可能损害他人声誉或使该人遭受名誉损害的，应处以3年以下监禁或6万泰铢以下罚款，或并罚。

如果根据第1款输入计算机数据是善意的，那么实施者无罪。

犯第1款规定中多个罪行的，可合并处罚。

如果第1款所述犯罪行为的受害人在提出控诉之前死亡，则其父亲、母亲、配偶或子女被视为受害者，可以提出诉讼。

三、青少年及儿童保护法*（选译）

……

第4条　“儿童”指18岁以下人群。

“青少年”指18岁到25岁之间的人群。

“委员会”指国家儿童和青年发展促进委员会。

---

* 《青少年及儿童保护法》，即 Child And Youth Development Promotion Act。

“执行委员会”指县儿童和青年执行委员会理事会、府儿童和青年执行委员会理事会、曼谷儿童和青年执行委员会理事会，以及泰国儿童和青年执行委员会理事会。

……

第 1 章　总则

第 6 条　社会发展和安全部有责任培养儿童和青年，包括根据以下原则解决可能对儿童和青年产生不利影响的问题：

1. 执行本法的任何规定或其他有关儿童和青年的法律，都应将儿童和青年的最大利益作为第一优先事项考虑在内。

2. 所有儿童和青年都有权接受教育，并接受“宪法”规定的最高质量的基础教育。

3. 残疾儿童、限制能力的儿童和特殊儿童有权接受政府提供的适合该类儿童特点的教育。

4. 儿童和青年有权接受可用于此类服务的最高标准的公共卫生服务。

5. 儿童和青少年有玩耍、休闲和参与适合儿童和青少年的娱乐活动，以及参与文化和艺术活动的权利。

第 1 款的表演应根据以下指导进行：

①儿童和青少年应以泰国传统、民主生活方式为荣，能够安全生活并学会尊重他人的权利，包括社会的规章制度；

②……

③具有与年龄匹配的道德和情商。

……

第 7 条　所有儿童和青少年都有权根据本法或其他相关等效法律的规定享有出生登记、发展、保护和参与的机会，不因出生地、种族、语言、性别、年龄、残疾、身体素质或健康状况、个人身份、经济或社会地位、宗教信仰和文化、教育和培训、政治见解、儿童和青年的出生或其他身份、父母或监护人不同而受到不公平的歧视待遇。

……

第 9 条　为了儿童和青少年发展的利益，有关政府单位和私营部门应提供县儿童和青年执行委员会理事会、府儿童和青年执行委员会理事会进行理事会表演的合作，促进和支持曼谷儿童和青年执行委员会、泰国儿童和青年执行委员会理事会。

第 2 章　国家儿童和青少年促进计划

第 10 条　国家儿童和青年发展促进委员会的组成。……

第 11 条　该委员会的职责和权力如下：

1. 考虑到泰国现有的国际条约，向国家内阁提出国家儿童和青年发展的政策和计划供批准。

2. 向内阁提出有关儿童和青少年发展的法律、法规的改革建议。

3. 为有关政府单位和私营部门提供关于儿童和青少年生活质量的援助，促进、支持和发展方面的规则和实践，以广泛地提供学术、研究和发展、补贴、设施或各种服务方面的帮助。

4. 至少每年一次组建全国儿童和青少年发展促进大会，分析儿童和青年的状况，修订工作机制和程序，研究关于全国儿童和青年的知识，发展促进技能。

5. 对绩效结果进行评估，并向内阁和议会至少每年提交一次国家儿童和青年发展促进报告。

6. 执行法律规定或由内阁指定的其他行为。

……

第 3 章　促进儿童和青少年发展的措施

第 22 条　社会发展和安全办公室应确保有一个县儿童和青年理事会。该理事会的成员由居住在该县的儿童和青年组成。

县儿童和青年执行委员会由 1 名主席和不超过 15 人的管理人员组成。这些人员应是来自学校的学生或根据该地区的国民教育法产生的学生代表，在初中级及不在学校范围内的儿童和青年的代表。

县儿童和青年执行委员会应共同讨论制定关于在县地区开展儿童和青少年发展活动的准则，并执行其他必要的行动以实现建立县儿童和青年理事会的目标。

……

说明：在泰国未成年保护法中，未有针对互联网或者网络游戏的专门规定，即对游戏时长、学校周边游戏机厅、每月充值等进行限制。

四、消费者保护法案（1979）* 选译

……

第 3 条 （释义）“声明”包括通过字母、图像、影像、光线、声音或标记或任何使人们能够理解其意义的行为。

“广告”包括通过任何方式使公众能够注意到的、陈述交易目的的信息。

“商标”是指有关商品的人造标志，纸张或任何出现在商品或其容器或包装上，或插入或内覆到商品或其容器或包装中的商品陈述，包括与商品一起使用的文件或手册、安装或展示的标签。

第 1 章　消费者保护协会

……

第 2 章　消费者保护措施

第 1 部分　消费者保护中的广告行为

第 22 条　1. 广告不得含有任何不公平的陈述及任何可能对消费者或整个社会产生不利影响的陈述，无论是对商品或服务的来源、条件、质量或特征，还是商品或服务的交付、采购或使用。

2. 以下视为不公平的、可能对消费者或整个社会产生不利影响的陈述：

①虚假或夸大的陈述；

②对商品或服务造成根本性误解的陈述，通过任何虚假或夸大的参考技术报告、统计资料或其他；

③直接或间接违反法律或道德，贬损国家的文化；

④影响团结或者损害人民团结的言论；

⑤“部长条例”规定的其他说明。

广告中添加声明，使一般消费者明知广告内容不可能实现，不受上述第 1 款所禁止。

第 23 条　如部长条例所规定，广告不得包含任何可能危害消费者健康或造成身体或精神伤害或可能骚扰消费者的手段。

---

* 《消费者保护法案（1979）》，即 B. E. 2522。

第 24 条　在广告委员会认为特定商品可能对消费者有害的情况下，应根据第 30 条规定张贴标签控制商品，广告委员会有权发布下列命令：

①对广告的使用或者危害行为进行劝告或警告，广告委员会可以按照不同的媒介规定不同的广告条件；

②限制对此类商品使用广告媒体；

③禁止对此类商品进行任何广告。

第②项和第③项中的规定也适用于广告委员会认为所涉商品的使用或有用性违反公共政策、道德或民族文化的广告。

第 25 条　广告委员会认为消费者需要了解任何商品或服务的经营者的信息和其他具体情况的，广告委员会有权要求其根据广告委员会规定的细节提供信息。

第 26 条　广告委员会认为需要维护公众利益的，对消费者发出的任何广告通知应附加解释说明，以提醒消费者“此为广告”。广告委员会也可以规定任何其他需要遵守的条件。

第 27 条　在广告委员会认为任何广告违反第 22 条、第 23 条、第 24 条第①项或第 25 条时，广告委员会有权发出任何一项或多项命令如下：

①更正广告陈述；

②禁止广告中出现某些陈述；

③禁止广告或禁止使用此类广告手段；

④根据广告委员会规定的规则和程序，要求广告主纠正消费者可能发生的误解。

在根据第④项发布命令时，应兼顾消费者的利益及广告主行为的善意。

第 28 条　若广告委员会有合理理由怀疑根据第 22 条第 2 款第①项、第②项广告中使用的陈述是虚假或夸大的，在参考技术报告、统计或认证的情况下，广告委员会应发布命令要求广告主提供证明事实真相的证据。

在参照机构或者其他人的技术报告、统计数据无法证明在广告中肯定的任何事实的情况下，如果广告主无法进一步证明广告中使用的声明是真实的，广告委员会有权根据第 27 条发布命令，认定广告主明知或应知该声明是虚假的。

第 29 条　经营者如果不确定自己的广告是否违反本法，可在广告宣传之前向广告委员会申请审议并就此提出意见。此时，广告委员会必须在委员会收到申请之日起 30 日内提出意见并通知申请人。在上述期限内未通知的，视为广告委员会已予以批准。

征求意见的申请和收费意见应根据广告委员会规定的规则。所收的费用作为国家收入汇入财政部。

第 2 部分 消费者保护中的标签

第 30 条 普通公众使用的商品，在可能存在有害物质的情况下，或由于其使用或性质而导致身体健康或精神伤害，对这些商品（不是第 31 条第①项下的标签控制商品）要求张贴标签来帮助消费者了解与此相关的重要事实，标签委员会有权在政府公报上公布标签控制商品等。

第 31 条 标签控制商品的标签必须具有以下描述：

①包含代表事实的陈述，不包含对商品造成根本误解的陈述。

②说明如下：

A. 作为生产者或进口商出售的名称或商标；

B. 生产地或进口地；

C. 使人能够认识到商品是什么，就进口商品而言指生产国的名称。

③为了保护消费者的权利，表明必要的陈述，即价格、数量、用法、说明、注意事项、有效期限等根据标签委员会在政府公报上公布的规则和条件。

生产销售或许诺销售或进口到王国的经营者销售标签控制商品（视情况而定），应在销售前为其准备一个标签，标签必须包含第①项规定的陈述。为此，第②项和第③项的声明必须根据标签委员会规定的规则和程序在政府公报上公布。

……

第 3 部分 合同中的消费者保护

第 35 条 在经营合同控制的业务中，必须描述合同属何种业务、运营商与消费者的关系如何。

1. 包含必要的合同条款，但不得包含商业经营者对消费者处于不合理的劣势条款。

2. 不得包含对消费者不公平的合同条款。

条件应符合上述规则，条件和细节根据合同委员会的规定，合同委员会可以为广大消费者的利益要求经营者按照其规定的格式编制合同。

第 36 条 委员会有合理理由怀疑商品可能会对消费者造成危害的，有权要求运营商对此类商品进行测试或提供证明。如果经营者无正当理由未能对商品进行测试或证明或者延误测试或证明，委员会可以强制经营者进行测试或证明。在必要和紧急情况下，委员会可以发布临时禁止销售令，直到做出测试结果或证明结果。

在测试或证明结果显示商品可能对消费者造成危害及此类商品造成的损害的情况下，又未按照第30条或其他法律规定的标签要求说明的，理事会有权发布下列任何一项命令：

①禁止经营者销售此类商品；

②要求经营者召回尚未销售给消费者的商品或召回消费者的商品；

③要求经营者依法修改或改进，以免再对消费者造成伤害，或为消费者安排替代商品或价格补偿；

④要求经营者将已经订购或进口的商品运离王国；

⑤要求经营者销毁此类商品；

⑥要求经营者针对本条第①项、第②项、第③项、第④项或第⑤项的行为发布信息，通知或公布关于这些商品的危害。

经营者应负责消费者根据第②项采取的行动所产生的费用。

就本节而言，可能对消费者有害的商品，指可能对消费者的生命、身体、健康、卫生条件或精神状况造成伤害的物品。

第4部分　消费者保护中的杂项

……

第4章　处罚

第45条　阻碍，或不提供协助，或未向履行职责的主管官员陈述或提供文件或证据，根据第5条可处以不超过1个月的监禁，或不超过1万泰铢罚款，或并罚。

第46条　任何人不遵守第17条规定或委员会或任何特定委员会的命令，应判1个月以上、1年以下监禁或不超过1万泰铢罚款，或并罚。

第47条　任何人意图造成他自己或他人的原产地、状况、质量或数量、任何其他人的商品或服务或其他重要事项的误解，进行广告或使用含有虚假陈述可能造成误解，应判处不超过6个月的监禁，或不超过5万泰铢罚款，或并罚。

如果根据第1款属累犯的，应判处不超过1年的监禁，或不超过10万泰铢的罚款，或并罚。

第48条　任何人在广告中使用根据第22条第2款第③项或第④项做出

的陈述或根据第 22 条第 2 款第⑤项或违反或不遵守第 23 条、第 24 条、第 25 条或第 26 条的规定，可处监禁不超过 3 个月，或不超过 30 万泰铢的罚款，或并罚。

第 49 条 任何人不遵守根据第 27 条或第 28 条第 2 款发布的特定广告委员会的命令，应判处不超过 6 个月的监禁，或不超过 50 万泰铢的罚款，或并罚。

第 50 条 广告媒体所有人或广告经营者做出第 47 条、第 48 条或第 49 条所列行为，违法者只承担该犯罪所规定罚款的一半。

第 51 条 如构成第 47 条、第 48 条、第 49 条或第 50 条所述持续犯罪的，则可处不超过每日 1 万泰铢罚款，或不超过犯罪期间内广告所产生收益的两倍的罚款。

第 52 条 任何人根据第 30 条出售无任何标签商品，或标签不正确，或不正确地显示、出售标签委员会在第 33 条中规定限制使用标签的商品，自其知道或应知违法事实，处以不超过 6 个月的监禁，或不超过 50 万泰铢的罚款，或并罚。

如果第 1 款之行为不是由生产者出售或实施的，则由指示或实际将商品进口到王国出售的主体承担责任，应处以 1 年以下的监禁，或不超过 10 万泰铢的罚款，或并罚。

第 53 条 任何经营者如不遵守根据第 33 条发出的标签委员会的命令，可判处期限不超过 6 个月监禁，或不超过 5 万泰铢罚款，或并罚。

第 54 条 根据委托，任何人知道或者应当知道该标签不符合法律规定的，而制作不符合法律规定的标签或将不符合法律规定的标签张贴在商品上的，处以不超过 2 万泰铢罚款。

第 55 条 任何违反第 35 条及部长条例的经营者，将被处以不超过 1 万泰铢的罚款。

第 56 条 1. 根据第 36 条第①项，任何经营者违反委员会的商品临时禁售令或违反第 36 条第②项发出的命令，应判处不超过 5 年的监禁，或不超过 50 万泰铢的罚款。

2. 经营者是第 1 款规定的出售或生产的生产者、唆使进口商品进入王国出售者，如果违反或未遵守第 1 款规定的命令造成他人损害，应处以不超过 10 年的监禁，或不超过 100 万泰铢罚款，或并罚。

……

五、赌博法案（1935）* （选译）

……

第4条　禁止组织或者参与在本法案名单A所列游戏或类似游戏中进行赌博，或在部长条例另行禁止的其他有害游戏中进行赌博。例外，政府许可在一定条件下、在特定地点进行比赛，许可应通过皇室法令发布。

本法案名单B所列游戏及类似游戏，及部长条例另行禁止的其他游戏需要申请许可证进行。例外，主管部长或许可证官员认为适当的，或者根据部长条例允许，可无须许可证。

在第2段中提及的比赛中，限于在许可证允许下进行赌博行为，或者部长条例免除许可证的情况下进行赌博行为。

在名单B中的第5号至第15号或类似比赛中，除非通过部长条例另外规定，任何比赛不能提供金钱形式的奖品奖励，并且奖励的奖品不能在比赛或游戏发生的场所或任何连续区域内退回或兑现。

第4条bis　除第4节所述游戏外，任何比赛只有被明确许可，并且部门规则中明确规定了其赌博条件时方可进行。

先前段落中的术语“游戏”指包含射幸因素的游戏。

第5条　任何正常人组织赌博或进行其他涉及财产的游戏，应被推定为以营利为目的而组织，并且任何参与这个游戏的人也应被推定有赌博行为。

第6条　任何违反本法条款或部门规章条款，或参与根据本法许可的比赛的任何人，都应被推定为参与了游戏。例外，除了仅在公共节日或假日的公共场所观看比赛的人。

第7条　所有许可证应包含以下各项：

①明确规定赌博游戏的限制和条件；

②允许进行比赛的地点、日期和开放时间。许可包含彩票、抽奖或奖金的，还应当注明出售的彩票号码，抽奖的地点、日期和时间；

③除了列入名单B第16号的比赛外，参赛者人数是否固定、是否禁止20岁以下或未成年人参加比赛。

第8条　游戏过程中，以任何方式发放礼品或奖品，必须事先经过执照官员准许。

---

* 《赌博法案（1935）》，即B.E.2478。

第 9 条 1. 彩票、抽奖和赠礼活动，或任何向玩家承诺金钱或其他利益的游戏，必须在投放市场之前将游戏彩票等发送给许可官员进行封存。

2. 在获得前款规定的游戏许可之前，禁止公开发布、直接或间接邀请任何人参加比赛。

第 9 条 S 在开局之前，禁止任何人以高于彩票定价的价格出售或许诺出售第 9 条中的彩票。

第 9 条 T 任何人违反第 9 条第 2 款规定的，应判处 1 个月以下的监禁，或不超过1 000泰铢的罚款，或并罚。

第 10 条 违反本法规定或违反部门条例或许可证的条款规定，从比赛中获得的赌资应全部没收，但未受影响的财物除外。

根据刑法，法院有权没收这些游戏中使用的设备。

如第 9 条第 2 款所述，发布任何邀请他人参加比赛的公告或文件都将被警方或县官员查封、销毁。如果通过邮寄方式将此类公告或文件发送给居住在王国的收件人，则邮政官员可以在通知收件人后扣押信件。如果收件人认为该公告或文件与赌博无关，他可以在邮寄人员通知之日起 1 个月内将案件提交法院。如果收件人未向法院提交案件，或法院维持决定，则邮政官员应被授权销毁此类公告或文件。

除非外面有迹象表明信封或包裹含有本法规定应予没收和销毁的文件，但邮政官员不得在本节规定的范围内打开包裹或信件。

第 11 条 如果有足够理由认为被许可人违反了本法，许可证官员有权根据部长条例或根据本法收回颁发的许可证。

第 12 条 组织、引诱、协助制作广告或宣传赌博游戏的；或邀请他人直接或间接参与未经当局许可而组织的赌博游戏；或虽获得此类许可，但未以常规方式进行比赛；或者违反本法或部门条例或执照声明参与赌博的，应承担以下责任：

①违反规定，进行名单 A 第 1 号至第 16 号的比赛项目，或名单 B 第 16 号或类似比赛项目进行抽奖的，将被判处 3 个月至 3 年的监禁和 500 泰铢至5 000泰铢罚款；如玩家或顾客被认定为“赌徒”，将被判监禁不超过 3 年或不超过5 000泰铢罚款，或并罚。

②如涉嫌犯罪的游戏项目系本法规定的其他项目，将被处以不超过两年的监禁或不超过2 000泰铢的罚款，或并罚；除非第 4 条 bis 情况下，罪犯应处以不超过 1 年的监禁或不超过1 000泰铢的罚款，或并罚。

第 13 条 违反第 4 条关于收回、兑现或兑换奖品之规定的，处 3 个月以下监禁或者500泰铢以下罚款，或并罚。

第14条　违反第8条规定者，可处以1年以下监禁或50泰铢至2 000泰铢的罚款，或并罚。

第14条bis　构成累犯的情形如下：

①如果旧案处罚是监禁和罚款并罚，则本案应处以正常处罚的两倍；

②如果旧案处罚是监禁或罚款，则本案应进行监禁和罚款并罚。

第15条　除了本法已经规定的处罚之外，如果有线人举报逮捕罪犯，检察官应要求法院对举报人给予奖励。法院还应判决罪犯向举报者支付罚款数额的一半。如罪犯未支付这种奖励，则应从法院最终裁定时的扣押物中抵扣，或从支付给法院的罚款中扣除。

第16条　根据本法，负责部长有权向名单B第16号游戏的被许可人征收不超过总收入10%的税款，向名单B第19号游戏的被许可人征收不超过净收入10%的税款，向名单B第18号、第20号游戏的被许可人征收不超过扣除费用前所售游戏票款总数10%的税款。

根据部长条例和本法，负责部长可以向名单B第17号、第18号、第19号游戏的执照持有人征收不超过2.5%的额外支付税款。

第16条bis　根据本法第16条缴纳的税款和第17条规定的具体费用，由本法规定的部长确定。

名单A

1. 乐透A、B
2. 宝锅
3. 宝鉴
4. 图阿
5. 炒饭
6. 是或非
7. 多米诺
8. 奇数偶数
9. 三牌赌一张
10. 麦萨姆安
11. 攀牙扑克
12. 黑木
13. 牌九

14. 锦台

15. 轮盘赌

16. 华容道或拼图

17. 涉嫌虐待动物的游戏，如用刀或刺将动物捆绑在一起，或者使它们战斗，或者在龟群中对海龟放火，或者其他动物遭受酷刑的游戏

18. 池子

19. 勇吉姆

20. 拉克

21. 点击

22. 葫芦及其衍生物

23. 21 点玩法之一

24. 转硬币

25. 电子乒乓

名单 B

1. 游戏中的动物用于战斗或比赛，如斗牛、斗鸡、斗鱼或赛马等，除了名单的 17 号提到的比赛

2. 奔牛

3. 拳击、摔跤

4. 赛艇、划船

5. 猜图

6. 套圈

7. 猜硬币

8. 钓鱼

9. 抽签

10. 射击

11. 面部投球

12. 陶汉丹

13. 马克考

14. 马华丹

15. 宾果

16. 彩票、抽奖或任何运气游戏承诺给任何球员带来金钱或其他好处

17. 赛马计算器

18. 赌金的独得
19. 博彩登记
20. 出售未在泰国发行但在发行国合法持有的彩票、抽奖或抽奖券
21. 麻将、多米诺等牌类
22. 十五子棋
23. 台球
24. 孔奥伊

六、根据赌博法案 17（B. E. 2503，1960）发布的部长规例

……

第 2 条　名单 A 中增加巴卡拉（Bakara）。

第 3 条　名单 B 中增加以下内容：

①赌球（Sabatoy）；

②赌射门数（Sabashoot）；

③桌上足球；

④使用力学、电力、光线或任何其他类型的电源，允许玩家通过触摸、滑动、按压、轻弹、拉动、推动、射击、投掷、旋转等决定输赢的游戏机，无论是否有计数点或任何其他符号功能。

第 4 条　以下官员有权据本法名单 B 发布赌博许可证，以及根据第 8 节中任何形式进行以赌博方式组织获奖游戏的部分许可证：

①曼谷大都会省行政部调查和法律事务局局长；

②除曼谷大都会外的其他省份的区首长或次区的代理首长。

根据前款，发证人应当按照下列条件发放许可证：

1. 许可颁发官员可为以下赌博游戏颁发许可证：

①不涉及赌金计算器、马票，或博彩登记的赛马或其他动物竞速活动；

②不涉及赌金计算器、马票，或博彩登记的奔牛活动；

③麻将、多米诺及其他牌类，不含扑克或者中国扑克；

④成对儿；

⑤孔奥伊；

⑥赌球；

⑦赌射门；

⑧拳击、摔跤。

2. 经曼谷大都会省级主管部门批准，以下赌博游戏可以发放许可证。除曼谷大都会外的其他省份，经省长批准后可发放许可证。

①斗兽；

②扑克或中国扑克；

③台球；

④作为任何商业形式或专业活动的一部分，以赌博方式获奖的游戏。

3. 关于以下赌博游戏，经内政部长批准后可发放许可证：

①竞速；

②猜图片游戏；

③制铁环游戏；

④猜硬币；

⑤钓鱼游戏；

⑥任何形式的抽奖；

⑦射击游戏；

⑧面部投掷；

⑨陶卡丹；

⑩马克高；

⑪马华丹；

⑫宾果；

⑬彩票、抽奖或任何其中一名玩家可能获得金钱或其他好处的赌博游戏；

⑭赛马或其他动物的赛跑，包括赛马赌金计算器、马票或赌注登记；

⑮斗牛比赛，包含赌金计算器、马票或赌注登记；

⑯任何游戏的赌金计算器；

⑰任何比赛彩票；

⑱任何游戏的赌注登记；

⑲出售所在国家法律合法但泰国境内没有许可发行的彩票、抽奖或赌注登记；

⑳桌上足球；

㉑使用力学、电力、光线或任何其他类型的电源，允许玩家通过触摸、滑动、按压、轻弹、拉动、推动、射击、投掷、旋转等决定输赢的游戏机，无论是否有计数点或任何其他符号功能。

第 5 条 名单 B 列出的赌博游戏执照的有效期限不得超过一定的天数，游戏应在以下规定的特定时间内进行。

1. 下列比赛不得超过 1 天，并应在规定的时间内进行。

2. 以下赌博比赛不得超过从许可发放日期起至抽签日期的天数。如果预计有几次抽签，则许可应有效直至最后一次抽签。如果在泰国举办此种比赛，无论是单次抽签还是多次抽签，都应在指定日期的 7~24 小时进行。

①彩票、抽奖或任何玩家将获得金钱或其他福利的赌博游戏；

②任何比赛的彩票；

③出售其所在国的法律合法但不在泰国许可发行的彩票、抽奖券或马票。

3. 使用力学、电力、光线或任何其他类型的电源，允许玩家通过触摸、滑动、按压、轻弹、拉动、推动、射击、投掷、旋转等决定输赢的游戏机，无论是否有计数点或任何其他符号功能。有效期不得超过牌照发放日期后 30 天，比赛应于 17~23 小时进行。

第 6 条　对于以商业或专业活动等任何形式进行赌博抽奖的游戏，许可证的有效期应自许可证颁发日起至发证官认可的日期为止，赌博应在指定日期的 7~24 小时进行。

第 7 条　对于名单 B 中以下赌博游戏，许可证仅允许在公众节日活动、年度假日或其他特殊场合举办。

①图片指向游戏；

②投掷游戏；

③涉及掷硬币或任何其他物品的游戏；

④钓鱼游戏；

⑤以任何形式抽奖的游戏；

⑥射击游戏（指射气球得奖那种）；

⑦面部投掷；

⑧Tao-kam-dan（游戏使用骰子）；

⑨Mak-gaew（一种棋盘游戏）；

⑩Mak-hua-daeng（一种棋盘游戏）；

⑪宾果。

第 8 条　对于名单 B 中的以下赌博游戏，被许可人每天应当做出日常收支报告，并在次日将其提交给发证官。

①任何游戏的赌金计算器；

②任何游戏的赌注登记。

第 9 条　对于名单 B 中的以下赌博游戏，经发证官员的要求，被许可人应当提交一份报告，说明彩票/抽奖销售金额。

①乐透、抽彩或其他赌博游戏（只有一名玩家将获得金钱或其他福利）；

②任何比赛的彩票；

③出售根据所在国家的法律合法，但不在泰国许可的彩票、抽奖或马票。

第 10 条 对于名单 B 中的以下赌博游戏，持牌人须在抽签前至少 3 日通知牌照发放人员场地、抽签日期和时间，而牌照发放人员应提供确认书。

①乐透、抽彩或其他赌博游戏（只有一名玩家将获得金钱或其他福利）；

②任何比赛的彩票。

第 11 条 对于名单 B 中的以下赌博游戏，被许可人应当保留销售账户，发证人有权审计该账户。

①乐透、抽奖或其他赌博游戏（只有一名玩家将获得金钱或其他福利）；

②任何类型游戏的赌金计算器；

③任何一种游戏的彩票；

④任何类型游戏的赌注登记；

⑤出售根据所在国家的法律合法，但不在泰国许可发行的彩票、奖券或马票。

第 12 条 应根据第 16 条第 1 款和第 16 条之 2 规定征税如下：

①持有任何游戏的赌金计算器许可证的被许可人应按以下条款缴纳税款；

②被许可人使用任何形式的博弈进行博彩业务，应按以下条款支付税款；

③出售根据所在国家的法律合法，但不在泰国许可的彩票、抽奖或马票，应按以下条款支付税款。

除上述税种外，被许可人应根据第 16 条第 2 款支付额外税额，税率为缴纳金额的 2.5%，作为赌博所在市政府的收入贡献。

获得内阁批准、以慈善目的组织彩票活动的被许可方，应在扣除开支前以彩票销售收入的 0.5% 的税率缴纳税款。

第 13 条 名单 B 中的以下游戏可无须组织许可：

①成员或俱乐部授权的其他人员在俱乐部或家庭成员和朋友之间在房间内的桥牌活动，且桥牌俱乐部或房主不要求付款或未收到任何利益，也不直接或间接地从这种游戏中获得利益；

②在私人空间里进行的桌球游戏，不得超过 1 张台球桌，组织者或所有者（视情况而定）不得要求支付，或直接或间接从该游戏中获得任何利益。或者，在根据《民法》和《商法》规定设立的桌球俱乐部中，不得超过 5 张台球桌，俱乐部比赛时间应在工作日 15：00 至次日01：00、周末 11：00 至 01：00，收取合理的比赛费用并正规组织、遵守牌照表格规定的组织台球的

限制和条件。

第 14 条　执照颁发官员可以进行与执照背面规定的限制或条件不同的授权，但须经过内政部的许可。

第 15 条　任何人希望组织名单 B 中的赌博游戏，或以任何商业或专业活动形式部分进行赌博或抽奖游戏时，应使用本部长条例所附的申请表提交申请。其向该地区的执照颁发官员提出的申请如下：

①在曼谷大都会，要求提交给省行政管理部门；

②在除曼谷大都会以外的其他省份，请求应提交给区办公室或区国王办公室。

第 16 条　根据第 19 条，名单 B 中组织赌博游戏的许可证和商业以赌博方式组织获奖游戏许可证应采用部长条例附件中的表格。

……

第 18 条　作为商业或专业活动的一部分，以任何形式进行赌博获奖游戏的许可证费用见表 3-2-1。

表3-2-1　赌博组织获奖游戏的许可证费用

许可证有效期	费用	许可证有效期	费用
1 天	300 泰铢	6 个月之内	6 000泰铢
7 天之内	600 泰铢	1 年之内	9 000泰铢
1 个月之内	1 500泰铢		

第 19 条　根据赌博法 B. E. 发布的第 13 号部长条例（B. E. 2490，1947），在名单 B 中列明的赌博游戏许可证申请表及赌博游戏的许可证，应保证有效期在当年的 12 月 31 日。

七、电影和视频物法案（选译）

……

第 4 条　（定义）“电影”是指可以连续显示为视觉图像或视觉图像与声音结合的动态影像记录。

“录像”是指记录视觉图像或视觉图像和声音，可以为连续显示的游戏、卡拉 OK 背景视频或部长条例规定的其他形式的活动图片。

……

第 1 章　国家电影和录像委员会

……

第 2 章　电影和录像审查委员会

第 16 条　有一个或多个电影和录像审查委员会，每个委员会由部长根据委员会提议任命的成员组成。

电影和录像审查委员会根据第 18 条第①项享有权力和职责，由不超过 9 名来自国际事务、电影、艺术和文化大众传播或环境领域，未参与影视业务运作的合格成员组成。

电影和录像审查委员会根据第 18 条第②项、第③项、第④项、第⑤项享有权力和职责，由不超过 7 名来自电影、录像、电视、艺术和文化或消费者保护领域的合格成员组成。政府官员不得超过 4 名，民间机构人员不得超过 3 名。

……

第 18 条　电影和录像审查委员会具有下列权力和职责：

①批准在王国制作外国电影；

②审查、批准和确定将在王国出租、交换或分发、展出的电影类型；

③批准展览、出租、交换或分发的录像；

④批准王国的广告媒体的展览或出版；

⑤批准王国出口电影和录像；

⑥执行法律规定、电影和录像审查委员会或其他由部长或其他部门指定的行为委员会规定的职权；

……

第 3 章　电影业务的运作

第 20 条　希望在王国制作外国电影的，应向电影和录像审查委员会及所在地负责的国家机构提交一份申请和根据相关法律用于制作电影的剧本、情节和摘要。

申请和批准应符合委员会规定的规则、程序及在政府公报中公布的条件。

根据第 20 条获得批准的，电影剧本、情节及拍摄对话场景、地点须符合社会状况。

……

第 22 条　在王国制作下列外国电影不需要批准：

①新闻和事件的电影；

②为私人学习制作的电影；

③在国外制作的电影，在王国后期制作过程中，有关电影的服务已通知旅游局，并按照规定的规则、程序和条件在政府公报中承诺并发行；

④部长条例规定的其他电影。

第 23 条　1. 电影制片人不得以损害或违反公共秩序或道德的方式制作电影，不得影响泰国的安全和尊严。

2. 电影制片人如不确定是否违反第 1 款规定，可以要求电影和录像审查委员会在制作之前审查并就此提出意见。电影和录像审查委员会应在收到请求之日起 15 日内发表意见并通知电影制片人。未在规定期限内向电影制片人通知意见的，视为电影和录像审查委员会已批准此类制作。

3. 征求意见和收费意见的要求，应当符合委员会规定，并在政府公报上公布规则。收到的费用作为国家财政收入上缴财政部。

4. 委员会就任何电影和录像审查的行为不应违反第 1 款规定。

第 24 条　在影片的制作中，对属于国家或国家公有领域的环境或自然资源造成损害的，电影制片人应当依照有关法律的规定进行整改。

第 25 条　将在王国放映、出租、交换或发行的电影，应由电影和录像审查委员会审查和批准，申请和批准应符合规则，并在政府公报中公布审查条件。

第 26 条　根据第 25 条审查电影，电影和录像审查委员会将电影分为以下级别：

①促进学习、鼓励观看的电影；

②适合普通观众的电影；

③适用于任何等于或超过 30 岁群体的电影；

④适用于任何等于或超过 15 岁群体的电影；

⑤适用于任何等于或超过 18 岁群体的电影；

⑥不满 20 岁禁止观看的电影；

⑦禁止在王国传播的电影。

按照部长条例的规定确定电影可以归类的等级。

第 27 条　1. 以下电影不必经过第 25 条的审查和批准：

①新闻和事件的电影；

②为私人欣赏制作的电影；

③任何行政机关、国有企业和组织或任何其他国家机构宣传所制作的电影；

④在国际电影节上展出的电影；

⑤遵守广播电视传播法，在电视上放映并已经过审查的电影；

⑥部长条例规定的其他电影。

2. 第 1 款第②项、第④项和第⑥项的电影，如果在公开市场下放映、出租、交换或分发，应根据第 25 条进行审查和批准。

3. 第 1 款第⑤项的电影，如果在王国其他类型的媒体中展出、出租、交换或分销的，应根据第 25 条进行审查和批准。

第 28 条 第 26 条比照适用于依照广播电视传播法在电视上播放的电影的审查和类型确定。

根据第 26 条第 1 款第⑤项及第⑥项的规定，电影在电视中的播出期限由委员会规定，并在政府公报中公布。

第 29 条 1. 在根据第 25 条审查影片和批准时，如果电影和录像审查委员会认为电影内容可能破坏良好道德或违反公共秩序，或可能影响泰国的安全和尊严，审查委员会有权命令申请人编辑或剪辑，在批准之前可关闭现场，或者可能决定不批准。

2. 根据第 25 条已经审查和批准的电影，不视为违反第 1 款的规定。

第 30 条 除第 29 条另有规定外，批准放映、出租、交换或许可在王国发行的电影违反第 25 条的，不免除民事或刑事责任。

……

印度尼西亚网络游戏相关政策*

一、著作权法（节选）

第 1 条

……

9. 计算机程序是用于计算机以语言、代码、方案或执行某些功能或实现某些结果的任何形式表示的一组指令。

14. 录音制品是表演声音或其他声音的固定形式，其不包括在电影摄影或视听创作中包含的固定形式。

16. 传播是传播作品、演出或录音制品，或通过有线电视或广播以外的其他媒体播放，以便公众可以接收，包括提供作品、节目或录音制品，以便从可选择的地点和时间公开访问。

20. 许可是由版权所有者或相关权所有者授予另一方的书面许可，以在某些条件下对其工作或相关权产品行使经济权利。

23. 盗版是非法制作作品副本和/或相关权利的产品，并且产品的分发可获得广泛的经济利益。

24. 商业用途是利用与此相关的权利所创建的产品从各种渠道获得经济利益。

……

第 1 部分　通则

第 5 条　（精神权利）1. 精神权利是指作者固有的权利：

①公开使用他的作品时公开或不提及他的姓名；

* 本章由孙磊编译。

②使用别名或假名；

③修改权；

④更改创作的标题；

⑤如果创作被歪曲，创作的修改对声誉存在贬损，作者可捍卫自己的权利。

2. 只要作者还存活，第 1 款所述的精神权利不能移交，但在作者去世后可以根据法律规定以权利或其他原因移交该权利的行使。

3. 如果第 2 款所述的精神权利行使转移，接受人可以放弃或否认行使其权利，但必须以书面形式。

……

第 3 部分　经济权利

第 9 条　1. 第 8 条所述的作者或权利人享有以下经济权利：

①创作出版；

②所有形式的复制；

③翻译；

④删减、缩减或创作的改编；

⑤作品或其副本的发行；

⑥表演；

⑦展览；

⑧传播；

⑨租赁。

2. 行使第 1 款所述经济权利的人应取得作者或版权持有人的许可。

3. 未经作者或版权持有者许可，任何人不得进行复制和/或商业用途改编。

……

第 11 条　1. 第 9 条第 1 款第⑤项所述的作品或副本的发行权，不适用于已经出售或转让给任何人的作品所有权的作品或副本（发行权利一次用尽）。

2. 租用第 9 条第 1 款第⑨项所述作品或副本的经济权利不适用于计算机程序。

第 12 条　1. 未经作者或继承人的书面同意，禁止任何人以商业广告或任何形式在商业上使用、复制、展览、分发和/或传播。

2. 第 1 款所述的以商业用途复制、展览、分发和/或传播作品，涉及 2 人（含 2 人）以上作者的作品，应征得共同作者或其继承人的同意。

第 13 条　展览、发行或传播公开表演中的表演者的肖像不视为侵犯版权，除非表演者在表演之前或表演期间另有说明。

第 14 条　出于安全目的、公共利益和/或刑事司法程序的需要，主管当局可以在未经批准的情况下进行公告、发行或传播一个或多个人的肖像。

……

第 16 条　1. 版权是无形的动产。

2. 版权可能全部或部分转让，由于以下原因：

①继承；

②买卖；

③赠予；

④遗嘱；

⑤书面协议；

⑥按照另一法律和法规规定的。

3. 版权可以作为担保人的保证对象。

4. 第 3 款所述的作为受托担保对象的著作权的规定，应当依照法律、法规的规定。

……

第 18 条　创作任何书面作品、歌曲或音乐（无论通过销售协议转让或无限期转让的），版权应在协议签订后 25 年回转给作者。

……

第 21 条　表演者的精神权利是永久的固有权利，即使其经济权利已经转移，该表演权利也不因任何原因消除或删除。

第 22 条至第 25 条　略。

第 1 章　权利限制

第 26 条　第 23 条、第 24 条和第 25 条所述的规定，不适用于以下情形：

①使用创作和/或相关作品的简短摘录，仅用于提供实际信息或真实事件报告；

②仅为科学研究目的，复制作品和/或相关权利；

③除了已作为教材发布的演出和录音制品外，作品和/或相关权产品的复制仅用于教学目的；

④用于教育和科学发展目的。

……

第 5 章　传统文化表达和突出

第 1 部分　传统文化作品与作者创作的著作权

第 38 条　1. 传统文化作品的版权由国家持有。

2. 国家应按照第 1 款的规定清点、保存和复制传统文化作品。

3. 第 1 款所述的传统文化作品的使用应考虑到社会的生活价值。

4. 关于第 1 款所述的国家对传统文化作品的版权的进一步规定，应受政府法规规定。

第 39 条　1. 如果作品的作者不知道并且作品尚未公开发行，出于作者的利益，作品的版权由国家持有。

2. 如果作品已公开发行但作者不知道，或仅显示为作者的别名或笔名，作品的版权由公开发行的一方为作者的利益代持有。

3. 如果作品已经出版，但作者和公开发行的一方不知道，则作品的版权由国家为作者的利益而持有。

4. 如果作者和/或公开发行的一方可证明作品的所有权，则第 1 款、第 2 款和第 3 款所述的规定不适用。

5. 第 1 款和第 3 款所述的作者的利益，应由部长执行。

第 2 部分　受保护的创作

第 40 条　1. 受保护的创作包括科学、艺术和文学领域的创作，包括以下内容：

①书籍、小册子、已发表论文的著作，以及所有其他书面作品；

②讲座、演讲和其他类似的创作；

③为教育和科学的目的而制作的模型；

④有或没有文字的歌曲和/或音乐；

⑤戏剧、音乐剧、舞蹈、木偶和哑剧；

⑥各种形式的艺术作品，如绘画、雕刻、书法、雕塑或拼贴等；

⑦实用艺术品；

⑧建筑作品；

⑨地图；

⑩蜡染艺术或其他主题艺术作品；

⑪摄影作品；

⑫图像；

⑬电影作品；

⑭翻译、评论、改编、安排、修改等改编作品；

⑮传统文化作品的翻译、改编、汇编、修改；

⑯无论是以计算机程序还是其他媒体可以读取的代码；

⑰编辑传统文化作品形成的汇编；

⑱电子游戏；

⑲计算机程序。

2. 第1款第⑭项中提到的作品应作为单独的作品受到保护，但不得影响原创作品的版权。

3. 第1款和第2款所述的保护，包括对作品的保护。

4. 作品及相关产品的使用、添加和/或变更：

①进行教育、研究、科学写作、报告撰写、批评或评论时，不应损害作者或版权所有者的利益；

……

第45条　1. 如果该副本用于以下情况，则未经作者或版权所有者许可，合法用户可以对该计算机程序进行1份复制或改编：

①研究及开发；

②合法获得的计算机程序进行存档或备份，以防止丢失、损坏或无法操作。

2. 如果计算机程序的使用已经结束，则必须销毁该计算机程序的副本。

第46条　1. 出于个人利益复制已完成的作品，可以有1份复制件，并且可以在未经作者或版权所有者许可的情况下进行。

2. 第1款所述的私人复制不包括以下情况：

①建筑物或其他建筑形式的建筑工程；

②书籍或乐谱的全部或重要部分；

③数据库中的全部或重要部分数据；

④计算机程序，第45条第1款所述除外；

⑤出于个人利益的复制，其实施违反了作者或版权持有人的合理利益。

……

第48条　为了提及信息来源和作者的全名而复制、广播或对作品进行交流，以下形式不视为侵权：

①除了作者提供的与作品传播有关的副本，各种领域已经在印刷和公开

发表在电子媒体上的文章；

②以看到或听到的实际事件制作的简短引用或报告；

③提交给公众的科学论文、演讲、讲座或类似作品。

第49条 （临时复制）1. 如果复制符合条件，则不得将临时复制作品视为侵犯版权：

①在数字传输或在存储介质中创建数据时；

②任何人在作者允许的情况下使用作品；

③使用具有自动删除复制功能的工具，该机制不允许再次创建。

2. 每个广播机构可以未经创作者或版权持有人的许可，以自己的方式和设施为其作品创建临时记录。

3. 除非经作者同意，广播公司应在创建后的最长6个月内销毁第2款所述的临时录音。

4. 广播机构可以制作1份临时录音的副本，用于官方档案。

第50条 禁止展览、发行或传播违反道德、宗教、伦理、公共秩序或国家安全的作品。

第51条 1. 为国家利益，不经版权持有人许可，政府可以通过广播、电视和/或其他方式公开、发行或传播作品，但需补偿版权所有者。

2. 第1款所述的进行公开、发行或传播作品的广播机构做出后续广播的计划，须取得版权持有人的许可才有权将作品复制在案。

第7节 技术控制措施

第52条 除了国家安全利益，以及根据立法或其他协议的规定，不得破坏、消除、修改保护版权或相关权利的功能性技术控制措施。

第53条 1. 使用基于信息技术和/或高技术数据方式保护著作权或相关权利的作品，应符合授权机构规定的许可规则和生产要求。

2. 第1款所述的基于信息技术或高技术数据存储设施的进一步规定，应受政府法规的管制。

第8章 通信与信息技术有关的版权权利

第54条 为防止通过基于信息技术的设施侵犯版权和相关权利，政府有以下权力：

①监督侵犯版权和相关权内容的制作和传播；

②与国内、外各方合作，协调防止版权及相关权内容侵权的制作和传播；

③通过在表演场地使用技术措施防止、监督作品和相关权利作品被录制。

第 55 条　1. 任何通过电子商务系统发现版权侵权和/或相关权利的人，均可向部长报告。

2. 部长应核实第 1 款所述的报告。

3. 如果根据第 2 款所述核查报告的结果找到足够的证据，应报告方的要求，部长建议负责管理电信和信息领域的政府事务部长，通过措施确保涵盖部分或全部侵犯版权的内容或提供服务的电子系统无法访问。

4. 在关闭互联网网站的情况下，第 3 款所述的网站可在关闭后的 14 日内提出整体诉讼请求法院令。

……

二、电子信息和交易法*简介

2016 年 10 月 27 日，印度尼西亚议会修订了 2008 年关于电子信息和交易法（EIT 法，修订法）的第 11 号法律，主要在以下方面进行了规定：①解决诽谤（如通过修改制裁）；②使电子信息和交易法下的程序法条款与刑事诉讼法同步；③加强公务员、调查员在进行突击检查和公司调查方面的作用；④增加关于被遗忘权利的规定；⑤加强政府在防止滥用电子信息和交易及控制电子信息（通常涉及负面内容）干扰方面的作用。

虽然修订法在过去的 2~3 年中一直被审议，但在通过前一周应议会的要求加入了被遗忘权的条款（考虑到拟议的隐私法旨在保护个人数据涵盖被遗忘的权利）。

1. 被遗忘权

修订法引入了被遗忘权的概念。关于被遗忘的权利只有 3 条规定（没有进一步说明）。

根据修订法，电子系统运营商必须根据用户的要求，删除其控制下的无关的电子信息和/或文件，但该权利只能通过法院判决行使。此外，电子操作系统必须具有电子信息和/或文档的删除机制。

印度尼西亚通信和信息部（MOCI）已公开表示，如果存在违规行为，政府法规将包含制裁措施，同时考虑到 EIT 法律涵盖域外范围，计划确保离岸

---

* 《电子信息和交易法》，即 2016 年 11 月 22 日颁布的 Legal News & Analysis-Asia Pacific-Indonesia-Regulatory & Compliance。

电子系统运营商遵守。

对于离岸互联网公司来说，问题在于政府是否有能力在海外实施——唯一真正的执法措施是阻止互联网网站。互联网公司应该监督拟议的政府条例，讨论政府条例中可能包含的内容，以确保适当的程序和机制是切实可行的，而不会苛以过重义务。

2. 刑事调查

修订法赋予调查员更多权力。调查员可以向电子系统调取或提供信息，并且可以接收有关一般涉嫌违法的互联网用户的报告，进行调查和逮捕。

此外，调查人员还被授权监管涉嫌从事犯罪活动（如网络犯罪）的数据或电子系统的访问，并被授权进行检查（无须法院许可）。

3. 电子信息和电子文件证据

印度尼西亚法院接受电子证据的速度很慢，而且仍然接受硬拷贝文件。本次修订法再次强调电子信息和文件具有约束力，可以在法庭上用作证据。

4. 政府终止访问权

修订法赋予政府终止访问和/或电子系统操作，终止访问违反法律内容的电子信息和/或文件的权利。

通信和信息技术部部长发布了《不良内容管理条例》，该条例授权 MOCI 根据公众、政府机构或执法机构的报告封锁内容被判定为负面的互联网网站。

《不良内容管理条例》的目标是“安全和健康地使用互联网”。它建立了一个系统来阻止访问包含色情或其他非法材料的网站。系统包含的要素有报告和记录负面内容，阻止 ISP 访问报告的网站和解锁系统。名为“TRUST+Positif”的数据库列出了不良内容的网站。ISP 必须每周或根据 MOCI 的要求更新系统。在 Facebook 等非 ISP 系统上，MOCI 可以请求网站所有者阻止或删除负面内容。根据《电信法》和《信息和电子交易法》《反色情法》，不遵守规定的互联网服务提供商可能会承担刑事和行政责任。

印度尼西亚通信和信息部 2014 年公布了关于控制包含负面内容的互联网网站的第 19 号条例。2014 年规则旨在通过阻止访问包含色情材料或违反知识产权相关法律的网站，使所有社会群体“安全和健康使用互联网”。

2014 年的主要包括以下事项：①政府机构、执法人员和公众向政府部门报告负面内容的网站的程序；②强制阻止到互联网服务提供商报告的互联网网站访问；③取消阻止报告的网站发现不包含负面内容的程序。[1]

5. 减少制裁

取消了执法人员拘留涉嫌诽谤等事项的当事人的制裁权利，即涉嫌违反法律的行为，如诽谤在印度尼西亚是一种刑事犯罪，很容易导致拘留。具体体现在以下方面：

（1）诽谤

修订法通过以下 4 项减少了多种解释和避免电子产品的风险：

①添加术语“发行、传输和可访问的电子信息和/或电子文档”的定义。“发行”是指通过电子系统向许多人或各方发送和/或传播电子信息和/或文档。“传输”是指通过电子系统向另一方发送电子信息和/或文件。“可访问”是指通过电子系统进行的除分发和传输之外的所有操作，使其他方或公众知道电子信息和/或文档。

②说明该条款中的规定是亲告罪，而非一般犯罪（所以必须由被冒犯的一方提交报告）。

③说明许多条款都违反了刑法中的诽谤和侮辱条款。

④减少刑事制裁，将刑事处罚从 6 年以下监禁和罚款 10 亿卢比减至 4 年监禁和罚款 7.5 亿卢比。

（2）电子证据/拦截

修订法通过以下 4 项修正案实施宪法法院判决：

①修改《电子信息与通讯法》第 31 条第 4 款，以便根据法律规定禁止拦截或窃取程序；

②在第 5 条第 1 款和第 5 条第 2 款中加入说明，以明确电子信息和/或电子文件是有效的法律证据；

③对《电子信息与通讯法》第 5 条第 1 款的新解释，现在明确电子信息和文件具有约束力，并且是有效的证据；

④对《电子信息与通讯法》第 5 条第 2 款的新解释，现在明确规定，必须根据法律规定的总检察长和/或警察、其他机构的要求，在执法框架内进行通信的电子信息和/或文件拦截、窃听或记录。

（3）刑事诉讼法

修正法通过以下两项修正案同步刑事程序法：

①《电子信息与通讯法》第 43 条第 3 款根据《刑事诉讼法》进行了重新

[1] 引自 2014 年 10 月 28 日印度尼西亚知识产权新闻，由 JETRO Bangkok 提供。

调整。

该修正案对有违《刑事诉讼法》的情况进行详细的规定，如允许调查人员可不经地区法院事先批准，直接进行搜查和扣押。（故以前《电子信息与通讯法》中规定的“必须有法院明确命令”的要求已被删除）

②《电子信息与通讯法》第 43 条第 6 款关于逮捕和拘留条款，根据《刑事诉讼法》进行了重新调整。

该修正案对有违《刑事诉讼法》关于逮捕和拘留的条款进行了详细规定，如果嫌疑人被捕，不需要事先征得地区法院的命令。（《电子信息与通讯法》中先前要求“法院明确命令”的规定已被删除）

（4）调查员

修正案在《电子信息与通讯法》第 43 条第 5 款规定，加强调查员的作用：

①限制或终止与犯罪行为有关的数据和/或电子系统访问的权力；

②要求电子系统提供有关电子系统操作犯罪行为的信息的权力。

（5）被遗忘权

修正案在《电子信息与通讯法》第 26 条中增加了“被遗忘权”，规定如下：

①每个电子操作系统必须根据用户的要求，删除其控制下的无关电子信息和/或电子文档，这种要求的前提是得到法院的支持；

②每个电子操作系统必须根据法律法规，提供不相关电子信息和/或电子文档的删除机制；

③电子信息和/或电子文件删除机制具体由政府条例做进一步规定。

（6）非法内容

终止访问在《电子信息与通讯法》修正案第 40 条中规定：

①政府必须根据法律和法规，防止任何传播和使用非法内容的电子信息和/或电子文件；

②在进行上述预防时，政府有权终止访问和/或命令电子系统运营商终止访问具有非法内容的电子信息和/或电子文档。

三、电子信息法（选译）

第 1 章　一般规定

第 1 条　一些概念在本法中的含义：

1. 电子信息是一种或一组电子数据，包括但不限于文字、声音、图像、地图、设计、照片、电子数据交换（EDI）、电子邮件、电报等，已经处理的字母、标记、数字、访问代码、符号或具有意义或能够理解的含义。

2. 电子交易是使用计算机、计算机网络和/或其他电子媒体所发生的法律行为。

3. 信息技术是一种收集、准备、存储、处理、通知、分析和/或部署的技术。

4. 电子文档是以模拟、数字、电磁、光学等方式创建、转发、传输、接收或存储的任何电子信息，可通过计算机或电子系统查看、显示和/或读取，包括但不限于文字、声音、图画、地图、设计、照片等及字母、标志、数字、访问代码、符号或相关技术人员可以理解的含义。

……

16. 访问代码是数字、字母、符号、其他字符或其任何组合，这是访问计算机和/或其他电子系统的关键。

……

21. “个人”包括印度尼西亚公民、外国公民及法人。

第2条　（本法适用）损害印度尼西亚利益的，无论处于印度尼西亚还是印度尼西亚以外的司法管辖范围，本法均具有管辖权，需承担相应法律后果。

考虑到利用信息技术进行电子信息和电子交易时，跨领土是普遍的；“损害印度尼西亚利益”的定义包括但不限于损害国民经济利益、保护战略数据、维护国家、民族尊严，国防和国家安全，国家主权，公民、法律实体的权益。

第2章　基本目的

第3条　信息和电子交易的利用是基于法律、公益、审慎、诚信和自由选择技术或技术中立原则来实施的。

“法律”是指利用信息技术和电子交易及支持的一切的法律依据——获得法院认可的内外法律。“公益”是指利用信息技术和电子交易的基础，致力于公众知情、改善社会福祉。“审慎”指应注意各方所有可能的伤害，无论是对自己还是对另一信息技术和电子交易方。“自由选择技术或技术中立原则”是指利用信息技术和电子交易的原则并没有集中在使用特定技术。

第4条　略。

第3章　信息、文件和电子标志

第5条　1. 电子信息和/或电子文件和/或印刷品是有效的法律证据。

2. 第 1 款所述的电子信息和/或电子文件和/或印刷品，根据印度尼西亚适用的程序法构成有效证据。

3. 如果按照本法规定使用电子系统，则认可电子信息和/或电子文件有效。

4. 第 1 款所提述的电子信息及/或电子文件的条文不适用于：

①根据法律应书面提出的信件；

②根据法律必须以契约形式所作出的公证契约或契约形式的信件及其文件。

第 6 条 除第 5 条第 4 款以外的任何条款，只要采用书面形式、信息真实，只要其中包含的信息可以访问、显示、保证完整性，并且保证电子信息和/或电子文件的有效性，可以解释为本法所称的信息。

……

第 8 条 1. 除非另有约定，电子信息和/或电子文件的交付时间为发信人以正确的地址发送给收件人指定或使用的电子系统，离开发件人的控制范围并已确定进入电子系统时。

2. 除非另有约定，否则收到电子信息和/或电子文件的时间，应在电子信息和/或电子文件在合法收件人的控制下进入电子系统时确定。

3. 如果接收方指定了特定的电子系统来接收电子信息，则送达时间为电子文件或电子信息进入指定电子系统时。

4. 如果在传输或接收电子信息和/或电子文件时使用了两个或两个以上的信息系统，则：

①发出时间是指电子信息和/或电子文件离开第一个寄件人控制的信息系统；

②收到的时间是指电子信息和/或电子文件进入受控制的最后一个信息系统接收器。

第 9 条 通过电子商务系统的业务参与者，必须提供与合同条款、制造商和所提供产品相关的完整和正确的信息。

一个“完整和正确的信息”包括以下方面：

①包含法律和能力主体的身份和地位的信息，无论是制造商、供应商、提供者，还是中间人；

②向协议条款解释某些事项的其他信息，并合理地描述所提供的货物和/或服务，如名称、地址和货物/服务的描述。

第 10 条 1. 任何从事电子商务交易的行为人均应由可靠性认证机构

认证。

2. 第1款所述的设立可靠性认证机构的规定应受政府法规的管制。

可靠性认证旨在证明交易电子化的真实性。经营者通过授权机构的评估和审计背书，证明已经完成在信任标志的形式认证标识的页面（主页）上显示认证可靠性。

第11条　1. 电子签名只要符合下列要求，即具有法律效力：

①与签署人有关的相关电子签名数据；

②电子签名过程中的电子签名制作数据仅在签字人的权限之下；

③对电子签名签署日之后发生的任何更改的都是已知的；

④与电子签名有关的电子信息的任何更改签名时间都可知；

⑤有确定签字人的身份的途径；

⑥有证明签字人对电子信息内容同意的途径。

2. 第1款所提述的电子签名的进一步条文由政府规定。

第12条　1. 使用电子签名的每一个人均有义务提供电子签名的担保。

2. 第1款所提述的电子签名的安全，至少包括：

①不符合条件的其他人不能访问该系统。

②标记应采用谨慎原则，以避免未经授权使用与电子签名制造有关的数据。

③签字人必须毫不延迟地使用电子签名或其他正式和符合的组织者建议的方式，立即通知签字方电子签名或任何电子签名服务的背书人，如果：

A. 签字人知道电子签名的制作数据已盗；

B. 由于电子签名制作的数据崩溃，签字人明知可能会造成重大风险。

④如果电子证书用于支持电子签名，承包商应确保与电子证书有关的所有信息的正确性和完整性。

3. 任何人违反第1款所述的规定，应对由此产生的任何损失和法律后果承担责任。

第4章　电子认证和电子系统的操作

……

第2部分　电子系统实施

第16条　1. 在法律另有规定的范围内，电子系统的任何组织者应运行符合下列最低要求的电子系统：

①可以根据法律法规规定的保留期限，重新显示电子信息和/或电子文件；

②可以保护此类电子系统管理中电子信息的可用性、完整性、真实性、机密性和可访问性；

③可以按照管理的电子系统的程序或指令进行操作；

④与程序或指令可以通过关注电子系统实现双方理解的语言、信息或符号公布；

⑤有一个可持续的机制。

2. 政府规例订定第 1 款所提述的电子系统的组织详情。

第 5 章　电子交易

……

第 18 条　1. 电子合同中规定的电子交易对双方具有约束力。

2. 当事人有权选择适用于其制造的国际电子交易的法律。缔约方在国际合同中选择的法律，包括以电子方式制定的法律，被称为法律选择。该法律作为适用于合同的法律具有约束力；电子交易中的法律选择只有在合同中有域外因素，其适用应符合国际民法（HPI）的原则时才能进行。

3. 如果当事人未在国际电子交易中选择法律，应基于国际私法原则选择适用的法律。

在没有法律选择的情况下，根据国际民法的原则确定适用的法律将被定为准据法。

4. 各当事方有权指派法院、仲裁或其他经授权处理国际电子交易可能引起争端的其他争端解决机构。

5. 如果当事人不做第 4 款所述的法院、仲裁、清算机构或其他争议当局的选择，则根据国际民法原则处理交易中可能产生的争端。

如果当事人不选择上述机构，则根据国际民法原则适用，以被告住所地、被告财产所在地为基础。

第 19 条　以电子方式进行交易的各方必须使用商定的电子系统。

本法中“同意”的含义还包括批准相关电子系统中包含的程序。

第 20 条　1. 除非当事方另有规定，否则在发件人发送的交易要约被收件人接收和批准时发生电子交易效力。电子交易发生在双方协议时，其中可能包括检查数据、身份、个人识别码（PIN）或密码传递等。

2. 第 1 款所提述的电子交易要约的批准，必须以电子方式接受。

第 21 条　1. 发件人或收件人可以通过由其委派的当事人或通过电子代理进行电子交易。

2. 第 1 款所提述的电子交易的执行所涉及的任何法律后果的缔约方，设置如下：

①如果单独进行，则执行电子交易的所有法律后果由交易各方承担；

②如果通过委托书，在执行电子交易过程中的任何法律后果由授权者承担；

③如果通过电子代理完成，电子交易的所有法律后果由电子代理人的组织者承担。

3. 如果由于电子代理操作而导致的电子交易损失，因第三方行为而失败，则所有法律后果都成为电子代理组织者的责任。

4. 如果因用户疏忽导致电子代理业务造成的电子交易损失而失败，用户的一切法律后果均由服务方承担。

5. 第 2 款所提述的条文不适用于可证明是强制、错误和/或遗漏用户方电子系统的情况。

第 22 条　1. 电子代理特定组织者必须提供电子代理操作功能，使用户能够对仍在交易过程中的信息进行更改。

2. 第 1 款所述的某些电子代理人组织者的规定，由政府规例订定。

第 6 章　域名、知识产权保护

第 23 条　1. 国家、公民、商业实体和/或社区的每个组织者有权根据第一申请人原则拥有域名。

2. 第 1 款所述的域名的占有和使用必须以善意为基础，不得违反商业竞争的有序原则，不得侵犯他人的权利。“侵犯他人权利”的定义，如侵犯注册商标、法定实体名称、名人姓名等，实质对他人造成伤害。

3. 国家、公民、商业实体或社区的每个组织者都有域名不受他人侵害的权利，有权对所涉域名提起、取消诉讼。

第 24 条　1. 管理域名的主体是政府和/或社区。

2. 在发生纠纷时，由政府保留暂时接管有争议域名的管理权。

3. 域名注册在印度尼西亚境外，注册域名只要不违反法律法规可予以承认。

4. 关于管理第 1 款、第 2 款和第 3 款所述域名的进一步规定由政府条例确定。

第25条 根据法律法规的规定，网站及在其之上的智力工程作为知识产权受到保护，故电子信息和/或电子文件同样作为知识产权受到保护。

电子信息和/或电子文件可注册为智力作品，受版权、专利、商标、商业秘密、工业设计等法律、法规保护。

第26条 1. 除法律、法规另有规定外，通过电子媒体使用个人数据及任何信息应在当事人同意的情况下进行。

在信息技术的运用中，个人数据的保护是个人权利（隐私权）的一部分。个人权利包含如下意义：

①个人权利是享受私人生活和免于任何干扰的权利；

②个人权利是不受监控的情况下能够与他人交流的权利；

③个人权利是控制获取个人生活和数据信息的权利。

2. 任何人被他人侵犯了第1款中的权利造成损害，可依本法提起诉讼。

第7章　禁止行为

第27条 1. 故意违规发行和/或传输和/或提供无法访问的和/或违反正常收费标准的电子文件、电子信息。

2. 故意违规发行和/或传输和/或提供可访问的和/或有赌博内容的电子信息、电子文件。

3. 故意违规发行和/或传输和/或提供可访问的和/或具有诽谤和/或侮辱内容的电子文件、电子信息。

4. 故意违规发行和/或传输和/或提供可访问的和/或具有勒索和/或威胁收费的电子文件、电子信息。

第28条 1. 故意违规传播虚假和误导性的新闻，导致消费者电子交易中损失的。

2. 故意违规传播影响种族、宗教和国家宗教事务，旨在对某些人和/或社区群体产生仇恨或敌意的信息。

第29条 故意违规发送包含暴力威胁或恐吓个人的电子信息和/或电子文件。

第30条 1. 任何人故意、无权利或以任何方式非法进入属于他人计算机和/或电子系统的。

2. 任何人故意、无权利或非法进入计算机和/或电子系统，以获取电子信息和/或电子文件。从技术上讲，本款所指的禁止行为，除其他外还包括以下情形：

①传播或故意将这些东西传播给无权接收的人；

②故意堵塞，使政府和（或）地方当局不能接收有关信息。

3. 任何人故意、无权利或非法以破解、突破、绕过或破坏安全系统的方式进入计算机和/或电子系统。

安全系统是通过用户分类及指定权限级别分类来限制访问或禁止访问计算机的系统。

第 31 条　1. 有意、无权利或在计算机和/或某些电子系统中对属于他人的电子信息和/或电子文件进行拦截或窃听。

“拦截或窃听”是指以有线网络通信和无线网络，如电磁发射或无线电频率等方式，监听、记录、转移、修改、阻止和/或记录电子传送的非公开信息和/或电子文件。

2. 故意、无权利或非法拦截他人拥有的非公开电子信息和/或电子文件的传输，无论是否进行任何变更、消失和/或终止的。

3. 除第 1 款和第 2 款所述的截取行为外，警察、检察官和/或其他执法机构应根据法律规定，在执法框架内进行信息或文件拦截。

4. 第 3 款所述的有关截取程序的进一步规定，须受政府规例规管。

第 32 条　1. 明知、无权或非法以任何方式修改、加、减、传输、损坏、删除、转移、窝藏属于他人或公共财产的电子信息和/或电子文件。

2. 故意、无权或违法以任何方式将电子信息和/或电子文件转移或转让给另一无权的电子系统。

3. 对于第 1 款所述导致电子信息和/或电子文件的公开行为，导致公众公开访问上述信息或电子文件、破坏数据的完整性。

第 33 条　故意、无权或非法扰乱电子系统和/或导致电子系统无法正常工作的行为。

第 34 条　1. 任何人有意、无权或非法制造、出售、持有使用、进口、发行、提供或拥有以下内容：

①专门设计或开发以便第 27 条所述与第 33 条有关的任何行为的硬件或计算机软件；

②专门设计或开发以便第 27 条所述与第 33 条规定的窃取计算机密码、访问代码或类似的东西。

2. 第 1 款所述行动，如旨在进行研究、测试电子系统，以更好地提供保护的，不触犯法律。“研究活动”是指由持牌研究机构进行的研究。

第 35 条　故意、无权或违法操纵、编造、改变、销毁电子信息和/或电子文件，目的是将电子信息和/或电子文件伪造为真实数据。

第 36 条 故意、无权或违法构成第 27 条至第 34 条所述的行为，对他人造成伤害的。

第 37 条 任何人故意实施第 27 条所禁止的行为，以及第 36 条禁止的行为，电子系统虽处印度尼西亚境外，仍属印度尼西亚管辖范围内。

……

第 10 章 调查

对与所称犯罪行为有关的电子系统的搜查和/或扣押必须在当地区域法院主席的许可下进行。

……

第 11 章 刑事规定

第 45 条 1. 构成第 27 条第 1 款、第 2 款、第 3 款、第 4 款所述犯罪情节的，被处以 6 年以下徒刑及/或处最高 10 亿卢比罚款。

2. 构成第 28 条第 1 款或第 2 款所述犯罪情节的，判处 6 年以下徒刑及/或最高 10 亿卢比罚款。

3. 构成第 29 条所述犯罪情节的，判入狱 12 年徒刑及/或处最高 20 亿卢比罚款。

第 46 条 1. 凡符合第 30 条第 1 款所述犯罪情节的，判处 6 年以下徒刑及/或最高 6 亿卢比罚款。

2. 凡符合第 30 条第 2 款所述犯罪情节的，判处 7 年以下徒刑及/或最高 7 亿卢比罚款。

3. 凡符合第 30 条第 3 款所述犯罪情节的，判处 8 年以下徒刑及/或最高 8 亿卢比罚款。

第 47 条 凡符合第 31 条第 1 款或第 2 款所述犯罪情节的，判处 10 年以下徒刑及/或最高 8 亿卢比罚款。

第 48 条 1. 凡构成第 32 条第 1 款所述犯罪情节的，判处 8 年以下徒刑及/或最高 20 亿卢比罚款。

2. 凡构成第 32 条第 2 款所述犯罪情节的，判处 9 年以下徒刑及/或最高 30 亿卢比罚款。

3. 凡构成第 32 条第 3 款所述犯罪情节的，判处 10 年以下徒刑及/或最高 50 亿卢比罚款。

第 49 条 凡构成第 33 条所述犯罪情节的，判处 10 年以下徒刑及/或最高 100 亿卢比罚款。

第 50 条 凡构成第 34 条第 1 款所述犯罪情节的，判处 10 年以下徒刑及/或最高 100 亿卢比罚款。

第 51 条 1. 凡构成第 35 条所述犯罪情节的，判处 12 年以下徒刑及/或最高 120 亿卢比罚款。

2. 凡构成第 36 条所述犯罪情节的，判处 12 年以下徒刑及/或最高 120 亿卢比罚款。

第 52 条 1. 如第 27 条第 1 款所述的刑事罪行涉及对儿童的道德贬损或性虐待，则加重处罚 3 倍。

2. 就第 30 条至第 37 条所述电子信息和/或电子文件，属于政府和/或用于公共服务的计算机和/或电子系统的，刑事处罚加重 1/3。

3. 就第 30 条至第 37 条所述电子信息和/或电子文件，属于包括但不限于国防部、中央银行、银行、金融、国际机构、航空管理局等政府和/或战略实体的电子信息和/或电子文件的，最高刑事处罚加重 2/3。

第 27 条至第 37 条所指的刑事罪行由公司所做，则刑事处罚加重 2/3。

这项规定旨在惩罚符合第 27 条至第 37 条所述的任何侵权行为，以及公司（公司犯罪）和/或由管理人员和/或工作人员：

①代表公司的；

②公司的决定；

③对公司进行监督和控制；

④为公司的利益而开展的活动。

……

四、控制儿童使用 ICT 和互联网

根据市场研究机构 e-Marketer 的数据，2014 年印度尼西亚的互联网用户人数达到了8 370万。这个数字适用于每个人每月至少上网 1 次，这使得印度尼西亚在互联网用户数量方面排名世界第六。到 2017 年，印度尼西亚互联网用户数量达到 1. 12 亿，击败互联网用户数量增长比较慢的日本，排名第五。

表3-3-1　互联网用户排名前25位的国家　　　　(单位：百万)

序号	国家	2013年	2014年	2015年	2016年	2017年	2018年
1	中国*	620.7	643.6	669.8	700.1	736.2	777.0
2	美国**	246.0	252.9	259.4	264.9	269.7	274.1
3	印度	167.2	215.6	252.3	283.8	313.8	346.3
4	巴西	99.2	107.7	113.7	119.8	123.3	125.9
5	日本	100.0	102.1	103.6	104.5	105.0	105.4
6	印度尼西亚	72.8	83.7	93.4	102.8	112.6	123.0
7	俄罗斯	77.5	82.9	87.3	91.4	94.3	96.6
8	德国	59.5	61.6	62.2	62.5	62.7	62.7
9	墨西哥	53.1	59.4	65.1	70.7	75.7	80.4
10	尼日利亚	51.8	57.7	63.2	69.1	76.2	84.3
11	英国**	48.8	50.1	51.3	52.4	53.4	54.3
12	法国	48.8	49.7	50.5	51.2	51.9	52.5
13	菲律宾	42.3	48.0	53.7	59.1	64.5	69.3
14	土耳其	36.6	41.0	44.7	47.7	50.7	53.5
15	越南	36.6	40.5	44.4	48.2	52.1	55.8
16	韩国	40.1	40.4	40.6	40.7	40.9	41.0
17	埃及	341.0	36.0	38.3	40.9	43.9	47.4
18	意大利	34.5	35.8	36.2	37.2	37.5	37.7
19	西班牙	30.5	31.6	32.3	33.0	33.5	33.9
20	加拿大	27.7	28.3	28.8	29.4	30.5	31.3
21	阿根廷	25.0	27.1	29.0	29.8	30.5	31.1
22	哥伦比亚	24.2	26.5	28.6	29.4	30.5	31.3
23	泰国	22.7	24.3	26.0	27.6	29.1	30.6
24	波兰	22.6	22.9	23.3	23.7	24.0	24.3
25	南非	20.1	22.7	25.0	27.2	29.2	30.9
全世界***		2 692.9	2 892.7	3 072.6	3 246.3	3 419.9	3 600.2

注：任何年龄段的个人，每月至少一次通过任何设备从任何地点使用互联网。

*：不包括中国香港地区；**：2014年8月的预测；***：包括未列出的国家。

资料来源：eMarketer，2014年11月。

印度尼西亚的互联网用户不仅数量大，而且来自各个阶层和年龄层。印度尼西亚25岁以下互联网用户占49%以上（Puskakom，2015）。根据印度尼西亚中央统计局（Badan Pusat Statistik，BPS）进行的一项调查，最年轻的互联网访问者的年龄范围为 5～12 岁（BPS，2012）。孩子们仍然难以保护自己免受互联网使用的负面影响。

除了通过智能手机、平板电脑和笔记本电脑轻松登录互联网外，由于社交媒体的吸引力，学生们高度参与，印度尼西亚的互联网用户数量日益增加。社交媒体已经成为当前青少年必须拥有的和必修的事务。社交媒体提供者和父母缺乏对未成年儿童使用社交媒体的过滤机制。

据 ICT Watch Indonesia 团队的一位互联网观察员称，家长可以根据每个孩子的年龄向孩子们介绍互联网（Donny B. U，2014：13～22）。儿童年龄可分为 2～4 岁、4～7 岁、7～10 岁、10～12 岁、12～14 岁、14～17 岁。

2015 年 3 月，在国家反恐局（BNPT）要求下，信息技术和通讯部阻止某些互联网网站，如 dakwahIslamia 过度收费。

BNPT 是印度尼西亚的一个非部长级政府机构，负责处理恐怖主义（根据第 46/2010 号总统条例第 2 条）。通过邮件数字 149/K. BNPT/3/2015，BNPT 要求信息技术和通讯部阻止了 19 个被认为是激进主义和激进主义同情者的网站。

该网站的关闭引起了社会上的一些争论。大多数人认为这种封闭原因的判断是单方面的，甚至没有基本的根据。尽管直接收到了 BNPT 的请求，信息技术和通讯部应该在采取具体措施之前首先进行讨论。

从公共政策实施方面来看，监管的实施对社会的影响各有利弊，首先是因为它与基本措施和政策目标不平衡。第一，由于程序衔接问题，导致执法过于宽泛和复杂。第二，基本措施和目标声明模糊、存在矛盾。

要确定“如何认定激进主义网站”的基本措施是不容易的，特别是在紧急情况下进行判断。这些困难导致了电子信息和通讯部在制度设计时的缺失。因为电子信息和通讯部并没有评估一个网站的技术能力。

为获得普遍的认同与接受，电子信息和通讯部 PSBIN 专家组成立小组，小组成员不仅包括电子信息和通讯部人员，还包括其他各方群体。PSBIN 专家组 SK Memkominfo 第 290/2015 号关于负面内容网站处理论坛编制成立，由董事、主席、副主席、秘书组成，包括 4 个评估小组，即色情、儿童暴力和互联网安全小组，反恐怖主义小组，非法投资、欺诈、赌博、毒品和食品、药品滥用专家组，知识产权专家组。

评估确定“一个网站激进与否”，并不属于电子信息和通讯部的职责范围。实际上，电子信息和通讯部只是基于 BNPT 评估反馈的结果。最佳选择是组建一个由各个主管方组成的 PSBIN 小组，以评估和判断一个网站是否正面。

在紧急状态下，电子信息和通讯部将 BNPT 的报告作为结果报告，通过将 BNPT 预警的网站进行紧急隔离，之后网络服务商可以直接进行关停，而无须通知站点所有者。如第 14 条所述，其中包括总干事应向网站提供商发送电子邮件警报，以告知负面信息；如果网站提供商在 2×24 小时（两次 24 小时）内未注意到总干事发出的警告，则进入下一程序；如无可以直接联系的通信方式，直接进行下一程序；总干事应在收到报告之日起 5 个工作日内完成报告。

chapter 04 第四章

越南网络游戏相关政策*

一、概况

越南信息和通信部正在制定关于互联网服务管理的法令草案。与2008年8月28日颁布的97/2008/ND-CP法令相比，该法令草案的范围更为广泛，包括互联网服务、互联网资源、游戏在线服务、社交网络服务、网站和在线信息安全，还规定从事管理、提供和使用互联网服务及在线信息的实体的权利。

该法令草案用了整整一章（第四章）来处理游戏在线行业中出现的问题，允许依法注册成立的国内企业提供在线游戏服务、发布在线游戏。同时，与本地缔约的外商投资企业符合投资法、文化和互联网服务条约的，可以在线销售游戏。审查游戏内容和场景之后，信息和通信部将根据具体情况授予游戏在线分发许可证。若无许可证，游戏经销商不得在越南在线宣传、介绍、发行或提供游戏，也不得通过海外服务器在线向越南玩家发行游戏，违反此规定的将被吊销执照，一年后才能申请恢复营业许可。

为了加强对互联网应用商店的控制，尤其是那些向公众提供在线游戏服务的商店，该法令草案要求互联网商店从晚上11点关闭至次日上午8点。实体商店必须距离小学、初中或高中至少200米。

在网上登录游戏时，玩家必须提供个人身份证明，如姓名、年龄、永久居住地址和身份证或护照号码。对于没有身份证或护照的14岁以下的儿童，应向互联网服务提供商提供监护人的详细资料。这些信息应当保存至少6个月，以便当局提出要求时提供报告。

根据信息和通信部领导的介绍，97/2008/ND-CP法令实施3年后，全国

---

* 本章由孙磊编译、撰稿。

大约有 100 个互联网服务提供商和36 000个互联网商店。[1]

相较之前，中国发行商在越南市场只要通过一些支付渠道或者当地的发行商就可以经营自己的游戏，现在受到法律相应的约束，发行游戏已经变得越来越难。越南法律上增加了许多条款，必须通过相关部门的审核，进而限制了中国发行商在越南的经营权。此举动是为了禁止一些没有取得越南相应发行权的游戏商在越南进行非法游戏经营。

非法发行的游戏主要通过 Google Play 和 AppStore 等渠道进行。如今，支付渠道在越南被封锁，导致很多非法发行商面临被处置的状况，很多中国游戏公司开始慢慢撤出越南的游戏市场。但是，对于有信用的发行商来说，9 000万玩家的越南游戏市场无疑伴随着丰厚的利润回报。[2]

财政部与越南国家银行（SBV）及相关部委和机构密切合作，审查执行政府关于外国获奖游戏视频业务的法令的问题和不足之处。每家持牌机构必须距离学校、医院、历史文物或国家办公室至少 200 米，并在每天晚上 11 点之前停止运营。迪斯科舞厅必须至少有 80 平方米的空间，并符合防火和灭火、噪音、照明的规定。经营前，卡拉 OK 厅必须取得邻近住户的同意。电子游戏商店不允许在晚上 10 点至次日上午 8 点开放。该企业的董事或经理至少必须拥有中等文化程度。除了三条业务线之外，新法规还规定了需要严格授权管理的公共文化服务，包括音乐 CD 交易、艺术表演、时装表演、艺术展览、传统节日的组织及广告牌的安装。[3]

在越南提供电信和互联网服务的外国企业，如果当地服务用户的数量达到10 000人或应越南政府的要求，必须在该国设立总部或代表处。

越南公安部最新的网络安全法草案旨在防止利用跨国电信和互联网络来宣传针对越南国家的信息或煽动人们破坏国家安全的行为。该草案还要求外国互联网服务提供商在国家网络中存储用户数据，以及利用越南国家网络空间基础设施收集和创建其他重要数据。该草案取消了要求外国互联网服务提供商在该国安装服务器的提案。

---

[1] VNL_ KH1. Draft decree to tightly control games online（严格控制在线游戏法令草案）［EB/OL］.（2011-12-01）［2019-06-08］. http://vietnamlawmagazine.vn/draft-decree-to-tightly-control-games-online-1727.html.

[2] 一斤水果. 越南加紧网络游戏管理，是困难还是机会［EB/OL］.（2016-08-16）［2019-06-08］. http://www.sohu.com/a/110671170_ 353841.

[3] VNL_ KH1. Decree No. 103/2009/ND-CP：Ban lifted on new karaoke parlors，discos（第 103/2009/ND-CP 号法令：对卡拉 OK 厅、迪斯科舞厅取消禁令）［EB/OL］.（2009-11-27）［2019-06-08］. http://vietnamlawmagazine.vn/decree-no-103-2009-nd-cp-ban-lifted-on-new-karaoke-parlors-discos-2940.html.

二、赌博业

越南游戏行业正变得越来越热，开发商已向当局提交了许多申请，以批准建设和经营度假综合体。

在成功完成数百万美元的 Silver Shores Hoang Dat 项目之后，许多价值数十亿美元的项目也纷纷效仿。2008 年，亚洲海岸开发（加拿大）有限公司获得了投资证书，以开发拉斯维加斯式赌场度假村。同时，总部位于美国的 Winvest Investment LLC 也获得了开发 40 亿美元综合度假村的投资证书。2009 年，亚洲酒店业巨头云顶集团与越南合作伙伴 VinaCapital 成立合资企业，开发价值 40 亿美元的博彩综合度假村。

（一）对赌场业务的规定和政策相互冲突不一致

目前，越南法律一般考虑到对社会的有害影响，禁止赌博和博彩活动，特别是商法及其第 59/2006/ND-CP 号指导性法令规定，禁止以任何形式组织赌博活动。此外，详细列举企业法若干条款的第 102/2010/ND-CP 号法令将赌博组织（以任何形式）列为禁止的业务。

然而，第 108/2006/ND-CP 号法令提供了详细的规定，详细说明和指导了投资法的若干条款，并未将赌博业务列入外国投资者的禁止投资领域。在越南的入世承诺中，未提及赌博和博彩服务（CPC 96492），但电子游戏业务则不是。虽然并未承诺电子游戏商业服务跨境供应，但在越南的商业主体可以与越南合作伙伴以合作或合资的形式获得此类业务的许可。

这个行业的高额利润和其他衍生优势引起了政策制定者的关注，决策者们正在考虑开放市场的方式。无论法律架构如何不一致，政府的确允许开放了特定类型的赌博业务。2003 年 2 月 27 日，总理发布了第 32/2003/QD-TTg 号决定，颁布了关于外国人射幸电子游戏业务的条例（第 32 号决定），到目前为止该决定仍然是规范越南的赌场业务的关键文件。

综上，可以看出规范赌博业务的不同法律文件之间缺乏一致性，因此，很难确定在越南境内是否允许赌博业务。法律制度中的这个漏洞给行政机构及从事这项业务的组织造成了极大的尴尬。

（二）缺乏关于该业务的具体规定

虽然大多数开放赌场行业的国家都有错综复杂的法律框架，但越南目前只有一项法律规范赌场行业，即第 32 号决定（第 32/2003/QD-TTg 号决定）。

由于缺乏详细的规定，外国投资者在越南开展项目和经营赌场业务时感到不知所措。具体来说，越南的法律没有规定赌金是否可以连接到赌场的银行账户，因此所有玩家都必须带现金在越南的赌场玩。对于花费数十万美元和更多的 VIP 玩家来说，现金成为主要问题。赌场入口安装自动取款机是大多数赌场的临时解决方案，但无法解决与海关申报有关的问题。根据 2011 年 8 月 12 日的第 15/2011/TT-NHNN 号通告，在进出越南时以现金持有外币和越南盾的个人，如果携带5 000美元（等量或更多）进入或离开越南，则必须进行海关申报。很明显，这项规定给赢得5 000美元以上奖金、希望能够出国旅行的人带来许多困难。

尽管上述规定相互矛盾，但仍有许多赌场项目正在实施，并等待政府批准。越南官员和专家明白，为这些活动建立适当的法律框架将有助于减少非法赌博可能带来的意外后果。此外，赌场帮助吸引外国游客，并帮助具有巨大旅游潜力的孤立的经济区和地区发展经济和创造就业机会。目前，财政部正在起草和收集关于提供游戏业务管理的法令草案的意见。根据该法令草案，博彩业务的所有活动将被纳入有条件的企业名单。此外，对于此项业务中的违规行为，将会有专门的制裁来保证投资者的合规。❶

三、儿童保护

2016 年 4 月 5 日，国会通过一项法律为越南的儿童提供了法律保障，并根据《联合国公约》的精神制定了党、国家和政府为保障儿童权利而实施的准则和政策，这为提高预防、控制、检测和处理虐待儿童的效率奠定了坚实的法律基础。法律规定了确保各种儿童权利的条例，如隐私权、与父母同住的权利、被采纳的权利，以及受保护的权利。❷

2017 年 5 月 9 日，第 56 号政府法令中详细列出了儿童法的一些条款。在互联网上发布孩子的私人信息，网络服务提供者和个人必须得到其父母或监护人的许可，如孩子满 7 岁，还应得到孩子的允许。因此，7 岁以上的儿童及其父母或监护人可以要求提供者删除这些儿童在互联网上的所有相关图像和

❶ Victor Viet Anh Tran. Regulations on casino business in Vietnam（越南赌场业法规）［EB/OL］.（2012-08-28）［2019-06-08］. http://vietnamlawmagazine.vn/regulations-on-casino-business-in-vietnam-3623.html.

❷ VNS/VLLF. New child law comes into effect（新儿童法生效）［EB/OL］.（2017-06-02）［2019-06-08］. http://vietnamlawmagazine.vn/new-child-law-comes-into-effect-5879.html.

个人信息，以确保他们的安全和利益。

网络服务提供商还有义务采取技术措施和工具来保护儿童在互联网上的个人信息，同时发布一系列关于儿童安全的在线产品和服务清单，并为儿童删除所有不适合的图像和内容。第56号法令还明确了家庭、学校、企业、社区和国家管理机构、其他个人和组织的责任，保护儿童远离网络危险。

此外，在线游戏提供商需要建立控制时间、保护儿童免受游戏成瘾和滥用的机制。❶

四、结算

2012年6月19日，信息通信部和文化体育旅游部的第07/2012/TTLT-BTTTT-BVHTTDL联合通函发布，其中规定了中间服务提供商对版权及相关保护的责任、互联网和电信网络业务中的权利。

服务提供商包括互联网服务提供商、电信业务、数字信息缓存租赁服务提供商（包括网站服务器租赁）。在线社交网络服务提供商和数字信息搜索服务提供商有责任根据国家主管机构的要求，提供有关其雇用客户和其他中介服务用户的信息。

平台服务提供者将直接承担以下违规行为的损害赔偿责任：作为未经版权所有者许可，通过互联网和电信网络发布、传输或提供数字信息内容的来源；未经版权所有者许可，以任何方式编辑或复制数字信息内容；故意中止或规避版权所有人为保护版权和相关权而采取的技术措施；充当侵犯版权和相关权获得的数字信息内容的二级分销商。

与此同时，这些提供商必须在收到信息通信部、文化体育旅游部或另一个主管国家机关视察员的书面请求时，应删除侵犯版权和相关权的数字信息内容，暂停或断开互联网或电信线路。此外，他们有义务对有意侵犯版权和相关权利可能性的在线社交网络用户发出民事损害赔偿责任的警告，以及行政制裁或刑事起诉。❷

---

❶ VLLF. Decree set to protect children from online dangers（保护儿童网络威胁法令）［EB/OL］.（2017-05-18）［2019-06-08］. http://vietnamlawmagazine.vn/decree-set-to-protect-children-from-online-dangers-5859.html.

❷ VNL_ KH1. Joint Circular No. 07/2012/TTLT - BTTTT - BVHTTDL: Online copyright protection strengthened（第07/2012/TTLT-BTTTT-BVHTTDL号联合通告：加强在线版权保护）［EB/OL］.（2012-07-30）［2019-06-08］. http://vietnamlawmagazine.vn/joint-circular-no-07-2012-ttlt-bttt-bvhttdl-online-copyright-protection-strengthened-3137.html.

据工信部2014年电子商务报告显示，42%的越南网上购物者担心他们的个人信息安全，这在网上购物者的担心问题中排名第四。尤其是个人信息安全因跨境交易数量增加而变得更加复杂，这给执法机构追查和调查信息以解决投诉带来困难。

越南2013年《宪法》第21条规定保障隐私，个人隐私和家庭秘密不可侵犯。这一权利在2005年《民法》第38条中也被确认为重要的公民权利。

“个人信息”指帮助识别特定人员的信息，包括姓名、年龄、家庭住址、电话号码、医疗信息、银行账号、个人支付交易信息，以及其他个人希望保密的信息。根据电子商务的第52/2013/ND-CP号政府法令第3条第13款，“个人信息”不包括工作联系信息和个人自己在大众媒体上发布的信息。第183/2013/ND-CP号法令第3条第12款对关于制造和交易假冒和禁止物品行为的行政制裁定义为：“消费者的个人隐私是指与消费者或相关组织或其他个人已采用安全措施相关的消费者的信息，如果未经他们的同意而披露或使用，将会对健康、生命、财产或其他身体或心理造成负面影响、消费者的损害赔偿。”

为确保个人信息安全，越南2005年《电子交易法》第46条第2款规定，各机构、组织和个人不得使用、提供或披露、交易其访问或控制的私人和个人事务的信息，除非法律另有规定。

2010年《消费者权益保护法》第6条规定：“消费者在参与交易和使用商品或服务时，应保证其信息的安全和保密，除非主管国家机关要求提供信息。”

为确保个人信息安全，2006年《信息技术法》第21条、第22条及第52/2013/ND-CP号法令第68条至第73条关于电子商务的具体规定也已实施，因此收集和使用消费者个人信息的组织和个人必须事先征得消费者的同意，并且必须按照约定的目的和范围使用这些信息。信息收集者应当依法履行义务，包括确保收集和储存个人信息的安全，防止非法获取、使用、修改和销毁这些信息。

在未经用户事先同意的情况下窃取、使用、披露、转让和销售个人信息将被视为违反个人信息保护法。违法者将被处以罚款或者受到刑事处罚。根据第185/2013/ND-CP号法令，违反消费者个人信息保护法将被罚款高达2 000万越南盾，而违反电子商务活动中保护个人信息的法律将被罚款500万至3 000万越南盾。盗窃、使用、披露、转让和出售与贸易商和其他组织有关的商业秘密信息或消费者个人信息的，罚款3 000万至4 000万越南盾。

关于刑事指控，修改刑法若干条款的第 37/2009/QH12 号法令第 27 条规定，未经此类信息所有者许可，交易、交换、赠予、修改或发布其他机构、组织和个人的计算机网络、电信网络和互联网合法私人信息的，将处以 3 年以下的监禁。

《信息安全法草案》第 28 条至第 32 条规定了保护互联网个人信息收集、使用、更新、修改和删除的原则，以及国家管理机关在这一领域的职责。关于保护个人信息安全，法律草案有一项重要规定，即个人必须负责保护其个人信息，并遵守关于使用在线服务时提供个人信息的规定。

修订后的《民法典最新草案》还引入了关于个人隐私权利的新规定，其中由主管国家机构规定，收集、使用和发布与隐私和个人机密有关的信息和资料必须事先征得有关人员的同意。通信、电话、电传和其他形式的个人电子文件的安全性和保密性受到保护。[1]

根据越南国家银行 2017 年发布的通告草案，用于提供网上银行服务的信息技术基础设施需要有版权和明确的来源。如果制造商不再提供帮助，或者因安装最新版本的软件而过时，银行必须按照制造商的通知进行升级或更换计划。网上银行服务系统必须被评为最重要的信息技术系统，并符合 SBV 关于保证银行业信息技术系统安全的规定。根据草案要求，网上银行服务提供系统必须能够保护客户信息，并确保客户交易数据的完整性。

通告草案还规定了网上交易的四个类别的限制。就个人客户而言，A 类交易限额不超过5 000万越南盾，B 类交易限额不超过 2 亿越南盾，C 类交易限额不超过 5 亿越南盾，D 类交易限额不超过 5 亿越南盾；对于机构客户而言，B 类、C 类或 D 类交易的限额分别为 5 亿越南盾、15 亿越南盾、15 亿越南盾。对于 D 类交易，银行必须至少采取以下认证措施之一：数字签名，客户的生物认证标志包括面部特征、视网膜、语音和脉搏，以及经越南国家银行批准的等效或更高标准和安全等级的其他认证措施。[2]

---

[1] Dinh Thi Lan Anh. The right to personal information security in Vietnam（越南个人信息安全权）[EB/OL].（2015-08-19）[2019-06-08]. http://vietnamlawmagazine.vn/the-right-to-personal-information-security-in-vietnam-4946.html.

[2] VLLF. Draft rule aims to better manage internet banking service providers（草案旨在更好地管理互联网服务提供商）[EB/OL].（2017-01-10）[2019-06-08]. http://vietnamlawmagazine.vn/draft-rule-aims-to-better-manage-internet-banking-service-providers-5687.html.

五、文化、体育、旅游和广告行政违法行为处罚法（选译）

《文化、体育、旅游和广告行政违法行为处罚法》于 2013 年 11 月 12 日公布实施，即第 158/2013/ND-CP 号法令。

第 1 条 （管理范围）1. 本法具体规定了对文化、体育、旅游和广告违规行为的行政处罚、补救措施，以及对行政违法行为实施处罚的权力。

2. 涉及文化、体育、旅游和广告的行政违规行为如下：

①与文化有关的违规行为；

②与体育有关的违规行为；

③与旅游有关的违规行为；

④与广告有关的违规行为。

3. 本法令未提及的文化、体育、旅游、广告行政违法行为的处罚，适用其他行政处罚决定。

……

第 4 条 （违反电影制作规定的行为）1. 对于下列违规行为之一，将处以 500 万越南盾至1 000万越南盾的罚款：

①伪造联合制作电影许可证；

②制作关于未经其许可的涉及个人生活的电影。

2. 制作诽谤或损害其他组织声誉或其他个人尊严的电影，将被处以1 000万越南盾至2 000万越南盾的罚款。

3. 因下列违规行为之一，将被处以2 000万越南盾至3 000万越南盾的罚款：

①违反电影制作合作的许可，进行电影联合制作服务；

②将禁止广告的商品添加到已获批准的电影中；

③将色情或暴力内容添加到已获批准的电影中；

④延长或剪辑已获批准的电影。

4. 对于下列违法行为之一，将处以3 000万越南盾至4 000万越南盾的罚款：

①制作有色情内容，煽动暴力、放荡、破坏环境或有违越南优良传统的电影；

②在没有许可证的情况下提供电影制作服务或联合制作电影；

③在没有许可证的情况下提供电影制作服务或联合制作的电影作品；

④未能设立理事会评审剧本。

……

第 13 条 （违反艺术表演和时装表演条例）1. 对于下列违法行为之一，处以 100 万越南盾至 300 万越南盾罚款：

①未将艺术或时装表演的内容通知展会所在地的主管当局；

②未将在越南法律下运作的外国组织的艺术或时装表演的内容通知其总部所在地的主管当局。

2. 擅自更改歌词、对话，增加除批准动作之外的其他动作，应处以 300 万越南盾至 500 万越南盾的罚款。

3. 对于以下违规行为之一，将处以 500 万越南盾至1 000万越南盾的罚款：

①违反许可举办艺术或时装表演；

②用录音带替换表演者的声音或独奏乐器；

③该节目中使用有违越南优良传统的服饰或化妆品；

④未经主管当局许可，从上午 12 点至晚 8 点举办艺术或时装表演。

4. 对于以下违规行为之一，将处以1 000万越南盾至1 500万越南盾的罚款：

①无许可证举办艺术或时装表演；

②在演出过程中发生有违越南优良传统或有影响外交关系的不当行为；

③表演未经批准的艺术作品。

5. 对于下列违规行为之一，将处以1 500万越南盾至2 000万越南盾的罚款：

①允许外国组织、外国人或越南公民在违反许可证的情况下参加时装表演或艺术表演；

②允许主管当局禁止或暂停艺术表演资格的人在节目中表演；

③出售、购买、转让、伪造、出借、出租许可证以举办艺术展或时装表演；

④未经许可参加艺术展、时装表演或海外竞赛（如果法律强制许可）。

6. 有以下违规行为之一，将被处以2 000万越南盾至2 500万越南盾的罚款：

①允许境外机构、外国人或居住在国外的越南公民，在无许可证的情况下参与时装秀中的表演；

②允许表演者在没有许可证的情况下参加海外的艺术或时装表演。

7. 对于涉及放荡、有违越南优良传统，或意图损害其他组织声誉或侮辱他人的表演，将被处以2 500万越南盾至3 000万越南盾的罚款。

8. 对于包含色情内容、煽动暴力或被禁作品的表演，将被处以3 000万越南盾至3 500万越南盾的罚款。

9. 有下列行为之一的表演者，禁止演出 3 个月至 6 个月：

①在艺术或时装表演中，表演鼓励放荡、有违越南优良传统或可能损害其他组织的声誉或侮辱他人的作品；

②表演包含色情内容、煽动暴力或被禁止的作品。

10. 额外的处罚：

①实施本条第 3 款第②项和第③项、第 4 款第②项所述行为的表演者，应禁止演出 1 个月至 3 个月；

②实施本条第 7 款和第 8 款所述行为的组织应被禁止举办展览 1 个月至 3 个月。

……

第 15 条 （违反文化和生活方式的规定）1. 在节日期间或历史遗址等不适当的地方烧香纸，将被处以 20 万越南盾至 50 万越南盾的罚款。

2. 对于以下违规行为之一，将处以 300 万越南盾至 500 万越南盾的罚款：

①伪装为算命等迷信活动，赚取非法利润；

②将国旗悬挂在节日区域的较低位置或不正确的地方。

3. 有损健康、人的尊严和对越南文化传统有不利影响的，将被处以 500 万越南盾至1 000万越南盾的罚款。

4. 补救措施：将非法活动所得利润强制转入政府预算，适用于本条第 2 款的违规行为。

……

第 18 条 （违反电子游戏制作和流通规定）1. 对于提供色情内容或煽动暴力的视频游戏，将处以 500 万越南盾至1 000万越南盾的罚款。

2. 对于下列违规行为，将处以1 000万越南盾至1 500万越南盾的罚款：

①提供色情电子游戏；

②出售、租借色情内容、会引发暴力或变态行为的电子游戏。

3. 对于提供色情内容或煽动暴力的电子游戏，将处以1 500万越南盾至2 000万越南盾的罚款。

4. 制作展示变态内容电子游戏的，处以2 000万越南盾至2 500万越南盾的罚款。

5. 补救措施：

①强制销毁本条第 1 款、第 2 款、第 3 款和第 4 款所述的违法物品；

②将非法活动所得利润强制转入政府预算，适用于本条第 2 款第②项的违规行为。

……

第 19 条　（违反禁止举办文化活动或提供公共文化服务的规定）1. 对于以下违规行为之一，将处以 300 万越南盾至 500 万越南盾的罚款：

①超过规定人数雇用工作人员为卡拉 OK 室服务；

②在舞蹈俱乐部、舞池、卡拉 OK 餐厅、旅游住宿、餐厅或其他提供公共文化服务的场所放置色情、暴力图片或物品。

2. 对于以下违规行为之一，将处以 500 万越南盾至1 000万越南盾的罚款：

①出售含有色情内容的图片，引发暴力或变态行为；

②在非允许的时间内进入卡拉 OK 厅、酒吧或进行其他娱乐形式。

3. 对于以下违规行为之一，将处以1 000万越南盾至1 500万越南盾的罚款：

①在舞蹈俱乐部、舞池、卡拉 OK 餐厅、旅游住宿、餐厅或其他提供公共文化服务的场所提供色情服务；

②组织舞蹈俱乐部超过允许的小时数。

4. 在不适宜的地方开设舞蹈俱乐部，将被处以1 500万越南盾至2 000万越南盾的罚款。

……

8. 补救措施：强制销毁本条第 1 款第②项和第 2 款所述的非法物品。

……

第 27 条　（违反海外艺术作品发布和发行条例）1. 未经许可，宣传和发行海外电影、美术、戏剧或音乐作品，将被处以1 500万越南盾至2 000万越南盾的罚款。

2. 未经许可（法律强制许可事项）宣传和发行海外电影、美术、戏剧或音乐作品，可处以2 000万越南盾至2 500万越南盾的罚款。

3. 在海外宣传和发行禁止的电影、美术、戏剧或音乐作品，将被处以2 500万越南盾至3 000万越南盾的罚款。

4. 对于在海外宣传或发行违禁艺术品，将被处以3 000万越南盾至4 000万越南盾的罚款。

……

第 50 条 （发布禁止广告的商品和服务处罚条例） 1. 有以下违规行为之一，处以4 000万越南盾至5 000万越南盾的罚款：

①烟草广告；

②酒精含量在 15% 以上商品的广告；

③暗示为 24 个月以下的婴儿牛奶代替母乳广告，6 个月以下儿童膳食补充剂、婴儿奶瓶和奶嘴广告；（鼓励母乳喂养）

④广告处方药，宣传主管部门限制或须在医生监督下使用的处方药；

⑤禁止广告的其他商品和服务。

2. 有以下违规行为之一，将处以7 000万越南盾至 1 亿越南盾的罚款：

①其他违禁商品和服务广告；

②色情产品广告；

③猎枪及其弹药、运动枪或煽动暴力的产品广告。

3. 补救措施：强制拆除本条第 1 款和第 2 款所述的广告。

第 51 条 （违反广告业禁止规定的行为） 1. 在公共场所悬挂、摆放、修理或涂装电灯箱、交通灯柱和树木上的广告时，将处以 100 万越南盾至 200 万越南盾的罚款。

2. 对于下列违法行为之一，将处以1 000万越南盾至2 000万越南盾的罚款：

①在没有合法书面证据的情况下，使用“最好”“唯一”“第一”或具有相似含义词汇的任何广告；

②使用影响景观、交通安全或社会秩序的广告，本法第 63 条和第 66 条的第 1 款所述情况除外；

③使用种族主义或仇恨，侵犯宗教自由，性别歧视或歧视残疾人的广告；

④强迫或违背其他组织或个人意愿宣传或发布广告。

3. 对下列其中一项违规行为，将处以2 000万越南盾至3 000万越南盾的罚款：

①侵犯知识产权的广告商品和服务；

②未经原作者同意，在广告中擅自使用图片或文字，但法律允许的情况除外。

4. 对下列其中一项违规行为，将处以3 000万越南盾至4 000万越南盾的罚款：

①使用广告损害另一组织的声誉或侮辱他人的；

②使用包含与其他产品或服务的实体价格、质量和效果的广告进行比

较的；

③使用危害儿童，或违反道德价值观或优良传统的广告，对儿童的健康、安全或正常发育产生负面影响的；

④使用有违越南历史、文化、道德价值观和优良传统的虚假信息的广告。

5. 对以下违规行为之一，将处以5 000万越南盾至7 000万越南盾的罚款：

①使用含有产品质量、效果、品牌名称、设计、类别、包装、产地、地理标志、服务方法、保质期、到期日期、保修期的虚假信息的广告；

②使用广告引起公众、消费者或客户把所宣传的产品与另一组织、个人的产品混淆，或者对广告产品的特征或效果产生混淆的（例外规定：本法第4条第6款、第3款，第69条和第70条第4款）；

③使用对制造商、销售商或广告观众造成损害的广告；

④广告中未完整显示越南领土的地图。

6. 对以下违规行为之一，将处以7 000万越南盾至9 000万越南盾的罚款：

①使用泄露国家机密的广告；

②使用贬低国旗、国徽、国歌或社会主义国歌庄重性的广告（例外规定：本法令第63条第2款第②项）；

③贬低民族英雄、文化名人、国家或党领导人的广告，本法第63条第2款第②项所述情况除外。

第52条　（违反广告词语使用规定的行为）1. 对于以下违规行为之一，将处以500万越南盾至1 000万越南盾的罚款：

①广告商品和服务不使用越南语，但品牌名称、标语为外文专有名称的不能用任何越南文字取代，越南少数民族语言的书籍、报纸、网站和其他出版物，越南民族语言和外语广播、电视节目；

②外语文字超过越南语文字比例的3/4，并且在同一广告中同时使用越南语和外语，越南语文本不得放置在外语文本的下方；

③越南语文本未在广播、电视或其他视听广告中的同一广告中的外语文本之前播出，除了第68条第2款、第69条第2款和第70条第1款的情况。

……

第54条　违反雇佣广告服务的规定，雇用越南广告商宣传外国公司的产品、服务或机构的，处以3 000万越南盾至5 000万越南盾的罚款。

第55条　（违反网络报刊和网站广告管理规定的）1. 对于下列违法行为之一，将处以200万越南盾至500万越南盾的罚款：

①越南广告商未报告其为提供跨境广告服务的外国实体网站所有者的名

称和地址；

②越南广告商未能报告为外国实体网站的所有者提供跨境广告服务的事项的。

2. 将广告与新闻混合，处以 500 万越南盾至1 000万越南盾罚款。

3. 对下列违规行为之一，将处以1 000万越南盾至1 500万越南盾的罚款：

①未能允许读者主动开启和关闭浮动广告；

②浮动广告未能在 1.5 秒内关闭或开启。

4. 补救措施：强制删除本条第 2 款提及的广告。

第 56 条 （违反电子设备、终端设备和其他电信设备上的广告法规）

1. 对于以下违规行为之一，将处以1 000万越南盾至1 500万越南盾的罚款：

①未经收件人同意，发送包含某些产品或服务信息的电子邮件或邮件；

②未经收件人事先同意，发送广告信息或电子邮件；

③发送广告信息或电子邮件，没有为收件人提供如何拒绝这些信息的充分说明；

④在没有发件人或传输服务提供商的足够信息的情况下，发送广告信息或电子邮件；

⑤收件人拒绝时，仍发送广告信息或电子邮件；

⑥收件人不能发送拒绝通知。

2. 对于电信服务提供商所犯下列违法行为之一，将处以1 500万越南盾至2 000万越南盾的罚款：

①从晚上 10 点至次日上午 7 点之间发送广告信息；

②除非收件人另有约定，在 24 小时内向同一电话号码或电子邮件地址发送超过 3 封电子邮件或发送超过 3 条广告信息。

六、关于互联网服务和在线信息的管理、提供和使用规定* （选译）

第 1 条 （管理范围）本法令详细说明了组织和个人在互联网服务、在线信息和网络游戏的管理、提供和使用；确保信息安全和保障；参与管理、提供和使用互联网服务，在线信息和网络游戏及保证信息安全中的权利和义务。

……

* 2013 年 7 月 15 日，第 72/2013/ND-CP 号法令。

第3条　（条款解释）在本法令中，以下条款解释如下：

1. 网络是指电信网络（固定、移动、互联网）和计算机网络（广域网，局域 WAN、LAN）。

2. 互联网服务是指电信服务的一种形式，包括互联网接入服务和互联网内容服务：

①互联网接入服务是指为互联网用户提供互联网接入的服务；

②互联网内容服务是指允许互联网接入服务提供商和电信应用服务提供商互相连接、互联网上传等服务。

……

9. 网络游戏接入服务（以下简称“游戏服务”）是指向玩家提供互联网在线游戏的接入。

10. 网络游戏服务提供商（以下简称“游戏服务提供商”）是指根据越南法律成立，通过建立设备系统和合法使用游戏软件来提供游戏服务的企业。

11. 公共游戏场所是指组织或个人依法建立设备系统，为玩家接入互联网和电子游戏的场所。

12. 网络游戏玩家（以下简称“玩家”）是指与游戏服务提供商或公共游戏场所签订电子游戏合同的个人。

……

第4章　线上游戏

第31条　（网络游戏的管理）1. 网络游戏分类如下：

①按服务提供和使用方法：

A. 通过企业的游戏服务器系统，在跨服务器、多个玩家之间进行交互的电子游戏（以下简称“G1 游戏”）；

B. 玩家仅在游戏服务器系统之间进行交互的电子游戏（以下简称“G2 游戏”）；

C. 多个玩家之间与企业的游戏服务器系统之间没有交互的电子游戏（以下简称“G3 游戏”）；

D. 从互联网下载的单机电子游戏，没有玩家之间及玩家与游戏服务器系统之间的互动（以下简称“G4 游戏”）。

②按玩家的年龄和比赛内容、场景分类。信息和通信部将按规定电子游戏的分类。

2. 企业获得游戏服务许可后可以提供 G1 游戏，可以提供的游戏内容和场景由信息通信部门审核决定。

3. 企业在获得游戏服务注册登记证书后，可以提供 G2、G3 和 G4 游戏。

4. 为越南用户提供网络游戏服务的外国组织和个人应依照越南法律成立企业，根据本法令和外国投资法律提供网络游戏服务。

第 32 条 （许可提供 G1 游戏）1. 企业在满足以下条件时可提供在线游戏服务：

①根据越南法律成立，并拥有网络游戏提供服务注册证书；

②服务网站有注册域名；

③具有足够的财务和技术能力、组织结构和适合经营规模的人员；

④具备信息安全措施。

2. 企业可自行申请电子游戏 G1 许可证有效期，但不得超过 10 年。

3. 完全符合以下条件的企业，可申请游戏内容和场景审核：

①提供网络游戏服务的许可证的剩余有效期至少为 1 年。

②在线游戏的内容和场景：

A. 未违反本法令第 5 条第 1 款的规定；

B. 未包含令人恐惧的图像或声音，煽动暴力和残暴行为，庸俗、色情、淫秽、不道德的内容，违背传统伦理文化和民族风俗习惯，或歪曲和破坏历史的内容；

C. 未包含描述自杀，滥用毒品、酒精和烟草，恐怖的图像或声音，虐待儿童，其他有害或被禁止行为的内容；

D. 满足信息和通信部制定的其他要求。

③符合信息和通信部的提供在线游戏服务的技术要求。

4. 信息和通信部应明确“授予、修改、延长、撤销和重新授予”提供在线游戏服务和游戏内容、场景之许可证的条件、途径和程序。

5. 财政部应规定提供网络游戏服务许可费用及评估游戏内容和场景的费用，并与信息和通信部协调。

第 33 条 （提供 G2、G3、G4 游戏服务的注册）1. 注册提供在线游戏服务的条件：

①根据越南法律成立企业，并拥有提供网络游戏服务的许可注册证书；

②服务网站有注册域名；

③具有足够的财务和技术能力，组织结构和适合经营规模的人员；

④采取措施确保信息安全。

2. 信息和通信部应规定在线游戏服务注册和公告的条件、途径和程序。

第 34 条　（网络游戏服务提供者的权利和义务）网络游戏服务提供商有以下权利和义务：

1. 由电信企业负责提供服务的设备系统与公用电信网络连接。

2. 根据主管地方政府的要求，至少有一个接受检查、监督、存储和提供信息的服务器位于越南境内，按照信息和通信部的规定解决客户对服务提出的投诉。

3. 建立游戏相关主页，充分显示以下信息：

①按玩家年龄进行的电子游戏分类；

②每个电子游戏的用户协议；

③电子游戏信息和活动管理的条例；

④解决玩家与企业之间及玩家之间的投诉和争议的用户协议。

4. 针对游戏的负面影响采取如下限制措施：

①在广告、企业网站及每个游戏中提供方案及批准（G1 游戏），以及公告（G2、G3 和 G4 游戏）的信息，包括名称、按年龄划分类别，提示游戏可能对玩家的身心健康产生意外影响的建议；

②注册 G1 游戏玩家的个人信息；按照信息和通信部的指导，限制儿童及 18 岁以下玩家的游戏时间。

5. 根据公布的电子游戏用户协议确保玩家的合法利益；负责收费，保证服务质量和信息安全；解决玩家与企业之间及玩家之间的投诉和争议。

6. 遵守信息和通信部有关虚拟物品（电子游戏制作者制定的用户协议中的物品或角色的图形、图像）和奖励分数（奖励等同于玩家在线游戏中奖励形式的得分）。

7. 暂停在线游戏服务运营的，必须在预计暂停日期前至少 90 天在游戏网站上公布；采取确保玩家利益的措施；在正式暂停日期前 15 天向信息和通信部报送上述内容的书面报告。

8. 根据信息和通信部的规定，对玩家之间的信息交换内容采取技术措施进行管理。

9. 不得在论坛、新闻和其他大众媒体组织机构和企业网站上，发布尚未按规定公布的 G1 游戏，尚未获得批准的 G2 游戏、G3 游戏、G4 游戏中的内容和场景。

10. 支付许可费和评估 G1 游戏内容和场景的费用。

11. 按照信息和通信部的规定定期和不定期发送报告。

12. 接受国家主管机构的检查和违规处理。

第 35 条 （公共博彩场所的经营条件）1. 组织和个人在获得运营公共博彩点的资格证书后方可设立公共博彩场所。

2. 完全符合以下条件的组织和个人，可获得经营公共博彩点的资格证书：

①注册公共博彩场所；

②公共游戏场所距离小学和大、中学校门口至少 200 米；

③显示“公共游戏场所”的标志、名称、地址、电话号码和商业登记号码；

④公共游戏场所的计算机房总面积至少为 50 平方米，适用于特殊类、Ⅰ类、Ⅱ类和Ⅲ类城市区域，至少 40 平方米的Ⅳ类和Ⅴ类城市区域，其他地区至少 30 平方米；

⑤根据公安部防火防爆的规定，设置防火防爆设备；

⑥支付授予运营公共博彩场所资格证书的费用。

3. 信息和通信部应规定授予、修改、延期、撤销和重新授予公共博彩场所经营资格证书的途径和程序。

4. 省、中心城市人民委员会可根据当地实际情况，指定省级信息通信部门或者地区级人民委员授予、修改、撤销、延期和重新授予公共博彩场所的资格证书，并指导对当地公共博彩场所违规行为的检查和监督及处理违法行为。

5. 财政部设定授予公共博彩场所经营资格证书的费用标准，并与通信部协调。

第 36 条 （公共博彩场所所有者的权利和义务）公共博彩场所的所有者有以下权利和义务：

1. 在经营公共博彩场所的资格证书上所写明的位置安装设备以提供在线游戏服务。

2. 在与互联网接入服务提供商签署互联网代理合同后，接入互联网服务。

3. 在显著位置上发布关于使用在线游戏服务的规定，展示本法令第 5 条规定的禁止事项及本法令第 37 条规定的玩家的权利和义务。

4. 将更新的 G1 游戏列表（其内容和场景已获批准）及按年龄划分游戏类别（更新信息和通信部网站：www.mic.gov.vn）于游戏场所公示。

5. 禁止允许互联网用户在商业场所使用电脑实施本法令第 5 条规定的禁止行为。

6. 要求签署互联网代理合同的企业提供有关互联网接入服务的说明和信息；接受该企业的检查和监督。

7. 参加国家管理机构和企业举办的互联网和电子游戏培训班。

8. 禁止在晚上 10 点至早上 8 点之间使用。

9. 遵守《信息安全和保护条例》。

10. 接受国家主管机构的检查、监督和违规处理。

第 37 条 （玩家的权利和义务）玩家有以下权利和义务：

1. 玩电子游戏，除法律禁止的游戏外。

2. 本法令第 10 条规定的互联网用户的权利和义务。

3. 选择适合其年龄的电子游戏。

4. 禁止滥用电子游戏实施违法行为。

5. 遵守信息和通信部的要求，注册个人信息。

6. 遵守关于公共博彩场所的比赛时间和开放时间的规定。

7. 依据游戏服务提供商的电子游戏用户协议和提供商网站上发布的投诉和争议解决规则保护自己的利益。

第 5 章 信息安全和安全保证

第 38 条 （信息安全保障原则）1. 互联网服务提供商和用户及在线信息提供商负责确保其信息系统内的信息安全；与国家主管部门和其他组织、个人合作，确保网上信息安全。

2. 确保在线信息安全和保障的活动必须遵守《信息安全标准和技术法规》及《电信法和互联网服务质量法》，定期、持续和有效地开展。

第 39 条 （国家管理信息安全和安全责任）1. 信息和通信部应做好以下工作：

①发布或者报送国家主管部门颁布、组织实施的信息安全法律文件、战略、总体规划、标准和技术规范；

②培养和发展人力资源，开展信息安全保证技术的科学研究和应用；

③在信息安全保证方面开展国际合作；

④进行检查和监督，解决争议、投诉和谴责，并处理违反《信息安全保证法》的行为；指导、执行、协调确保各部委、机构、地方和企业信息安全任务的单位的活动；

⑤协调公安部门，指导电信企业、互联网服务提供商和公共在线信息服务提供商准备位置、连接端口和必要的技术措施，以确保信息安全的执行；

⑥在互联网上运营的，提供 G1 游戏玩家和其他服务用户个人信息的注册、存储和使用，并通过公安部人民身份证上的数据库进行核验。

2. 公安部应做好以下工作：

①发布或者报送国家主管部门颁布、组织实施的信息安全法律文件；

②培养和发展人力资源，开展信息安全保证技术的科学研究和应用；

③在信息安全保证方面开展国际合作；

④进行检查和监督，解决争端、投诉和谴责，并处理违反《信息安全保证法》的行为；组织、指导信息与文件的收集、检测，调查和处理与互联网服务有关的犯罪行为及侵犯国家安全、社会秩序和安全、国家机密或网络信息的犯罪行为；

⑤组织开发和建立公民身份证数据库，以便与在线服务提供者对接，以核实个人信息、方便管理、提供和使用在线信息及提供服务。

3. 国防部—政府密码局应做好以下工作：

①制定并提出密码法律文件的颁布，以确保信息安全；

②管理信息安全法规的研究、生产、交易和使用；

③使用信息安全法规对产品进行标准或法规合规性检查、评估和认证。

4. 教育部应做好以下工作：

①传播并为学生互联网提供指导，为学生创造利用互联网学习、生活和为家庭提供有用和实际帮助的条件；

②采取措施警告和监督学生，以保护他们免受互联网上有害的信息、应用程序的负面影响；

③为信息和通信技术大学、学院进行信息安全培训。

5. 劳动、战争、残疾和社会事务部应采取措施，保护儿童、青少年免受互联网上的有害信息和应用。

6. 各部委、部委下属机构和政府附属机构应在其任务范围内，与信息和通信部、公安部协调，负责国家信息安全和安全管理工作。

7. 省级人民委员会在其任务范围内，负责信息安全和国家安全管理工作。

第 40 条 （管理信息安全标准和技术规范）1. 信息系统安全技术规范（规范符合性认证）合规认证，是指信息系统符合信息和通信部颁布的信息安全技术规定、信息和通信部规定的强制性信息安全标准的认证。

2. 信息系统与信息安全技术规范（规范符合性公告）合规公告，是指组织或企业发布的信息系统符合信息安全标准和技术规则的声明。

3. 信息系统的所有者应按照信息和通信部的规定，进行法规合规认证，发布合规公告。

4. 符合信息安全技术规范认证的组织，为信息和通信部及其认可的、开展法规符合性认证的非业务技术服务单位。

5. 信息和通信部应规定符合信息安全条例的认证和公告细则，公布一系列符合法规符合性认证和公告的信息系统清单，并任命和认可合格认证机构。

第 41 条　（提供信息安全服务）1. 信息安全服务是由组织和个人提供的保护信息和信息系统的服务，包括对信息系统和相关服务的咨询、检查、评估和监督。

2. 信息和通信部将详细指导信息安全服务。

第 42 条　（信息系统的分类）1. 信息系统评级是指评估和确定这些信息系统对整个信息和通信基础设施的运作、经济和社会发展、安全和国防保障的重要性，以便制定确保信息安全和安全的解决方案。

2. 信息和通信部将负责协调公安部及有关部委、机构，制定、颁布、组织信息系统分类法规、国家重要信息系统清单，确保国家重要信息系统信息安全。

第 43 条　（计算机应急处置）1. 计算机应急处置系指处理和解决影响在线信息安全的事件的活动。

2. 计算机应急处置的要求如下：

①快速、准确、及时、高效；

②遵守信息和通信部的指示；

③遵守越南和国际组织、企业之间的协议。

3. 各部委、部委机构、政府机构、电信企业、互联网服务提供商、负责管理和运营国家重要信息系统的组织，应组建或指派计算机应急处置小组（Computer Emergency Response Teams，CERT）与越南计算机紧急响应小组（Vietnam Computer Emergency Response Team，VNCERT）在其单位内采取行动并协调。

4. 信息和通信部制定并组织实施网络应急协调工作条例。

第 44 条　（相关组织和企业确保信息安全的义务）电信企业、互联网服务提供商、公众在线信息提供商和在线游戏服务提供商有如下义务：

①部署信息安全技术和操作系统；

②互联网代理商、公共互联网接入点和公共游戏场所应采取措施，确保信息安全；

③根据信息和通信部、公安部的要求，应为国家主要管理机构提供有关地址、连接端口，提供必要技术条件，以确保信息安全；

④发布并执行内部条例，运营、提供和使用服务的信息安全方面，接受

信息和通信部、公安部的联合管理。

七、关于修改第 72/2013/ND-CP 号《管理、提供和使用互联网服务和在线信息》政府法令的决定*（选译）

第 1 条 2013 年 7 月 15 日第 72/2013/ND-CP 号政府法令部分条款的修正案（以下简称第 72/2013/ND-CP 号）。

……

第 11 条 （修改）公共游戏中心是指组织和个人在上述地点通过建立设备系统，合法地向玩家提供互联网和电子游戏访问的场所，其中有：

①提供电子游戏的公共互联网接入：互联网机构；提供公共互联网接入的互联网服务商；在与互联网服务提供商签订互联网代理合同的酒店、餐馆、机场、咖啡厅和其他公共互联网接入场所。

②可访问互联网的局域网/广域网（LAN/WAN）游戏中心。

……

第 25 条 （增加）新通用顶级域名（gTLD）是由互联网地址分配机构管理局（ICANN）根据 gTLD 计划向全球的组织和个人提供，以便扩展域名系统的通用顶级域名。

第 26 条 （增加）“服务”是指“. vn”域名注册服务机构，允许实体在域名数据库和国家 DNS 系统的“. vn”域下创建、更新、维护和管理域名，其中有：

①注册和维护域名，确保域名和域名数据库的绝对安全；

②保存、报告并提供有关申请域名注册的组织或个人的信息；

③收集、支付域名费用。

第 27 条 （增加）“虚拟货币”（virtual currency）是电子游戏服务供应商通常用来交换、购买的虚拟物品、奖励积分和游戏技能工具。

第 28 条 （增加）与新 gTLD 和二级域名相关的国家利益保护是指为防止新 gTLD 和二级域名违反国家利益注册和使用而采取的措施。

……

第 9 条 （修改）1. 互联网机构有以下权利和义务：

①在持牌场所建立终端设备系统，为用户提供上网服务；

②张贴代表互联网代理商注册数量的“Đại lý Internet”（互联网代理）标志；

---

* 本决定就是第 27/2018/ND-CP 号政府法令。

互联网机构同时为博彩中心的，还应张贴本法令第35条规定的标志；

③明确本企业互联网服务的注意规定，尤其是本法令第5条规定的禁止行为及第10条中的互联网用户的权利和义务；

④根据互联网代理合同，提供相应质量和收费的互联网接入服务；提供在线游戏服务的互联网机构，也享有本法令第36条规定的游戏中心所有者的权利和义务；

⑤防止互联网用户使用计算机实施本法令第5条中的禁止行为；

⑥要求签署互联网代理合同的企业提供互联网接入服务的指引和信息，便于企业接受检查和监督；

⑦参加当地国家机构和互联网服务提供商提供的互联网培训课程；

⑧遵守信息安全的规定；

⑨不提供电子游戏的互联网机构应当遵守省或中央附属城市（以下简称“省”）人民委员会规定的营业时间；提供电子游戏的互联网机构应遵守本法令第8条第3款规定的营业时间。

……

第12a条　（保护越南在新gTLD下注册和使用新gTLD和二级域名的权益）

1. 与越南利益相关的新gTLD和二级域名包括域名，其中有：

①越南的名称和代称；

②越南各地名称或简称；

③根据越南法律的规定，位于越南海域、边界地区、内陆地区和空中边境地区的地理名称；

④省和中心城市的名称；

⑤越南教科文组织世界遗产名录中的名称；

⑥越南国家纪念碑和国家特别纪念碑、国宝、国家有形文化遗产和国家非物质文化遗产、国家标志和国家旅游景点的名称；

⑦党、监管机构和社会政治组织的名称；

⑧根据《越南国家安全和防务条例》需要保护的短语；

⑨越南人物、民族英雄和领袖的名字；

⑩总理规定的其他名称。

2. 党的各部门、各分支机构和监管机构在保护与域名有关国家利益方面的责任：

①信息和通信部将负责与相关实体合作：评估新gTLD域名和二级域名的注册和使用情况；根据本条第1款的规定，在注册或使用中可能侵犯国家利

益的域名时，配合 ICANN 或国际域名管理组织采取行动；

②党的各部门和监管机构应与信息和通信部及有关单位合作：按照本条第 1 款中规定，按照标准监督单位管理下的域名注册和使用情况制定名单；就提供注册使用域名的资金，必须根据有效利用国家预算以保护国家利益；根据信息和通信部的要求，参与评估注册要求并使用新 gTLD 域名和二级域名；

③财政部应评估并提供本条第 2 款规定的域名注册资金。

……

第 23 条 （申请发放许可证以建立新闻网站或社交网站）1. 申请建立新闻网站或社交网站的许可证，应提交的许可申请文件包括以下各项：

①附录 I 中的表格 23 建立新闻网站的许可申请表；

②以下文件的有效副本，包括从主登记簿中提取的副本、附有原件的经核证的真实副本或副本：工商登记证书，投资登记证书，设立决定（或有效的证书副本，在投资法第 67/2014/QH13 号法和第 68/2014/QH13 号企业法生效之日之前）、行动章程（在工会或协会的情况下）；

③申请人的商业计划应包含签署并盖章的有信息提供的目的，内容、预期栏目，官方信息来源，印刷的主页和关键栏目，人事、技术、信息管理和财务计划，保证新闻网站按照本法令②、③、④及第 5 条第 23 款的规定运作，越南 DNS 服务器所在地；

④接受信息提供者的通知，以证明信息来源是合法的；

……

第 31a 条 （电子游戏的年龄评级）1. 视频游戏按以下年龄组分类：

①适合成年人（18 岁以上，标记为“18 岁以上”）的电子游戏：存在武器战斗，但没有色情行为的声音或图像；

②适合青少年（12 岁以上，标记为“12 岁以上”）的电子游戏：存在武器战斗，没有近距离的武器图像，限制/减轻武器冲击声，无暴露皮肤特征的声音、行为、形象，无近距离显示人体敏感部位；

③适合每个人（标记为“00+”）的电子游戏：无武器战斗的动画卡通，无鬼魅、恐怖和暴力的形象、声音、行为，无暴露皮肤的角色、图像和声音，无近距离显示人体敏感部位。

2. 电子游戏服务供应商在电子游戏分级上的责任：

①按照本条第 1 款的规定，进行自分级；

②在视频游戏 G1 的授权应用程序中或在提供视频游戏 G2、G3 和 G4 的

公示中，标示电子游戏的评级，电子游戏分级是评估视频游戏 G1 的标准之一；

③当玩家运行电子游戏时，在广告窗口和设备屏幕的左上角应显示电子游戏年龄等级。

3. 如果 G2、G3、G4 电子游戏的年龄等级不符合本条第 1 款的规定，隶属于信息和通信部的广播、电视、电子信息司可要求游戏提供商在 10 个工作日内以书面形式修改评级。

如果游戏提供商未按要求修改评级，隶属于信息和通信部的广播、电视、电子信息司应采取措施保护玩家的利益，书面要求游戏提供商停止运营游戏。如果游戏提供商未在要求之日起 10 个工作日内停止运营游戏，则隶属于信息和通信部的广播、电视、电子信息司应撤销其电子游戏的相关资质证明。

第 32 条　（修改）第 1 款、第 2 款、第 3 款应予修改，第 3a 款应增加：

1. 符合下列条件，可获得电子游戏许可证：

①企业根据越南法律成立，其与线上博彩服务相关的业务线已登记于国家工商登记网站；

②注册域名；

③其财务、技术资源和合格人员足以符合本法令第 32 条规定；

④采取措施确保信息安全。

2. 企业可自行申请电子游戏 G1 许可证有效期，但不得超过 10 年。

3. 如果游戏提供商发生以下任何一种违规行为，信息和通信部将暂停其 3 个月提供在线电子游戏 G1 许可业务：

①违反本法令第 1 条第 5 款第 d 项、第 dd 项、第 e 项的规定；

②不符合本法令第 32b 条、第 32a 条规定的条件，发证机关以书面方式要求其予以纠正。

暂停许可程序应与本法令第 32k 条相同。

①如果组织或企业违反本法令第 5 条第 1 款第 b 项、第 c 项，或者属于本条第 3 款规定暂停执照情形的，发牌机关应吊销其游戏服务 G1 许可证。

撤销程序应与本法令第 32k 条相同。

②第 4 章中规定的短语“Điều kiệ”（条件）应被废止。

第 32a 条　（增加 G1 游戏负责人员的条件）1. 有明确的总部地址和电话号码。

2. 根据经营范围，有负责电子游戏管理的工作人员，1 名工作人员负责管理两台服务器。

第 32b 条 （增加有关 G1 电子游戏技术方面的条件）1. 电子游戏设备或系统必须符合以下条件：

①能够存储和更新玩家的完整信息，包括全名、出生日期、永久居留地址、身份证或护照号码、签发日期、签发地点、电话号码和电子邮件（如果有）。年龄小于 14 岁且未取得身份证或护照卡的玩家，应按本项规定由其法定监护人登记其个人信息。

②电子游戏的支付系统必须位于越南，并与越南支付企业相关联，确保准确和充分的更新和存储，并使玩家能够查询其支付账户的详细信息。

③上午 0 点到下午 24 点进行竞技时间管理，G1 电子游戏确保 18 岁以下玩家运行的每天 24 小时内总时间不超过 180 分钟。

④持续在广告或所有游戏界面公布电子游戏的分级；在游戏运行界面的显著位置持续发出警告"Chơi quá 180 phút một ngày sẽ ảnh hưởng xấu đến sức khỏe"（游戏超过 180 分钟将会严重损害您的健康）。

2. 制订计划以确保服务质量和玩家的利益。

3. 根据本法令第 2 条和第 23d 条，有游戏论坛内容（如有）的管理技术措施和制度。

4. 连接备份制度、数据库备份制度和设备到位，确保在系统发生故障时保证安全。

5. 制订确保玩家的人身安全、信息安全和个人隐私安全的详细计划。

第 32c 条 （增加 G1 电子游戏授权许可证的条件）1. G1 电子游戏授权许可证的条件如下：

①电子游戏的许可证有效期至少为 1 年。

②游戏内容不违反本法令第 1 条第 5 款；无谋杀、酷刑、煽动暴力、色情，违反国家的道德和文化传统、优良习俗，扭曲和摧毁历史传统，破坏领土主权和完整性，教唆自杀，使用毒品或酒精，吸烟，赌博，恐怖主义，虐待，贩运妇女和儿童及其他有害或被禁止行为的图像和声音。

③电子游戏内容的年龄分级适用于本法令第 31 条第 1 款、第 2 款规定。

2. 管理玩家账户的措施到位，符合以下要求：

①直接连接并同步玩家的信息管理系统；

②直接连接并同步游戏提供商的一般游戏服务支付系统；

③保持游戏存档的连续和准确更新，包括账户名称、游戏时间、虚拟物品所有权信息、虚拟货币和玩家奖励。

第 32d 条 （增加申请电子游戏 G1 牌照）电子游戏 G1 的许可申请包括

以下各项：

1. 使用附录Ⅰ中的表格15许可申请表格。

2. 有效副本包括从主登记册或经核证的真实副本中提取的副本或随工商登记证书原件附上的副本（或法律生效日期前签发的其他有效证书、等效许可证的有效副本关于第67/2014/QH13号投资和第68/2014/QH13号企业法）。

3. 符合国际域名规则，需要使用合法域名的认证。

4. 运营电子游戏G1的方案，至少包含以下内容：

①符合本法令第32条b、c、d款规定的服务和财务状况，人员和技术方面的计划。

②设备系统总体布局，系统位置设备。

③设备系统的详细信息，包括主要部分和备用部分，每个设备的名称、功能和预期配置。

④关于服务供应方法和范围的详情，连接互联网和电信网络的计划（企业名称、域名、IP地址，连接通道容量，游戏分销渠道）；越南支付服务提供商的游戏支付系统和详细计划（名称、连接方式、各方的权利和责任）。

⑤计划使用互联网资源。

⑥确保服务质量和玩家利益的计划。

⑦服务监管系统（硬件、软件）的详情，规划数据备份和设备连接有关的备份，运营、提供和使用服务的过程，保护玩家的隐私和个人信息的方案。

⑧保护玩家信息安全和个人信息的系统（硬件、软件）的详情，专门机构之间在确保信息安全和保障方面的合作。

第32e条 （增加颁发运营电子游戏G1的许可证）1. 申请者以如下方式提交一份由原始文件组成的申请，向信息和通信部下属的电子信息部门申请电子游戏G1的许可证：

①窗口提交；

②邮寄；

③通过互联网。

2. 在收到合格的申请之日起30个工作日内，信息和通信部将审查本协议附录Ⅰ中的第16号表格，发布G1电子游戏许可证。如果拒绝申请，信息和通信部必须提供书面解释。

第32f条 （增加电子游戏G1许可证的修改、更新或替换）1. 如果发生以下任何变化，许可证持有者应在10日内申请修改电子游戏G1许可证信息：

①更改许可证持有人的姓名；

②更改许可证持有人的法定代表人姓名。

许可证持有者既可以申请修改许可证，也可以重新申请电子游戏 G1 许可证。

2. 许可证持有者应提交一份由原始文件组成的申请，用于向信息和通信部下属的广播、电视和电子信息部申请修改电子游戏 G1 许可证：

①窗口提交；

②邮寄；

③通过互联网。

3. 修改许可证应提供电子游戏 G1 的申请包括以下内容：

①修改电子游戏 G1 许可证的申请表，规定要修改的事项及其原因；

……

③证明修改理由的文件。

4. 在收到合格申请后 10 个工作日内，信息和通信部将审查、颁发经过修改的许可证。如果申请被拒绝，信息和通信部必须提供书面解释。修改后的许可证的有效期与旧许可证的剩余有效期一致。

5. 在更改总部、营业场所、服务器托管地址之前 5 个工作日内，许可证持有人可无须修改许可证，但需要向隶属于执照持有者总部所在省的信息和通信部的广播电视部发送通知，告知许可证持有人的姓名、电子游戏 G1 许可证数量、相应调整。

当局应在收到通知之日起 7 个工作日内，向许可证持有人发送确认通知。

6. 在 G1 电子游戏许可持有者因企业法律分立、合并、收购等而改变公司结构的，资本结构变化导致更换持 30% 以上注册资本的出资人（或股东）的，必须在做出修改决定之日起 10 个工作日内，向信息和通信部下属的广播电视部及执照持有人所在省的信息和通信部发出通知。通知详情包括许可证持有人的姓名、电子游戏 G1 许可证数量、调整内容。

收到上述内容的部门应于 7 个工作日内回应提交者。

7. ①电子游戏 G1 许可证丢失、损毁、过期的，应予以替换。

A. 电子游戏 G1 许可证若丢失、损毁或过期，许可证持有人应向隶属于信息和通信部的广播电视部提交替换申请，申请可通过窗口、邮寄或网络提交。

B. 电子游戏 G1 许可证的替换申请应包括姓名、持证人地址、电话号码、地点、日期、原许可证生效日期、替换的原因、许可证持有人就申请中提供的信息做出声明。

C. 收悉合格申请之日起 10 个工作日，信息和通信部应对是否替换做出回应。如果拒绝，应做出书面答复。

②许可证更新。许可证在失效前，许可证持有人仍希望继续运营但未申请更换许可证的，必须申请续展。许可证可以延长 1 次，最长为 1 年。许可证持有人应向信息和通信部下属的广播电视部提交申请、许可证和许可证副本复印件，通过窗口、邮寄或互联网提交。

③续展申请详情：许可证持有人的姓名、地址，号码、发行地点、发行日期，编号、签发日期、原许可证生效日期，续约理由，许可证持有人对申请中提供的信息做出声明。

④收悉合格申请之日起 10 个工作日，信息和通信部应对是否替换做出回应。如果拒绝，应做出书面答复。

第 32g 条　（增加申请电子游戏 G1 的内容）用于电子游戏 G1 的内容应用手续包括以下各项：

1. 使用本协议附录 I 中第 17 号表格的申请表，附有授权持有人的承诺，充分履行本法令第 34 条规定的权利和义务。

2. 在越南发布电子游戏的版权授权证书和协议（其有效副本包括从主登记册或经核证的真实副本中提取的副本）是外文的，应翻译成越南文并对真实副本的原件进行公证。

3. 电子游戏内容的细节如下：

①电子游戏的名称和渊源；

②内容细节，人物系统、技能、地图（图表），虚拟物品、虚拟奖励，通信、角色之间的战斗，收费系统、版本；

③电子游戏年龄评级方法和结果。

4. 技术方案的内容如下：

①设备系统所在的具体地址和服务器托管提供商的名称（在服务器托管的情况下）；

②根据本法令第 2 条第 32c 款有关玩家信息系统的详情。

5. 在游戏中记录图像、活动和声音的设备：各类型的角色照片、各种道具的照片、角色的装备，5 个以上级别（如果有）的图像和活动，角色战斗画面。

第 32h 条　（增加批准电子游戏 G1 脚本的程序）1. 企业应向原信息部提交申请，将电子游戏 G1 的脚本给信息和通信部下属的广播电视部，通过窗口、邮寄或互联网提交。

2. 在收到合格申请之日起 25 日内，信息和通信部将审核本协议附录 I 中的第 18 号表格，批准电子游戏 G1 内容。如果申请被拒绝，信息和通信部必须提供书面解释。

3. G1、G2、G3、G4 等电子游戏经批准的，免除本法第 32d 条规定的通知程序。

第 32i 条 （增加修改或替换电子游戏 G1 的许可） 1. 在以下任何情况下，许可持有者必须申请修改对电子游戏 G1 脚本的授权：

①改变电子游戏的名称；

②版本更新或升级，对游戏核心内容的修改。

2. 许可持有者应向原信息和通信部下属的广播电视部提交一份包含原始文件的申请，用于修改电子游戏文本 G1。

3. 修改对电子游戏 G1 内容的许可程序如下：

①修改电子游戏 G1 脚本许可的申请表格，指定要修改的事项及其原因；

②关于待修改事项的细节和相关文件证据。

4. 在收到合格申请后 10 个工作日内，信息和通信部将考虑颁发经过修改的授权。如果拒绝申请，信息和通信部必须提供书面解释。

5. 在 5 个工作日内，电子游戏 G1 相关的销售方式或销售范围发生变化的（在网站上提供游戏时提供域名、移动设备中提供游戏时提供分销渠道），授权持有人无须提交对授权进行修改的申请，但需要向隶属于信息和通信部的广播电视部及许可持有者总部所在省的信息和通信部发出通知。通知详情包括授权人名称、提供电子游戏 G1 的许可证数量、修改内容。

当局应在收到通知之日起 7 个工作日内，向许可证持有人发送确认通知。

6. 更换授权：

①若电子游戏 G1 的脚本授权丢失或损坏且不再有效，则授权持有者应向信息和通信部下属的广播电视电子信息部发送授权替换申请、具体编号、授权日期和更换理由；

②收到合格申请后 10 个工作日内，信息和通信部将考虑更换许可证。如果拒绝申请，信息通信部必须提供书面解释。

第 32k 条 （增加暂停或撤销提供电子游戏 G1 许可证的程序） 1. 当执照持有人违反本法令第 32 条第 3 款规定时，信息和通信部可决定暂停提供在线游戏服务 G1 的许可。

2. 信息和通信部应书面要求许可证持有人，消除本法令第 32 条第 3 款 b 项规定的违法行为。自通知书规定的有效期起 10 个工作日后，如果执照持有人未能消除违规行为，信息和通信部应当做出停运决定。

3. 如果执照持有人违反本法令第 32 条 a 款的规定，信息和通信部将做出撤销执照决定。

第 33 条 （修改注册电子游戏 G2、G3、G4 的条件）1. 企业根据越南法律成立，其与线上博彩相关的业务已登记于国家工商登记门户网站。

2. 提供互联网游戏服务，已依法注册域名。

3. 电子游戏负责人员符合以下条件：

①有明确的总部地址和电话号码；

②电子游戏负责人员适合相应的服务范围和类型。

4. 财务和技术能力、组织结构和人员适合相应的游戏服务。

5. 电子游戏 G2、G3、G4 相关技术条件：

①电子游戏的支付系统（如果有）必须位于越南，并与越南支付企业相关联，确保准确和充分的更新和存储，并使玩家能够搜索其支付账户的详细信息；

②制订计划以确保服务质量和玩家的利益；

③采取措施确保信息安全。

第 33a 条 （增加申请电子游戏 G1、G2、G3、G4 资格证书）申请电子游戏的资格证书包括以下各项：

1. 使用附录 I 第 19 号表格提交电子游戏资格证书申请表。

2. 有效拷贝件包括从主登记册或经核证的真实拷贝件中提取的拷贝或随工商登记证书原件附上的拷贝（或法律生效日期前签发的其他有效证书、等效许可证的有效副本关于第 67/2014/QH13 号投资和第 68/2014/QH13 号企业法）。

3. 使用国际域名的，需要合法使用认证域名。

4. 按照本法令第 33 条第 2 款、第 3 款、第 4 款、第 5 款提供电子游戏的方案，其中包含如下内容：

①适合经营范围的服务、人事和财务计划。

②设备系统总体布局，设备系统位置。

③设备系统的详细信息包括主要部分和备用部分：名称、功能、配置。

④有关方法和供应范围的详情：互联网（IP 地址、域名），移动电信网络（预定分销渠道）；付款条件，支付卡和支付服务提供商（提供商名称和付款条件）。

⑤确保服务质量和维护玩家利益的措施。

第 33b 条 （增加颁发提供电子游戏 G2、G3、G4 资格证书的程序）

1. 申请电子游戏 G2、G3、G4 资格证书，申请人应向信息和通信部下属的广播电视部提交由原始文件组成的申请：

①窗口提交；

②邮寄；

③通过互联网。

2. 在收到合格申请之日起 20 个工作日内，信息和通信部下属的广播电视部应审核、颁发相应电子游戏的资格证书（附录 I 第 20 号表格）。信息和通信部如果拒绝申请，必须以书面形式提供解释。

第 33c 条 （增加修改并更换电子游戏 G2、G3、G4 资格证书）

1. 在以下任何情况下，合格证持有人必须申请修改电子游戏 G2、G3、G4 资格证书：

①更改证书持有人的姓名；

②更改证书持有人的法定代表人姓名。

2. 拟修改电子游戏 G2、G3、G4 资格证书，合格证持有人应向信息和通信部下属的广播电视部提交包含原始文件的申请：

①窗口提交；

②邮寄；

③通过互联网。

3. 修改电子游戏 G2、G3、G4 资格证书的申请包括以下各项：

①修改电子游戏 G2、G3、G4 的资格证书申请表，具体说明要修改的事项及其理由；

②修改原因的证明文件。

4. 在收到合格申请后 10 个工作日内，信息和通信部下属的广播电视部应审核、签发修改后的证书。如果拒绝申请，必须提供书面解释。

5. 在改变 G2、G3、G4 电子游戏方法或销售范围（互联网域名或者在移动电信网络上提供游戏分发渠道）或更改总部的 5 个工作日内，合格证持有人不需要申请修改电子游戏 G2、G3、G4 资格证书，但需要向所在省的信息和通信部下属的广播电视部发出通知。通知详情包括合格证持有人姓名，电子游戏 G2、G3、G4 资格证书号码，修改内容。

当局应在收到之日起 7 个工作日内，发送确认通知。

6. 电子游戏 G2、G3、G4 资格证书持有者，因企业分立、合并、收购或改变其组织结构的，资本持有变动导致更换至少持有 30% 股份的出资人（或股东）的，在做出修改决定之日起 5 个工作日内，必须向广播电视部及执照持有人总部所在省的信息和通信部发送通知。通知详情包括合格证持有人姓名，提供电子游戏 G2、G3、G4 的资格证书号码，修改内容。

接收机构应在收到通知之日起 7 个工作日内，向证书持有者发送确认函。

7. 电子游戏 G2、G3、G4 资格证书丢失或损坏且失效，需要更换的。

①如果电子游戏 G2、G3、G4 资格证书丢失或损坏且失效，证书持有者应向隶属于信息和通信部的广播电视部发送证书更换申请，列明证书持有者的姓名、地址，号码、签发地点、工商登记证的签发日期，号码、证书签发日期，更换原因，证书持有人根据申请中提供的信息做出的声明。

②收到合格申请 10 个工作日内，信息和通信部下属的广播电视部应审查、更换证书。如拒绝申请，其须提供书面解释。

第 33d 条 （增加暂停和撤销电子游戏 G2、G3、G4 资格证书）

1. 信息和通信部下属的广播电视部门，在持证人有下列违法行为之一时，可暂停 3 个月电子游戏 G2、G3、G4 资格证书业务：

①违反本法令第 1 条第 5 款第 d 项、dd 项、e 项的规定；

②尽管信息和通信部要求其以书面方式予以纠正，仍不符合本法令第 3 条第 4 款、第 33 条第 5 款规定的所有条件。

2. 证书持有人违反本规定第 1 条第 5 款第 a 项、b 项、c 项规定的，信息和通信部下属的广播电视部可吊销电子游戏 G2、G3、G4 资格证书，或按本条第 1 款的规定连续两次暂停业务。

3. 暂停和撤销电子游戏 G2、G3、G4 资格证书的程序：

①信息和通信部下属的广播电视部，应书面要求证书持有者消除本法第 33 条第 1 款规定的违规行为。通知书要求的有效期满 10 个工作日后，合格证持有人未按规定消除违规情况的，可做出暂停许可证业务的决定。

②信息和通信部下属的广播电视部，在证书持有者违反本法令第 33 条第 3 款的情况下，应发布撤销证书的决定。

第 33dd 条 （增加电子游戏 G2、G3、G4 的通知）1. 正式运营电子游戏 G2、G3、G4 至少 30 个工作日前，游戏提供商必须向广播电视部门提交附录Ⅰ中第 21 号表格的申请表，主要方式如下：

①窗口提交；

②邮寄；

③通过互联网。

2. 在收到合格通知之日起 10 个工作日内，信息和通信部下属的广播电视部应当审核附录 I 中第 22 号电子游戏服务表，发布确认通知。超过上述期限后仍未发表意见，游戏提供商可以按照通知中规定的预计日期提供网络游戏。

3. 如果出现以下任何变化，游戏提供商必须另行通知信息和通信部下属的广播电视部门：

①游戏名称；

②电子游戏年龄分类；

③电子游戏类型（G2、G3、G4）；

④有关方法和运营范围的详细信息，如域名、IP 地址（在网站上提供游戏的情况下）或分销渠道（在移动设备中提供游戏的情况下）。

……

第 35 条 （修正）1. 任何组织和个人在获得运营公共博彩中心资格证书后，才可以运营。

2. 满足以下条件，可颁发经营公共博彩中心资格证书：

①已经注册公共游戏中心。

②公共游戏中心距离小学、初中、高中、继续教育中心、高中寄宿学校等至少 200 米，以从公共游戏中心到这些地点的正门或侧门的最短路段长度计算。

③有“公共游戏中心”的标志，标示名称、地址、电话号码和商业登记号码。如果公共游戏中心系互联网公司，则该标志还必须标示“互联网公司”。如果公共游戏中心也是公共互联网接入点（public Internet access point），则该标志还必须标示“公共互联网接入点”。

特殊类别：在Ⅰ类、Ⅱ类、Ⅲ类城市的公共游戏中心，计算机房区域不少于 50 平方米；在Ⅳ类、Ⅴ类城市的公共游戏中心，计算机房区域不少于 40 平方米；其他区域不少于 30 平方米。

④计算机房的光线和亮度均衡。

⑤根据公安部的规定，防火和灭火的方案和设备充足。

⑥已支付公共博彩中心资格证书发放费用。

3. 省、中心城市（以下简称省）人民委员会，信息和通信部或者人民政府委员会有权授权签发、修改、更新、更换、撤销公共游戏中心资格证书。

4. 各省人民委员会有以下各项权力：

①根据本省法令第 2 条第 2 款、第 3 款有关机房区域的规定，对省内城市地区的类型提供具体指导；

②核实申请，对设施进行检查访问，并审核签发、修改、更新、更换或

撤销在该省经营公共游戏中心资格证书；

③授权信息和通信部或区人民委员会作为发证机构；

④指导信息和通信部审核公共游戏中心资格，或在省内撤销电子游戏 G1 列表和证书；授权列表、公共游戏中心的电子游戏 G1 证书；负责和配合区人民委员会提高公众的法律意识，检查并采取行动，打击全省公共互联网接入点和公共游戏中心的违规行为。每年的 12 月 15 日之前，向信息和通信部提交附录 I 中第 14 号表格的报告。

5. 财政部应与信息和通信部合作，征收发放公共博彩中心资格证书的费用。

第 35a 条 （增加公共博彩中心资格证书）1. 公共博彩中心资格证书有效期为 3 年。

2. 运营公共博彩中心的资格证书至少应包含以下各项：

①公共博彩中心的名称和地址：房屋号、村/社区、公社区/社区镇、区/郊区/区级镇、省/中心附属城市。

②注册公共游戏中心的号码。

③个人所有者的：公共游戏中心所有者的全名、身份证号码、电话、电子邮件地址；组织或企业所有者的：全名、身份证/护照、电话、组织代表或运营公共游戏中心的企业的电子邮件地址。

④证书的有效期限。

⑤计算机房的总面积。

⑥公共游戏中心所有者的权利和义务。

3. 运营公共游戏中心资格证书的范本，以附录 I 中第 03 号或第 04 号表格为准。

第 35b 条 （增加颁发公共博彩中心资格证书的程序）1. 申请颁发公共博彩中心资格证书。申请公共博彩中心资格证书的企业应亲自或邮寄向发证机关提出申请，申请包括以下各项：

①使用附录 I 中的表格 05 或表格 06 的申请表；

②经核证的公共游戏中心注册证书的真实副本；

③个人所有者：公共博彩中心所有者的身份证/公民身份证/护照的真实副本；组织或企业所有者：运营公共游戏中心的组织或企业代表的身份证/公民身份证/护照的真实副本。

2. 时间限制和申请处理。自收到本条第 2 款规定的申请书之日起 10 个工作日内，发证机构应当对申请进行核实，对符合条件的颁发运营公共游戏中心资格证书。如果申请被拒绝，签发机构必须以书面形式提供说明。

3. 如果公共博彩中心资格证书的持有人希望续展业务，则应至少在本证书本条第 2 款和第 3 款规定的现行证书有效期满前 20 日，申请新证书。

第 35c 条 （增加公共博彩中心资格证书的修改程序）1. 在运营公共博彩中心资格证书的有效期内，如果出现以下任何变化，必须申请修改证书：

①改变公共博彩中心的名称；

②个人所有者发生变化或公共博彩中心负责人（如果所有者是组织或企业）改变。

2. 申请修改运营公共博彩中心的资格证书，应亲自或邮寄至发证机关以下文件：

①本协议附录 I 修改证书中的申请表格 07 或表格 08；

②与变更有关的文件（如有）。

3. 时间限制和申请处理。发证机构应在 5 个工作日内，核实并颁发修改后的公共博彩中心资格证书。如果拒绝申请，发证机构必须提供书面说明。

4. 修改后的公共博彩中心资格证书的有效期为旧证书的剩余有效期。

第 35d 条 （增加更新和续展公共博彩中心资格证书）1. 公共博彩中心资格证书的持有人希望续展公共博彩中心经营业务，无须依照本法令第 35b 条规定的有效期限内申请新的证书，但应在到期日前至少 20 日，到窗口提交或邮寄申请续签证书，包括以下各项：

①填写附录 I 中的续展申请表格 09 或表格 10；

②个人所有者需出示身份证/护照的真实副本。

2. 发证机关应在 5 个工作日内，核实本协议附录 I 中的第 11 号表格，做出续展公共博彩中心资格证书的决定。如果拒绝申请，须以书面形式说明。

3. 经营公共博彩中心的资格证书可以延长 1 次，最长可延 6 个月。

4. 如果运营公共博彩中心的资格证书丢失、烧毁或损坏，公共博彩中心所有者应亲自或通过邮寄方式提交第 12 号表格或附录 I 中第 13 号表格更换证书申请。发证机关应在 5 个工作日内，决定更换经营公共博彩中心的资格证书。如果申请被拒绝，须提供书面说明。

第 35dd 条 （增加撤销运营公共博彩中心资格证书）1. 在下列任何情况下，应撤销运营公共博彩中心资格证书：

①通过欺诈或伪造手段，获得公共博彩中心资格证书；

②改变计算机房的总面积，未达到本法令第 35 条第 2 款 d 条规定的条件；

③自发布机关通知公共博彩中心的要求之日起 6 个月，由于新学校、继续教育学校等近期开始运营或由于其他客观原因，未能满足第 35 条第 2 款 b 条规定。

2. 根据本条第 1 款第①项规定，被撤销运营公共博彩中心资格证书的业主，在重新符合条件后有权在其证书被撤销之日起 1 年后申请新证书。

第 36 条　（修改）在提供游戏服务的显著位置上发布相关提示，包括本法令第 5 条中的禁止行为、本法令第 10 条和第 37 条中的互联网用户和玩家的权利及义务。

第五章 chapter 05

印度网络游戏相关政策*

一、整体概况

（一）互联网及智能手机概况

根据印度国家软件与服务业企业协会（NASSCOM）报告和印度电信管理局2017年4月7日发布的印度电信服务绩效指标报告，2016年印度互联网使用人数为4.8亿，其中移动互联网使用者为3.8亿，智能手机普及率为32%。社交媒体用户为2.35亿，移动订阅用户为10.35亿，印度成为全球第二大智能手机市场。此外，印度的手机使用数量从2015年年底的10.74亿台增加到2016年年底的11.5亿台，同比增长11.13%。城市地区的订阅量从6.24亿增至6.83亿，农村地区的订阅量也从4.5亿增加到4.69亿。[1]

印度的PC普及率低，视频游戏开发经验匮乏，大多数游戏开发商也都专注于移动端游戏领域。据统计，印度96%的开发商开发移动游戏。目前，印度玩移动游戏的人约有1.5亿，在印度女性玩家完胜男性玩家。妈妈们玩手机游戏，自然也会带动自己的孩子对移动游戏的关注。此外，印度也是Android大国，Android市场占据90%市场份额。[2]

（二）语言

在印度使用的语言超过100种，印地语是使用最广泛的语言，有超过2.4亿人口在使用。尽管印度官方的语言是英语和印地语，但实际情况更为复杂，印度各邦和各民族的语言完全不同，其中还包括用英语拼写方言的情况。乌尔

---

* 本章由孙磊撰稿。

[1] 尚洁. 印度互联网发展实况与政策演进综述［J］. 法制博览，2018（1下）：73.

[2] Avazu Holding. 2016全球游戏市场报告——印度篇［EB/OL］.（2017-02-23）［2017-06-01］. www.baijingapp.com/article/10214.

都语、孟加拉语、泰卢固语、泰米尔语等语种的使用人数也非常多。在这种情况下语言本地化就变得异常复杂。一种游戏在印度发行，至少需要译成 6 种语言。其实，海外开发者推出英文语言的游戏即可，使用英语更容易与国际接轨。❶

（三）网络游戏概况

1. 市场规模

对于大多数印度消费者来说，游戏机和个人电脑的电子游戏市场依然低迷。然而，低成本但功能强大的智能手机的大量使用，使得手机游戏快速发展。印度即将成为下一个主要的游戏市场。

随着 Google Play（由谷歌为安卓设备开发的在线应用程序商店）在印度引起冲击，印度游戏市场正在快速扩大，其中下载和收入的大部分都是由 Google Play 推动的，因为印度低端城市的低成本 Android 设备数量持续上升。此外，印度用户在手机游戏中花费的总时间在过去一年中大幅增加，并且越来越多的印度移动用户获得游戏的数量将继续增加。

在目前的增长阶段，印度的游戏货币化尚未达到高峰，受到基础设施、支付渠道和低消费习惯等现有挑战的困扰。❷

2. 射幸类游戏、赌博业

印度是全球钟情博彩游戏的国家之一，博彩游戏也一直是印度手游市场增长的主要动力。

印度市场上的博彩游戏超过 50%来自本土，其余则来自俄罗斯、美国等国家，中国博彩游戏近年在印度表现拔群的也不过 3 款。印度本土博彩类游戏同质化严重，众多产品经过时间的考验后优胜劣汰，而明星产品则高寿霸榜。❸

二、相关政策

（一）互联网监管

印度的互联网监管机构主要分四个层面：

---

❶ Avazu Holding. 2016 全球游戏市场报告——印度篇［EB/OL］.（2017-02-23）［2017-06-01］. www.baijingapp.com/article/10214.

❷ Donny Kristianto，Daniel Pang. AppAnnie：2020 年印度游戏市场收入将达 11 亿美元［EB/OL］.（2016-11-11）［2019-06-08］. https://games.qq.com/a/20161111/037104.htm.

❸ Avazu Holding. 2017H1 印度畅销榜：TOP10 博彩游戏占 4 席　印度版炸金花吸睛又吸金［EB/OL］.（2017-12-21）［2019-06-11］. https://www.sohu.com/a/211922810_308866.

1. 政策层面

对于网络交易的管理主要是由电信与信息技术部（由信息技术部和电信部合并）主导的。司法部和电信与信息技术部紧密合作，共同制定关于《信息技术法》的立法政策。

电信与信息技术部部长在政策层面上领导印度的网络管理体系。电信与信息技术部作为推动网络管理政策的官方机构的领导者。

2. 行政层面

在行政层面，认证机构主管（CCA）被认为是《信息技术法》背景下最高级别的行政机构。

根据《信息技术法》第 17 条规定，中央政府有权任命认证机构主管，包括代理主管和助理主管。CCA 在政府的一般指导下和 CRAC 的建议下履行自己的职责。CCA 的职能包括关于认证机构的操作、电子签名制度的管理方面。相应地，它也是 CAs 的授权机构，并由其规定必要的标准，同时自身也发布数字认证。如果需要的话，它可以废除或中止 CAs 的证书。

根据《信息技术法》第 69 条的规定，CCA 有权在涉及印度主权和统一、国家安全、公共秩序等情况下采取权宜措施，下令监听和解密任何通过计算机资源传送的信息。CCA 有权搜查、查封和获取计算机数据以调查违反 ITA2000 的情况。

3. 司法层面

司法层面的互联网监管主要由两个机构执行，一是“裁判官”（Adjudicating Officer，AO），二是“网络法规上诉法庭”（Cyber Regulations Appellate Tribunal，CRAT）。

网络法规上诉法庭是由中央政府根据《信息技术法》第 48 条的规定建立的机构，专门审理裁判官特许令和认证机构主任在其管辖权内无法处理的争议。为了履行职能，网络法规上诉法庭在相关事项中具有民事诉讼法赋予民事法庭的相同权力。

4. 技术层面

在技术层面上，印度计算机应急响应小组（Computer Emergency Response Team，CERT）是国家级的计算机事件响应机构。该机构的目标是提高印度社会各界的计算机安全，通过有效的实践和合作保护印度的信息基础设施安全。[1]

---

[1] 纪凡凯. 印度互联网管理立法及其对我国的启示［J］. 经营管理者，2011（6X）：255.

（二）计算机应急响应小组

印度计算机应急响应小组是处理计算机安全事件的专家组，曾有计算机应急准备团队、计算机安全事件响应团队（CSIRT）等称呼。

“印度计算机应急响应小组”这一名称于 1988 年由卡内基梅隆大学（CMU）的 CERT 协调中心（CERT-CC）首次使用。一些团队采用更具体的名称“CSIRT”，以指代处理计算机安全事件而不是其他技术支持工作。CERT、CSIRT 现在可以互换使用，相关信息见表 3-5-1。

表3-5-1　CERT 相关信息

小组信息

小组名称	CERT-IN
官方名称	印度计算机应急响应小组
入会时间	2006 年 11 月 24 日
主管机构	印度通讯技术部
小组标识	India IN
建立时间	2004 年 1 月 19 日
网　　址	http://www.cert-in.org.in

小组联系信息

常用电话	+91-11-24368572
紧急电话	+91-11-22323085
电子邮箱	info@ ceri-in.org.in
传　　真	+91-11-24368546；+91-11-24368551

CERT 的历史与计算机蠕虫和病毒等恶意软件的出现有关。在 1988 年 11 月 3 日莫里斯蠕虫病毒上网，当时大部分计算机瘫痪了。这导致卡内基梅隆大学根据美国政府的要求，成立了第一个计算机应急响应小组。随着几年后信息和通信技术的大量使用，现在通用的术语“CERT”或“CSIRT”指的是大多数大型组织结构的重要组成部分。在许多组织中，CERT 变为信息安全运营中心。

据日本新华侨报网报道，由日本游戏公司制作的一款具有性暴力内容的网络游戏出现在印度市场，并且能够在印度网络上被轻易下载。这引发了印度舆论的担忧和不满。

目前，印度市场上的这款游戏大多数是盗版。这款“强奸游戏”在印度的某些购物网站上也可以买到，而且可以用手机下载。

对此，印度的有关部门表示无能为力。警方称，他们在突击检查中没有遇到这样的网络游戏。印度专门负责网络安全的计算机应急响应小组也称，此事不在他们的职责范围内。该小组表示：“我们的首要任务是阻止危害国家安全的网络犯罪，提供这款游戏的网站服务器在其他国家，我们也无可奈何。”[1]

（三）信息技术认证机构规则（Information Technology Certifying Authorities Rules）（选译）

……

①通过密码学创建和验证，密码学涉及将电子记录转换为看似难以理解的形式，然后再转换回来；

②使用所谓的“公钥加密”，通过一种算法使用两个不同但相关的“密钥”，即一个用于创建数字签名或将数据转换为看似难以理解的形式，另一个用于验证数字签名或返回电子记录到原始形式，被称为散列函数的过程将用于创建和验证数字签名。

……

7. 数字签名证书标准。根据规则6，由ITU X. 509第3版标准颁发的所有数字签名证书应包含以下数据：

①序列号；（由认证机构将序列号分配给数字签名证书，以区别于其他证书）

②签名算法标识符；（标识认证机构用于签署数字签名证书的算法）

③发行人名称；（颁发数字签名证书的核证机关名称）

④数字签名证书的有效期；

⑤订户的名称；（证书标识的公钥）

⑥订户的公钥信息。

8. 如果非印度居民、外国机构投资者或外国公司合计持有资本的股权比例不超过其公司资本的49%，则有资格获得许可。

---

[1] 林肖磊. 日本“强奸游戏”进入印度引发争议［EB/OL］.（2009-11-09）［2017-11-20］. 中国新闻网.

此外，该公司已根据1956年《公司法》（1956年第1号）在上一个财政年度注册。本条款应为持有至少51%已支付股本的大股东的总净值。

大股东为非印度居民、外国公民、外国机构投资者和外国公司，如果公司不是由大股东拥有或实际经营，不得出售或转让其在该公司持有的股权。

①例外，股权现值不到50亿卢比；

②未经财务主任事先批准；

③一人公司：

A. 所有合伙人认购的资本不少于50亿卢比；

B. 净值不低于50亿卢比：如果任何非印度居民和外国国民共同持有公司，其资本超过总资本的49%，则有资格获得许可。

……

9. 设施的位置。与数字签名证书的生成、发布和管理的所有功能相关的基础设施，以及包含有关数字签名证书状态和有效性的信息目录的维护设施，应安装在印度境内。

……

13. 许可证的有效期。

①许可证自签发之日起5年内有效。

②许可证不得转让。

（四）通讯技术法案（选译）

……

第9章　处罚和制裁

第43条　任何人未经所有者或相关人许可，对计算机、计算机系统或计算机网络造成损害应处以罚款：

①强行访问或破解计算机系统或计算机网络的访问保护；

②从计算机、计算机系统或计算机网络中非法下载、复制或提取任何数据、数据库或信息，包括保存或存储在任何可移动存储介质中的信息或数据；

③在计算机、计算机系统或计算机网络中植入计算机污染物或计算机病毒；

④损坏或导致计算机、计算机系统或计算机网络中的数据、数据库或其他储存在该计算机、计算机系统或计算机网络中的程序受损；

⑤扰乱或导致电脑、电脑系统或电脑网络瘫痪；

⑥以拒绝或导致登录计算机、计算机系统或计算机网络的权限失效；

⑦通过篡改或操纵计算机、计算机系统或计算机网络，将某人所获得的服务转移至他人的账户。

以下解释仅就本节而言：

1.“计算机污染物”是指设计的任何一套计算机指令：

①可以修改、销毁、记录、传输储存在计算机、计算机系统或计算机网络内的数据或程序；

②可以任何方式劫持计算机、计算机系统或计算机网络。

2.“计算机数据库”是指由系统或计算机网络生成，用于计算机、计算机系统或计算机网络的知识、事实、概念或指令，或其项下的文本、图像、音频、视频或信息的集合。

3.“计算机病毒”是指破坏、损害、降低或恶化计算机资源的性能，或将其自身植入另一计算机资源并在其执行程序、数据或指令时引发其他事件。

4.“损害”是指以任何方式销毁、更改、删除、添加、修改或格式化计算机资源。

第 44 条 （根据本法案或本法制定的规则或条例）1. 向财务主管提供文件或报告被退回，或未向核证当局提供该等文件，每次被处以不超过 1 万卢比至 5 万卢比的罚款。

2. 未在规例所指明的时间内提交申报表或提供资料、簿册或其他文件，未在所指明的时间内提交申报表等文件，处以每天不超过5 000卢比的罚款。

3. 如果擅自改变账簿或记录簿，则在违法期内其将被处以每天不超过 1 万卢比的罚款。

第 45 条 违反本法任何规则或条款，未单独规定处罚的，应向受害人支付不超过 2.5 万卢比的赔偿金。

第 46 条 1. 为了根据本章做出裁定，任何人违反本法令或其他规则、条例、指示或命令的规定，中央政府均须遵守以下规定：第 3 款，委任印度政府或州政府的同等官员不低于委员职级的人员担任裁判官，以按照中央政府规定的方式进行调查。

2. 裁判官在听取第 1 款所述的人合理辩解后，如在调查中确信该人已做出该项违例行为，则可以根据该条的规定判处他认为合适的罚款或赔偿。

3. 裁判官必须具备科技领域的经验及中央政府所订明的法律或司法经验。

4. 如委任一名以上的裁判官，中央政府须指明该等人员行使管辖权的事宜及地点。

5. 每名裁判官均具有根据第 58 条第 2 款赋予的民事法庭网络上诉审裁处的权力：

①所有诉讼程序均须视为《印度刑法典》第 193 条、第 228 条所指的司法程序；

②应被视为民事法院所指 1973 年《刑事诉讼法》第 345 条、第 346 条。

第 47 条 裁判官在裁定本章规定的赔偿金额时，应适当考虑下列因素：

①由于侵权，获得的可量化的不公平利益；

②因侵权而对任何人造成的损失；

③重复侵权。

第 10 章 上诉程序

第 48 条 1. 中央政府应设立一个或多个上诉法庭，称为网络上诉法庭。

2. 中央政府还应在第 1 款所述的通知中指明网络上诉法庭可行使管辖权的事项和地点。

第 49 条 网络上诉法庭庭长应由中央政府通知任命。

第 50 条 任何人均无资格被委任为网上诉讼审裁处的庭长，除非以下情形：

①是或曾经有资格做高等法院的法官；

②是或曾经是印度法律业人员，并持有或曾担任该服务的第一级职位至少 3 年。

第 51 条 网络上诉法庭庭长任期 5 年，或直至其年满 65 岁，以较早者为准。

第 52 条 应支付网络上诉法庭庭长相应薪金及津贴，以及其他服务条件，包括退休金、酬金及其他退休福利，但在任命后薪金、津贴及其他服务条款和条件不得改变。

第 53 条 除非暂时缺席，网络上诉法庭庭长发生空缺，中央政府应在诉讼程序中任命另一人。

第 54 条 1. 网络上诉法庭庭长可向中央政府递交书面通知，辞去职务。

……

3. 根据规则，中央政府可以规范调查上述庭长的不当行为。

第 55 条 中央政府任命网络上诉法庭庭长，任何人不得以任何方式提出质疑，并且相关诉讼均不得在网络上诉法庭受理。

第 56 条 1. 中央政府应向网络上诉法庭提供政府认为合适的官员和雇员。

2. 网络上诉法庭的官员和雇员须在庭长的监督下履行其一般职能。

3. 网络上诉法庭官员和雇员的薪金、津贴及其他服务条件，须由中央政府制定。

第 57 条 1. 除第 2 款例外之外，不服原审可上诉至网络上诉法庭。

2. 根据双方当事人同意，法官可做出不得向网络上诉法庭提出上诉的决定。

3. 根据第 1 款上诉，上诉人须在法官的判决或裁定副本发出之日起 45 日内提出，并规定附带的费用；但如果网络上诉法庭认为在该期限内有充分理由不能如期提出上诉，则可在期限届满后 45 日内提出上诉。

4. 网络上诉法庭在收到上诉状后，各方可修改、确认上诉状的内容。

5. 网络上诉法庭须将其做出的每项文书的副本送交上诉各方及有关法院。

6. 根据第 1 款，网络上诉法庭收到上诉应尽快予以处理，并应尽力在收到上诉后 6 个月内审结。

第 58 条 1. 网络上诉法庭不受 1908 年《民事诉讼法》规定的程序的约束，但应遵循自然公正原则，并受本法和其他规则的其他规定的约束。网络上诉法庭有权管理自己的程序，包括其所在地的程序。

2. 为履行本法规定的职能，网络上诉法庭应根据 1908 年《民事诉讼法》，在审理下列诉讼时赋予民事法院相同的权力如下：

①接受传唤及出庭宣誓；

②阅览和检查文件或其他电子记录；

③接收关于案件的证据；

④提供审查证人或证据；

⑤审查其决定；

⑥驳回申请或做出决定；

⑦任何其他事宜。

3. 网络上诉法庭的每项法律程序均须符合第 193 条及第 228 条所指的司法程序，而就《印度刑法典》第 196 条及网上诉讼审裁处而言，则须符合

1973年《刑事诉讼法》第195条和第XXVI条。

第59条　上诉人可亲自出庭或授权一名或多名法律执业者或其代理人员向网络上诉法庭陈述其案件。

……

第61条　根据本法或网络上诉法庭法官确定管辖的任何事项，任何法院均无权受理对应诉讼，并且不得签发任何禁令。

第62条　不服网络上诉法庭的决定或命令而决定上诉的，可在网络上诉法庭就任何事实或法律问题，自收到决定或命令通知之日起60日内，向高等法院提出上诉。

例外，如果高等法院相信有足够理由阻却上诉人在上述期限内提出上诉，则可在不超过60日的期限内延期。

第63条　1. 任何违反本法的行为，可在裁决程序之前或之后，由庭长或其代表或法官特别授权的其他官员合并执行，但在任何情况下该罚金不得超过根据本法可能对违反条款的行为处以的最高罚款额。

2. 第1款规定不适用于所犯的第1次违法行为合并执行之日起3年内做出相同或类似违法行为的人。第2次或其后的违法事项，自违法事项处罚之日起3年届满内，即视为初犯。

3. 任何违法行为已根据第1款合并执行，则不得再就该项违法行为作出进一步程序（视情况而定）。

第64条　根据本法施加的处罚，如果无能力支付，应追缴土地收入作为滞纳金、暂停许可证或数字签名证书（视情况而定），直至支付罚款。

第11章　罪责

第65条　故意隐藏、破坏或改变，故意教唆他人隐藏、破坏或改变计算机、计算机程序、计算机系统或计算机网络的源代码的，应处以最高3年的监禁，或最高20万卢比的罚款，或并罚。

就本节而言，“计算机代码”是指任何形式的计算机资源的程序、计算机命令、设计和布局及程序分析列表。

第66条　1. 任何企图导致或明知其可能对公众或他人造成不当损失或损害的，破坏或删除或改变存储于计算机资源中的信息，或进行黑客攻击，用任何手段削弱其价值或效果或损害其影响的。

2. 实施黑客行为的处3年以下有期徒刑，或者处以最高20万卢比的罚款，或并罚。

第 67 条 任何出版或传播包含淫秽内容或对他人存在贬损影响的电子信息，让公众得以阅读、查看或听取其中包含或体现内容的，初犯处以 5 年以下监禁、10 万以下卢比罚款；再犯处 10 年以下监禁、20 万以下卢比的罚款。

第 68 条 1. 庭长可通过判决文书，命令当局或该管理局的任何雇员执行或停止执行。

2. 不遵守第 1 款命令的，即属犯罪，一经定罪，可处 3 年以下监禁或 20 万卢比以下的罚款，或并罚。

第 69 条 1. 为了印度的主权完整、国家安全、外交关系或公共秩序，或防止煽动实施犯罪，情属必要，庭长可以书面形式，裁决指示政府机构拦截通过计算机资源传输的相关信息。

2. 用户或任何掌握计算机资源的人员，根据第 1 款的指示，应开放所有设施和技术协助以解密信息。

3. 用户或任何机构未能遵守第 2 款的，将被处以 7 年以下监禁。

第 70 条 1. 政府可以通过官方公报，声明相关计算机、计算机系统、计算机网络受到保护。

2. 政府可以书面命令形式，获得根据第 1 款通知受保护的系统授权。

3. 违反本条规定，获取或企图进入受保护系统的，应处以 10 年以下监禁，并可处以罚款。

第 71 条 如果对法庭或核证机关就许可或数字签名证书（视情况而定）做出任何虚假陈述或拒绝陈述重大事实，均应处两年以下监禁，或 1 万卢比以下罚款，或并罚。

第 72 条 除本法或其他法律另有规定外，违反现行规定，依照本法赋予权力，根据本法制定的规则或条例，未经有关人员同意，披露他人记录、记载、注册、通信、信息、文件或其他材料等电子记录书籍，令公众可以接触、获得，应处两年以下监禁，或 10 万卢比以下罚款，或并罚。

第 73 条 1. 任何人不得擅自发布或以其他方式向他人提供数字签名证书：

①当局尚未发出证书所列信息的核证；

②证书所列的用户尚未接收；

③证书已被撤销或暂停。

例外，此类证书在验证创建的数字签名之前暂停或撤销的。

2. 有第 1 款中所列行为的，可处两年以下监禁，或 1 万卢比以下的罚款，或并罚。

第 74 条　任何人故意以欺诈或其他非法目的制作、出版或以其他方式提供数字签名证书的，处两年以下监禁，或 10 万卢比以下罚款，或并罚。

第 75 条　1. 在符合第 2 款规定的前提下，本法的规定也适用于任何在印度境外进行的犯罪或违法行为，不论其国籍如何。

2. 就第 1 款而言，如果构成的犯罪或违法行为中实施犯罪的计算机、计算机系统或计算机网络位于印度境内，则本法适用于任何在印度境内外实施的犯罪或违法行为。

第 76 条　任何计算机、计算机系统、软盘、光盘、磁带驱动器或与之相关的任何其他附件，已经或正在违反本法规定的，应予以没收。例外，法院判定裁定没收，实际控制涉案计算机、计算机系统、软盘、光盘、磁带机或与之相关的任何其他附件后，被法院认定未违反本法的规定、规则、命令的，应根据本法对相关人员发还没收的计算机、计算机系统、软盘、光盘、磁带机或与之相关的任何其他附件。

第 77 条　应当防止根据其他法律，对相关人员判处本法中规定的刑罚或没收措施。

第 78 条　根据 1973 年《刑事诉讼法》规定，不低于副警司级别的警官可根据本法调查任何违法行为。

第 12 章　网络服务提供商免责情况

第 79 条　为消除疑虑，特此声明，作为提供服务的网络服务提供商，根据本法、规则或条例，如果可证明对于违法或违规行为不知情，或已尽力防止，对于其提供第三方相关信息或数据的行为可以免责。

本节内的概念如下：

①“网络服务提供商”是指中间商；

②“第三方信息”是指网络服务提供商以中间商身份处理的任何信息。

（五）电影法案（选译）

……

第 2 条　（定义）在本法中，除非上、下文另有要求，所涉及概念如下：

1.“成人”是指已满 18 岁的人。

2.“委员会”是指由中央政府根据第 3 节组成的电影委员会。（1981 年第 49 号法令）

“证书”是指委员会根据第 5 节授予的证书。（1981 年第 49 号法令）

3. “电影摄影机”包括用于摄制运动图像或系列图片、图像的任何装置。

4. 与总统府有关的“地方法官”，指警察局长。

“电影”是指运动图像或系列图片、图像。(1959 年第 3 号法案)

5. “场所”包括房屋、建筑物、帐篷和海上、陆上或空中的任何场所。

6. “规定”是指根据本法制定的规则。

7. “区域主管”是指政府根据第 5 节中央委任的区域主管，包括一名额外的区域官员和一名助理区域官员。

8. “审裁处”指根据第 5 至 D 条组成的上诉审裁处。

……

第 4 条 （电影审查）1. 计划展出影片的，应向委员会提出申请，须按规定方式向委员会提交该影片的交易证明书，委员会可在审查影片后决定是否批准。

①不受限制、公开展览的电影；考虑到影片中的内容，如委员会认为必要，可提醒 12 岁以下儿童观看此类电影时应该由父母或监护人陪同；委员会可以批准影片进行不受限制的公开展览。

②限于成年人公开放映的电影；考虑到性质、内容和主题，公开放映的电影仅限于专业或会员分级电影（根据 1981 年第 49 号法案)。

③申请人在摄制电影之后，如果认为必要，可以对电影进行删除或修改(根据 1981 年第 49 号法案)。

④拒绝批准进行公开展览的电影。

2. 根据第①项、第②项、第③项或第④项的附带条件而不采取任何行动的（根据 1981 年第 49 号法令的子条款)，委员会可拒绝申请，申请人可进行申诉。

第 5 条 （咨询小组）1. 为使委员会能够有效履行本法规定的职能，中央政府可在其认为合适的区域中心设立咨询小组，每个小组由相应人数组成。中央政府挑选任命。

2. 在每个区域中心，应保证有中央政府任命的、按照规定参与电影审查的区域官员。

3. 委员会可就提出证明书申请的影片，向咨询小组进行咨询。

4. 每名咨询委员均有责任以机构或委员会的身份，检查该影片，并向委员会提出建议。

5. 咨询小组成员不得领取任何薪金，但可领取规定的费用或津贴。

（1）电影许可证（1981年第49号法令）

①如果在审查影片或以规定的方式对其进行审查后，委员会认为有如下情形：

A. 该影片可不受限制公开放映的，或视情况适用于不受限制的公开放映，并符合第4条第1款第①项条文所述的性质，可授予申请证书的人“U”许可证或（视情况而定）“UA”证书；

B. 该影片属于仅限成人观看、限制公开放映的，或仅适用于专业或会员级别公开放映的，可向申请人授予“A”证书或（视属何情况而定）“S”证书。

同时，电影应以规定的方式进行标记。

例外，证书申请人、经销商或参展商或电影中的其他权利人，已根据A项或B项通过审查并授予证书的，其对于所包含的任何涉及淫秽的内容均不承担法律处罚。

②就任何影片批准或不批准许可证的命令，须在印度报刊登公示。

③根据本法案中的其他规定，理事会根据本节授予的许可证在印度各地的有效期为10年。

（2）电影认证指导原则

①如果证书授权的主管机关认为该影片或其任何部分涉嫌侵犯印度主权完整性、国家安全、与外国的友好关系、公共秩序或公序良俗，涉及诽谤或藐视法庭，或可能煽动犯罪的，则电影不得进行公开放映。

②在符合第1款规定的前提下，中央政府可以发布其认为合适的指示，列明根据本法授予证书的主管部门公共放映的电影的审查原则。

（3）申诉

①不服对委员会有关影片申请许可证的命令的有如下情形：

A. 拒绝批准证书；

B. 只授予“A”证书；

C. 仅授予“S”证书；

D. 仅授予“UA”证书；

E. 命令申请人进行任何剪辑或修改，可在该命令发出之日起30日内向法庭提出上诉。例外，如果法庭确信上诉人有充分理由导致不能在30日期限内提出上诉，则可在30日后继续上诉。

②根据本条提出的每项上诉均须以书面做出，并须附上一份简短陈述，说明上诉理由，上诉费用按规定不超过1 000卢比。

（4）上诉审裁处的组成

①为审理根据第（3）条对委员会命令提出的上诉，中央政府须在官方公报的通知下成立上诉审裁处。

②审裁处的总办事处须在新德里或中央政府在宪报公告中指明的其他地方。

③审裁处由 1 名主席、4 名以下由中央政府委任的其他成员组成。

④审裁处主席须为高等法院的退休法官，或是有资格担任高等法院法官的人。

⑤中央政府可委任有甄别电影资格、对公众有影响的人员作为法庭成员。

⑥审裁处主席须领取中央政府规定的薪金及津贴，而成员则须领取定明的津贴或费用。

⑦在符合规则的前提下，中央政府可委任秘书及其认为能有效履行审裁处职能的其他雇员。

⑧审裁处主席可授权审裁处秘书及其他雇员行使该等权力，以及履行其规定的职责。

⑨审裁处主席及其成员、秘书及其他雇员的服务条款及条件，均可定明。

⑩在符合本法规定的前提下，审裁处可以制定自己的程序。

⑪审裁处在认为有需要进行有关事宜的调查时，在使上诉人及委员会就该事项做出陈述后，可就其认为需要调查的影片做出调查命令，委员会应按照该命令处理该事项。

（5）暂停及撤销证明书

①即使第 6 条第 2 款有规定，中央政府可在宪报公告，在一段时间内暂停许可证；如果仍不合规，可以撤销该证书。

A. 获发许可证的电影，以不符合许可证规定的形式展出；

B. 在违反本规定的情况下展出影片或其任何部分。

②根据第①款公告已经公布的，中央政府可要求电影委员会或上述公告中指明的任何人或机构，收回申请人或电影中的其他有权人的许可证。

③采取本条所述的行动之前，必须聆听申请人的相关申诉。

④在根据本条暂停、吊销证书期间，该影片被视为无许可证的影片。

（6）审查中央政府的命令

①凡是证书申请人或已获得电影权利的其他人，认为因中央政府根据第

(5) 条做出决定受到损害的，可在涉嫌损害的决定公布之日起60日内，向中央政府申请复核，并在该申请中列明理由。

例外，如果中央政府认为证书申请人或其他人有足够理由导致不能在60日的期限内提出复审申请，则可在60日后继续提出申请。

②在收到第①项提出的复核申请后，中央政府应给予申诉人合理陈述的机会，并在进一步调查后在其认为必要时委员会应按照规定处理、确认、修改或撤销该份决定。

第6条 （中央政府的修订权力）1. 尽管本部有规定，中央政府（1981年第49号法令）可以自行动议，在任何阶段要求复核委员会待决或已由委员会决定的任何影片有关的流程或（视情况而定）由审裁处决定（但不包括就审裁处审理进行的法律程序）在仲裁庭审理之前，在合适的情况下做出与此有关的命令，理事会应按照该命令处理该事项。

例外，在聆听申诉之前，该命令不影响申请证书或获发证书（视情况而定）。同时，进一步规定，本款中的任何内容，中央政府认为不符合公共利益，可不披露。

2. 在第1款赋予的权力下，中央政府可借官方公报的通知如下：

①已获得证书的电影全部或部分视为在印度未经许可；

②获发“U”证书或“UA”证书或“S”证书的电影，被视为获得“A”证书；

③任何影片的放映均在证书所指明的期间内暂停上映，但根据本项发出的指示，自通知之日起不得超过两个月。

3. 聆听申诉人的申诉与辩解之前，不得根据第2款的第①项或第②项采取任何行动。

4. 在根据第2款第③项暂停影片放映期间内，该影片须被当作无许可的影片。

向经销商或参展商提供认证电影的人，应按照规定的方式告知经销商或参展商相关信息，如电影的名称和长度、有关证书的数目和性质，以及获授予的条件（如有的话）、有关电影的任何其他详情。

第7条 违反本部分的处罚（1953年第19号法令）1. 如有任何人有如下情形：

①在任何地方放映或许可放映：

A. 委员会许可不限制放映或仅限成人观看的，或仅限对专业人士或分类级别人员的电影以外的影片（1981年第49号法令），在放映时未标示委员会指定标记，或标志粘贴后擅自更改或篡改的；

B. 向未成年人提供经委员会认证适用于成人限制播放的电影的。

根据 1981 年第 49 号法案，把经董事会证明适用于职业人员或分级人员公开展览的电影，向非专业成员或非职业人员提供。

②在没有合法授权的情况下（证明责任在其身上），在经过认证后擅自调整或篡改影片。

③未能遵守第 6 条的规定或中央政府或委员会在行使本法赋予的任何权力或职能，或根据本法所作出的任何命令。

1984 年第 56 号法令中规定，应判处 3 年监禁，或最高 10 万卢比罚款，或并罚。如果是再犯，并在罪行持续期间每天罚款 2 万卢比。

例外，如违反第 1 款第①项第 A 项，在任何地方放映或准许放映上述影片，则可处以 3 个月至 3 年的监禁，罚款 2 万卢比至 10 万卢比，如为再犯，则附加罪行持续时间每天 2 万卢比罚款。

例外，法院可在判决书中提出特殊理由，判处 3 个月以下监禁，或 2 万卢比以下的罚款。

根据 1981 年第 49 号法案，《刑事诉讼法》第 29 条规定（1974 年），任何大都会治安法官或州政府特别授权的司法法官均可判处犯罪人超过5 000卢比的罚金。

电影院的经销商或参展商，或所有者或雇员，可免于因违反本部分关于电影“UA”规定的处罚。

2. 犯罪人根据本条因影片违规而被处罚的，政府可进一步命令没收涉案影片。

3. 放映“A”证书电影（1981 年第 49 号法案），或“S”证书、“UA”证书的电影，其父母或监护人已陪同 3 岁以下儿童的，不视为本节所指的违规放映场所。

（1）扣押权

①凡放映根据本法未授予许可证的电影，或将许可证仅限成人的电影展示给未成年人，违反本法或中央政府法庭的任何命令（1981 年第 49 号法案）或委员会的其他规定。公职人员可对其认为电影已经或正在或可能会展出放映的场所搜查，并进行扣押。

②根据本法进行的所有搜查均应按照与搜查有关（1973 年《刑事诉讼法》、1974 年第 2 号）的规定进行。

（2）委员会的权力下放（1981 年第 49 号法案）

①中央政府可以或特别命令，指示理事会根据本法就本部分下的电影证明可行使的相关权限及管辖权，并且在符合条件的情况下也可由主席或委员会任何其他成员行使，相关行为同委员会所做效力等同。

②中央政府可以通过命令并遵守可能规定的条件和限制，授权地区官员颁发临时证书。

（3）审查放映电影的指导权

为了行使本法赋予的任何权力，中央政府、审裁处或委员会可要求电影在放映之前或在展示前（1981 年第 49 号法案）进行指导。

（4）职位空缺等不导致诉讼无效

委员会或咨询小组的行为或程序及案件，均不应仅因委员或委员会的组成中出现空缺或任何瑕疵而无效。

（5）委员会成员和咨询小组为公务员

委员会和咨询小组的所有成员在执行或依照本法的规定行事时，应被视为印度《刑法》第 21 条中规定的公务员行为。

（6）诉讼

不得针对中央政府或中央政府成员、委员会、咨询小组或任何高级人员，提起诉讼或其他法律诉讼。

第 8 条　（制定规则权）1. 为实施本部分的规定，中央政府可通过官方公报通知制定相应实施细则。

2. 根据 1981 年第 49 号法案，特别是在不损害上述权力的一般性的情况下，根据本条制定实施细则如下：

①应付给委员会成员的津贴；

②委员会成员的服务条款；

③向委员会申请证书的方式，以及委员会审查影片的方式及费用；

④区域官员根据第 7 条中的授权，审查电影、发布临时证书和此类证书的有效期的条件和限制；

⑤应向咨询小组成员支付的津贴；

⑥电影的标记；

⑦应付给法庭法官的津贴或费用；

⑧秘书和法庭其他雇员的权力和职责；

⑨法庭庭长及其成员、秘书及其他雇员的其他服务条款和条件；

⑩上诉人就上诉应向法庭支付的费用；

⑪可获发证书的条件（包括与一般电影或任何类别的电影的长度有关的条件），或任何证书须予拒绝的情况；

⑫任何其他需要说明的事项。

3. 根据 1973 年第 25 号法令，中央政府根据本部分制定的每项规则，应在制定之后尽快在每个议院呈报。审议期共计 30 日，可以在一届会议或两次或多次连续会议中，如果在会议结束后立即到期或在上述连续会议之后两院均同意做出的修改规则，此后规则以修改后的形式生效；两院均不同意制定规则，则无效。任何此类修改或撤销不应影响以前根据该规则所做的任何事情的有效性。

第 9 条 （豁免权）不论本部的条文或其他规则，如符合相关条件及限制（如有的话），中央政府可以书面对任何电影或一类电影进行豁免放映。

第 10 条 （电影摄影放映的许可证发放）除本部另有规定外，任何人不得违反此类许可所规定的条件和限制，在获发许可证规定之外的其他地方放映电影。

第 11 条 （发证机关）根据本部分，授权发放许可证的机关（以下简称发证机关）须为地方裁判官。

例外，如果州政府通过官方公报的通知，可以在通知中指明其他权力机构的全部或任何部分构成本部分的发证机关。

第 12 条 （发证机关的权力限制）1. 发证机关不得发放许可证，除非满足以下条件：

①基本符合根据本部订立的规则；

②已对发放许可证的地方采取适当的预防措施，以确保观影人士的安全。

2. 在符合前款规定及州政府控制的情况下，发证机关可根据本部条款，制定相应限制条件。

3. 如果对发证机关根据本条款拒绝批准申请的决定不服，可在规定的时间内向州政府或州政府代表提出上诉，州政府或官员可在其认为合适的情况下做出相应决定。

4. 制作用于教育目的的科学电影、新闻和时事纪录片电影，中央政府可不定期向一般持证人或任何持证人提供指导，已发出的任何指导应被视为已获得许可的附加条件和限制。

第 13 条 （中央政府或地方当局暂停放映电影的权力）1. 中尉—总督

或（视情况而定）首席专员（根据 1960 年第 58 号法案），如果认为正在公开放映的电影可能会导致破坏和平，可通过命令暂停电影放映，并且在暂停期间该电影应被视为未经许可的电影（视情况而定）。

2. 凡根据第 1 款发出的命令是由总监或区域裁判官发出的，当事人可将理由陈述一并申诉至中央政府，中央政府可以确认或解除命令。

3. 根据本条做出的命令，有效期为两个月，但如果中央政府认为该命令应继续有效，则可延长暂停时间。

第 14 条　（违反本部分的处罚）如果电影负责人使用或允许使用该电影，或者场地的所有人或占用人允许该场地违规使用，根据本部分或根据本部分授权的许可条件，应处以1 000卢比罚款，如果犯罪处于持续状态，每持续一天再加处 100 卢比的罚款。

第 15 条　（撤销许可证的权力）如果许可证持有人被认定犯下第 7 条或第 14 条所述的罪行，许可证颁发机构可以撤销许可证。

第 16 条　（制定规则的权力）1. 中央政府可在官方公报的通知下制定如下规则：

①规定条款、条件和限制（如果有的话），根据本部分可以授予许可；

②规定电影放映的条件以确保公众安全；

③优先根据第 12 条第 3 款制定上诉的时间和条件。

2. 中央政府根据本部分制定的每项规则，应在制定之后尽快呈报议院。审议期共计 30 日，可以在一届会议或两次或多次连续会议中，如果在会议结束后立即到期或在上述连续会议之后两院均同意做出的修改规则，此后规则以修改后的形式生效；两院均不同意制定规则，则无效。任何此类修改或撤销不应影响以前根据该规则所做的任何事情的有效性。

第 17 条　（获得豁免的权力）中央政府可以书面命令豁免一部电影放映或一类电影放映，但须受其所施加的条件和限制，以及本部分或其下的规定的限制。

第 18 条　（废除）1918 年《电影摄影法》（1918 年第 2 号）现予以废除。

例外，就 A 部分和 B 部分而言，仅废除与本法在制裁部分不一致的部分。

第 18 条的措辞表明，1918 年《电影摄影法》的废除仅限于新法案第二部分所涵盖的旧法案的那一部分。第 6 条是已废除的条文之一，但不能说发出许可证及所提供的程序属于废除条文的措辞。

网络游戏出海合规指南

第四编

日本游戏政策

日本电脑娱乐分级制度*

一、计算机娱乐评级机构

2002年6月成立的计算机娱乐评级机构（Computer Entertainment Rating Organization，CERO），旨在以年龄分类标记涵盖在日本销售的所有家用电脑和电子游戏。

“年龄分类标记”表示游戏已经根据CERO道德规范进行了审查，并且游戏内容适合指定年龄及以上的游戏玩家。这些标记将用于保护消费者的知情权，提供购买决策。

1. 评级覆盖范围

CERO的评审范围是在日本销售的家用电脑和电子游戏（包括手机游戏），不仅涵盖电子游戏主要故事，而且涵盖电子游戏所有记录的表达，如隐藏的命令和设计。家用电脑和电子游戏包括硬件设备开发和销售的产品。不同游戏公司的硬件设备见表4-1-1。

表4-1-1　不同游戏公司的硬件设备

世嘉公司	Dreamcast 游戏机
索尼计算机娱乐公司	Play Station 游戏机 Play Station 2 游戏机 Play Station Portable 游戏机 Play Station 3 游戏机 Play Station Vita 游戏机 Play Station 4 游戏机

* 本章由孙磊选译。

续表

任天堂公司	Nintendo 64 游戏机 Nintendo Game Cube 游戏机 Game Boy 游戏机 Game Boy Advance 游戏机 Nintendo DS 游戏机 Nintendo 3DS 游戏机 New Nintendo 3DS 游戏机 Wii 游戏机 WiiU 游戏机 Nintendo Switch 游戏机
万代公司	神奇天鹅游戏机
微软（日本）公司	Xbox 游戏机 Xbox 360 游戏机 Xbox One 游戏机
个人主机制造商	个人电脑
手机制造商	蜂窝手机、智能手机（包括 Android、iPhone、Windows 系统）
云游戏服务商	云游戏服务

注: 参见 http://www.cero.gr.jp/en/publics/index/17/。

2. 评级涵盖的代表类别（见表 4-1-2）

表4-1-2　评级涵盖的代表类别

性相关表达	暴力相关表达
接吻 拥抱 内衣暴露 性交 裸露 性暗示 通奸 排便 性娱乐业 泳装 角色扮演	鲜血 身体切割 尸体 杀戮/伤人 恐怖 对战游戏/战斗

续表

反社会相关表达	语言和意识形态相关的表达
犯罪 管制品，如麻药 虐待 非法饮酒、吸烟 非法赌博 乱伦、性犯罪等 卖淫嫖娼 自杀自残 贩卖人口	表达方式不正确与语言和意识形态有关

注：参见附录2中“禁用表达”，包含禁用内容的计算机和电子游戏不会被分配评级。

3. CERO 分类标识

CERO 分类标识大致分为年龄分类标记、其他标记。

（1）年龄分类标记

分类标记包括以下5种，“A”为黑色，“B”为绿色，“C”为蓝色，“D”为橙色，“Z”为红色（见图4-1-1）。

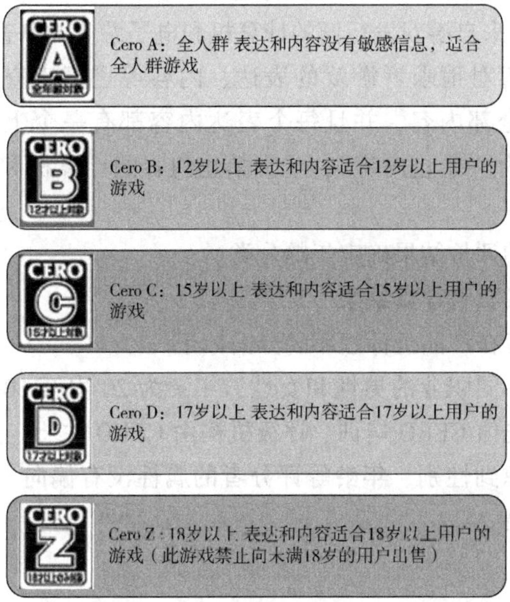
CERO
A
Cero A：全人群 表达和内容没有敏感信息，适合全人群游戏
CERO
B
Cero B：12岁以上 表达和内容适合12岁以上用户的游戏
CERO
C
Cero C：15岁以上 表达和内容适合15岁以上用户的游戏
CERO
D
Cero D：17岁以上 表达和内容适合17岁以上用户的游戏
CERO
Z
Cero Z：18岁以上 表达和内容适合18岁以上用户的游戏（此游戏禁止向未满18岁的用户出售）

注：带有分类标记的产品正在销售，产品已根据修订前的标准进行评级。

图4-1-1　CERO 年龄分类标记

(2) 其他标记（见图 4-1-2）

其他标记包括 3 个标记，“教育/数据库”“CERO 规则兼容”用于试用版，“预评级”用于游戏发行商创建其游戏广告的促销项。

图4-1-2 其他标记

市场上的游戏产品盒上有与 CERO 评级无关的“评级标志”或类似标志的案例。由于这种行为迷惑人们，使其误以为相关游戏已经被 CERO 评级，违反了《不正当竞争预防法》。

4. 标识

评级标记显示在游戏框正面，内容图标在背面，基于 9 类内容图标的一个（或多个）表达式做出年龄分类判定（见图 4-1-3）。

图4-1-3 评级标记的内容图标

5. 评级流程

以下是评估等级以指示年龄分类标记的流程：

①CERO 接受来自游戏发行商的计算机和电子游戏的审查请求。

②多名评价者对请求者游戏的表达、内容等进行审查。审查项目包括多项。评级覆盖全部内容，并且每个表达内容都有一个上限，超过上限的表达内容被指定为“禁止内容”，包含禁止内容的计算机和电子游戏将不被评级。

③根据各自的评价结果确定年龄分类。

④通知游戏发布者评审结果。

⑤游戏发布者在产品上标注年龄分类标记。

评审员包括不同职业的男性和女性，年龄为 20 岁至 60 岁，从广大公众中招募，并已预先由 CERO 培训。评级机构由 CERO 注册，并执行保密协议。在审查中，应考虑到性别、年龄等评分者的属性没有偏向，确保不含与游戏行业有关的评审员。

二、CERO 道德规范

第 1 条 （目标）非营利指定机构“计算机娱乐评级机构”提供《CERO

道德规范》（以下简称“本规范”）。CERO 旨在充分尊重言论自由，追求计算机娱乐文化的健康发展，以家庭电脑游戏开发、销售为目标，满足社会的道德标准。CERO 审查家用电脑和电子游戏，根据社会通行的道德标准来评估它们是否合适，将已评估的游戏分为指定类别，实施“年龄适当性评级”，并给出指导意见、评级和其他相关规定的标准。

第 2 条　（适用范围）1. CERO 的评级适用于在日本销售的家用电脑和电子游戏，但不适用于商业用途的电脑和电子游戏。

2. 关于家用网络游戏，CERO 的评级仅适用于框架产品，但不适用于可由用户修改的高自由度产品。

3. CERO 的评级应涉及在游戏中存储的所有表达式，包括主题概念系统、隐藏命令和技巧，“系统”是指架构、框架和机制。

4. CERO 的评级应显示在家用电脑和电子游戏盒中，但不包括促销品、杂志广告、电视广告等。

5. 在这些规定中，“家用电脑和电子游戏”是附录 1 中列出的控制平台上开发和销售的游戏。

第 3 条　（审查类别）1. CERO 将家用计算机和电子游戏大致分为游戏系列应用程序和教育/数据库系列应用程序，并单独审核。

2. CERO 评级的前提是产品设计者提出对其产品进行审查类别的申请。

3. 教育/数据库系列应用程序不适用于年龄评级，不应包括第 7 条（包括附录 2）中规定的表达，并且应符合教育和数据库目的。

4. 游戏系列应用程序是家庭使用的计算机和电子游戏，以区别于教育/数据库系列应用程序。

第 4 条　（审查游戏系列应用程序）1. 在审核游戏系列应用程序时，应确定审核游戏中是否存在第 7 条（包括附录 2）中列出的禁用表达，目前阶段尚不会为游戏分配评级。对于那些不包含在附录中的表达类型将进行全面评估，并将为游戏分配以下评级类别之一（年龄分类）：

①A 为全体年龄；

②B 为 12 岁以上；

③C 为 15 岁以上；

④D 为 17 岁以上；

⑤Z 为限 18 岁及以上。

2. 上一节中由 CERO 规定的评级标准，应符合单独规定的内部规定。

第 5 条　（审查教育/数据库系列应用程序）教育/数据库系列应用程序的

评估审查可直接评价，无论该游戏是否满足第 3 条第 3 款所规定的分类要求。

第 6 条 （评级结果）1. 请求者在销售或使用家用电脑和电子游戏时，应提出评级分类申请（适合年龄的类别）。例外，经 CERO 批准，请求者有合法理由可不提出评级等级。

2. CERO 认为构成第 7 条第 1 款、第 4 款规定的禁止性表述，或判定某一物体不符合教育/数据库系列应用程序标准，认定请求评级对象不应被分配评级，应以书面形式告知请求方拒绝的理由。

第 7 条 （禁止的表达）1. 家用电脑和电子游戏不得包含附录 2 中规定的禁止表达。

2. 家用电脑和电子游戏不得包含不适当的歧视性表达。歧视性表达包括但不限于以下情形：

①基于种族、信仰、性别、职业、宗教、家庭/社会背景、身体/精神状况、生活状况等不适当的歧视性表达；

②针对社会易受伤害的人，如对老年人、婴儿、残疾人和智障人士的歧视性言论；

③不合理地诽谤或污辱个人、公司或组织，损害其荣誉和尊严的言论。

第 8 条 （修订）1. CERO 委员会可根据需要修改这些规定（包括附录）。

2. 修订后的《伦理道德条例》应通知全体成员和支持成员，并进行充分宣传。

附录 1

表4-1-3　覆盖的平台清单

世嘉公司	Dreamcast 游戏机
索尼计算机娱乐公司	Play Station 游戏机 Play Station 2 游戏机 Play Station Portable 游戏机 Play Station 3 游戏机 Play Station Vita 游戏机
任天堂公司	Nintendo 64 Game Cube 游戏机 Game Boy 游戏机 Game Boy Advance 游戏机 Nintendo DS（DSLite、DSI、DSILL、3DS），Wii 游戏机

续表

万代公司	神奇天鹅游戏机
微软（日本）公司	Xbox 游戏机、Xbox 360 游戏机
个人主机制造商	个人电脑
手机制造商	蜂窝手机、智能手机（包括 Android、iPhone、Windows 系统）

附录 2

禁用表达有如下情形：

1. 性相关表达。

①生殖器及其部分（包括阴毛）的表达。

②性交、类性交等性行为或表达。

③排尿、排便等的表达，旨在增强性冲动或引起性刺激。

2. 暴力表达。

①鲜血的表达，给人一种极其残酷的印象。

②毁伤/身体切割的表达，给人以极其残酷的印象。

③尸体的表达，给人以极其残酷的印象。

④杀戮/伤人的表情，给人以极其残酷的印象。

⑤恐怖的表情。

3. 反社会行为表达。

①为大规模谋杀/暴力，而与主题或概念不相关的表达。

②表现对麻醉药品、精神药物等受控物质的非法使用，并不是为了医疗等目的。

③一个滥用场景的表达，除非滥用可以被证明是正当的。

④进行犯罪可以得到赞扬或鼓励的表达。

⑤申明提供卖淫嫖娼和组织卖淫嫖娼的行为。

⑥乱伦表达，直接描述强奸和准强奸表达，违反部分人意志的性行为，以及肯定此类行为的表达。

⑦明确建议未成年人饮酒/吸烟。

⑧表达肯定和推荐自杀/自残。

⑨表示通奸的表达。

⑩表明贩卖人口的言论。

4. 语言和意识形态相关的表达。

①禁止传播的语言、歧视性语言和一般不愉快的语言，不应使用可能构成诽谤或贬损的短语，包括直接或间接的表达和隐喻。例外，具体案例中，根据常识，所考虑的表达被认为是间接的或上下文必要的。

②煽动歧视的表达和语言。

③仇视现有个人、国家、国旗、种族、民族、宗教、意识形态或政治组织的表达，或表达对任何人的蔑视，并单方面批评和诽谤。

除了上述各自的违禁物品外，还可能会根据社会变化引入认为必要的新的禁用物品来分配评级。

上述被禁止表达的语言应解释为符合新引入的“Z”类别的目的。

日本不正当竞争防止法*

第1章　总则

第1条　(目的) 该法案旨在防止不正当竞争和提供不公平竞争所造成的损害赔偿措施等，以确保经营者之间的公平竞争和适当执行与之相关的国际协议，有助于国民经济的健康发展。

第2条　(定义) 1. 本法中使用的“不正当竞争”一词是指以下情形：

①通过使用他人的商品或商业标识，与其他人的商品或服务混淆（即商品名称，与商品名称相关的姓名、商号、商标、标识、容器或包装装潢等，下同)，与众所周知的商品或商业标识相同或相似，或通过分配、交付、许诺销售或交付、出口、进口或通过电信线路提供、使用上述商品；

②使用与其他著名商品或服务相同或相似的商品或服务的商业标识，或转让、交付、出口、进口、分配、展示，或通过电信线路提供、使用该商业标识的商品；

③转让、出租、展示转让或融资租赁、出口、进口模仿他人商品的行为(不包括为确保商品的功能所必需的配置)；

④以盗窃、欺诈、胁迫或其他不正当手段获取商业秘密的行为（以下称为“非法获取行为”），或使用、披露（包括对特定人的故意披露，下同)、交易非法获取的秘密；

⑤因故意或重大过失获取商业秘密的行为，存在不当干预行为，或使用、披露通过上述方法获得的商业秘密的行为；

⑥把接触获悉的商业秘密，因重大过失而进行使用或披露，借此发生严重不当的损害行为；

⑦因披露而获得商业秘密的经营者（以下称为“所有者”）以牟取不法

---

* 本章由孙磊编译，本法于1993年颁布。

利益为目的，进行使用或披露，对该所有者造成损害的行为；

……

⑪分配、发行、许诺销售或交付、出口或进口具有可视、可听或运行程序的设备（包括机器和所述设备的组装的部件）；或出于商业目的，破解技术措施限制程序（不包括限制除特定人员以外的所有人可视、可听或运行程序，或记录图像、声音或程序的技术措施）；通过规避所述技术限制措施的有效性，或复制、恢复具有所述防复制功能的程序的记录介质（包括所述程序与其他程序的组合），或通过电信线路提供所述功能的行为（如所述设备或程序仅具有通过破解技术限制措施来查看被限制的图像等功能）；

⑫破解接触型技术措施；

⑬取得或持有与他人商品或服务的具体标识相同或相似的网络域名的行为（姓名、商号、商标、标识或其他），或旨在获得非法收益或对他人造成损害而使用网络域名的行为；

⑭可能导致消费者对原产地、质量、内容、制造过程、目的或数量产生误解的行为；

⑮针对竞争者散布虚假消息、进行商业诋毁的行为；

⑯商标代理人的恶意抢注商标行为。

2. 本法所称商标，是指《商标法》第 2 条第 1 款所定义的商标。

3. 本法所称“标识”是指《商标法》第 2 条第 1 款所定义的标识。

4. 本法所称“产品装潢”是指普通消费者购买后感知的产品外观和内部形状，以及与所述形状相结合的图案、颜色、光泽和质地。

5. 本法所称的“模仿”是指制造与他人产品基本相同的产品的行为。

6. 本法所称的“商业秘密”是指保密的、不为公众所知的、对商业活动有用的技术或商业信息，如制造或销售方法。

7. 本法所称“技术限制措施”是指通过电磁手段，限制可视、可听或程序运行（接触限制），或图像、声音或程序被复制（复制限制）的技术措施；将图像、声音或程序、信号一并记录在终端等，或需要特定转换方式，将图像、声音或程序转换成记录介质或以记录的方式传送的机器等。

8. 本法中使用的“程序”一词指为获得特定结果的一组计算机指令。

9. 域名。

10. 本法中使用的“物”包括程序。

第 2 章　禁令、损害赔偿要求

第 3 条　（禁令请求权）1. 因不正当竞争侵犯商业利益或者可能被侵犯

商业利益的，可以对侵权或者侵害商业利益的主体提出中止或者防止侵权的要求。

2. 在前款规定下，因不正当竞争侵犯或者可能侵犯商业利益的人，可以要求销毁构成侵权行为的物。同样适用于第 5 条第 1 款移除侵权行为的设备，或停止侵权所需的其他行为。

第 4 条　故意或过失通过不正当竞争，侵犯他人商业利益，侵权人有责任赔偿由此造成的损失。例外，第 15 条中规定的处分权丧失。

第 5 条（损害赔偿金额的计算）1. 被第 2 条第 1 款第①项至第⑩项或第⑯项（关于第④项所列的不正当竞争一段，仅限于涉及技术秘密的不公平竞争）所列不正当竞争方式侵犯商业利益的人（以下简称“被侵权方”），要求的损害赔偿金额，以侵权人实施侵权行为的商品之数量（以下简称“分配数量”）乘以每单位物品的利润额；在没有侵权物的情况下，被侵权方可出售的商品在合理的金额范围内可以被确定为遭受的损害赔偿金额。例外，如果有条件阻止侵权方出售全部或部分数量的物品，则扣除相对应的物品数量。

2. 当被侵权人要求损害赔偿时，如果侵权人通过侵权行为获利，则其利润被推定为损害赔偿金额。

3. 因第 2 条第 1 款第①项至第⑨项、第⑬项或第⑯项所列的不正当竞争而侵犯其商业利益的人，可以要求赔偿损失，被侵权方遭受的损害赔偿金额相当于被侵权方本应有权就下列有关不正当竞争分类规定的行为所获得的金额：

①第 2 条第 1 款第①项；

②第 2 条第 1 款第②项；

③第 2 条第 1 款第④至⑨项；

④第 2 条第 1 款第⑬项；

⑤第 2 条第 1 款第⑯项。

4. 前款规定并不排除赔偿损失超过该款规定数额的索赔。如果侵权人非故意或重大过失，法院应在确定损害赔偿金额时酌情考虑。

第 5 条-2　（获得技术秘密的人使用技术秘密的行为推定）关于第 2 条第 1 款第④项、第⑤项、第⑧项（限于取得商业秘密的行为）中的技术秘密（限于制造方法的技术秘密或者内阁命令规定的其他形式），被告使用上述秘密的制作方式制造商品，其行为即视为已经使用了技术秘密。

第 6 条（明确具体条件的义务）在涉及通过不公平竞争侵犯商业利益的

诉讼中，如果侵权人否认所声称的事物或过程构成侵权行为的，则主张被侵权一方必须澄清行为的具体情况；但是，如果有合理理由不能澄清的除外。

第 7 条 （提交文件）1. 在涉及因不正当竞争而侵犯商业利益的诉讼中，法院可以根据当事人的动议，命令当事人提交证明侵权行为所必需的证据或计算因违法行为造成的损害赔偿金额的证据，但如果证据持有人有合理理由拒绝提交的除外。

2. 如果法院认为有必要确定是否存在前款规定的正当理由，则可要求文件持有人出示上述文件。在这种情况下，任何人都不得拒绝披露所提交的文件。

3. 在前款所指的案件中，如果法院认为有必要披露第 2 款中规定的文件，法院可向以下人员披露：双方当事人（如当事人为企业，则为其法定代表人），或其代理人（不包括律师、法庭助理、法院雇员或其他工作人员），以及出庭律师。

4. 前三款的规定参照适用于诉讼中证明所述侵权行为所必需的任何证人的陈述。

第 8 条 （损害赔偿计算专家意见）在涉及因不正当竞争而侵犯商业利益的诉讼中，如果法院根据当事人的动议，决定就计算侵权行为所造成的损害所需的事项征求专家意见，当事人应当对专家证人形成专家意见所必需的事项进行解释。

第 9 条 （合理赔偿金的确定）在诉讼中，法院虽认定实际发生了损害，但法院极难由所述事实的性质而证明损害数额所必需的数额。法院可根据口头辩论和证据审查的综合结果，确定合理的损害金额。

第 10 条 （保护令）1. 在侵犯商业秘密诉讼中，如果诉讼当事人拥有的商业秘密属于以下两种情形，法院可以根据当事人的动议，并通过裁决，命令当事人、律师或助理在法庭上不得将商业秘密用于除诉讼以外的任何其他用途，或将其披露给诉讼以外的其他人。例外，如果法院的当事人、律师或助理已经通过第①项条款的规定或审查或披露以外的方式知晓或拥有了商业秘密，则不适用。

①该方拥有的商业秘密在已经提交或即将提交的简报中体现，或者包含在已经审查或待审查证据的内容中（包括根据第 7 条第 3 款披露的文件或根据第 13 条第 4 款披露的文件）。

②基于前一项，当事人禁止使用上述商业秘密用于诉讼或披露商业秘密以外的任何其他目的，为了防止这种情况，有必要限制所述商业秘密的使用

或披露。

2. 前款所订令的动议（以下简称“保护令”）必须以书面形式提出，并包括以下事项：

①保护令相对人；

②足以确定将保护令的对象构成商业秘密；

③属于前款各项目所列理由的事实。

3. 法院在签发保护令时，应对保护令对象做出书面裁决。

4. 保护令于送达书面裁决时生效。

5. 如果法院驳回保护令的动议，该当事人可以就该司法裁判提出上诉。

第 11 条 （撤销保护令）1. 如不具备或不再具备第 10 条第 1 款规定的要求，提出保护令动议的人或已签发保护令的人可提出动议，向保留案件记录的法院申请撤销保护令。(如果没有此类法院，则为发布保护令的法院)

2. 法院就撤销保护令的动议做出司法判决时，应对提出动议的人和对方做出书面裁决。

3. 可就撤销保护令动议的司法判决提出上诉。

4. 撤销保护令的司法决定在其成为最终决定并具有约束力之前未生效。

5. 如果法院已做出撤销保护令的司法判决，在发出保护令的同一诉讼中，法院应立即通知除提出撤销保护令或反对者的动议以外的任何人撤销保护令的司法裁决结果。

第 12 条 （检查案件记录的请求通知）

……

2. 在前一段所述的案件中，法院书记员不得允许申请提出人在请求之日(如果针对在上述日期或之前提出的保护令动议，则直至该动议的司法判决成为最终生效日期为止）起两周后，就同一段落的秘密记录部分申请检查。

3. 根据《民事诉讼法典》第 92 条第 1 款项，允许申请人根据第 1 款检查包含了秘密的该部分记录，则前两款的规定不适用。

第 13 条 （暂停公开审查）略。

第 14 条 （恢复商誉的措施）在商誉受损的当事人要求下，法院可以命令故意或过失从事不正当竞争、损害他人商业声誉的一方，采取必要措施恢复该人的商誉，赔偿损害。

第 15 条（除斥期间）根据第 3 条第 1 款的规定，要求暂停或防止反对在第 2 条第 1 款所列的不正当竞争行为中使用商业秘密的行为，第④项、第⑨项如果侵权人持续进行上述行为，商业利益受到侵犯或可能被侵犯的权利人，自知道所述事实及进行该行为的人的身份时，3 年内未行使该权利，则丧失处分权；侵权行为开始 20 年后，处分权丧失。

第 3 章　根据国际协议禁止的行为

第 16 条　(禁止外国国旗的商业使用) 1. 任何人不得使用与经济、贸易和工业部条例规定的外国国旗、纹章或任何其他标志相同或相似的任何物品作为商标，任何人不得转让、交付、展示、出口、进口或通过电信线路提供使用，将类似于外国国旗等标志作为商品商标，或使用类似于外国国徽标志、国旗等作为服务商标。

例外，如果获得外国政府机构的许可，并且有权批准使用外国国旗等。

2. 除前款规定外，任何人不得以任何方式使用前款所述外国军队纹章，对商品原产地造成误解；任何人也不得转让、交付、展示、出口、进口或通过电信线路提供使用外国军队纹章的商品或者服务。

例外，如果获得有权批准使用外国的军队纹章的外国政府机构的许可，则不适用。

3. 任何人不得使用与外国国家或地方政府用于监督或认证的印章或标志相同或相似的商品或服务的商标，也不得转让、交付、展示、出口、进口或通过电信线路提供使用上述商标的商品。

例外，如果获得外国政府机构的许可，则不适用。

第 17 条　(禁止商业使用国际组织商标) 略。

第 18 条　(禁止向外国公职人员提供不正当的收益) 略。

第 4 章　杂项

第 19 条　1. 第 3 条至第 15 条、第 21 条（不包括第 21 条第 2 款第⑦项)、第 22 条的规定不适用于下列事项中规定的有关列明的不正当竞争分类的行为。

①第 2 条第 1 款第①项、第②项、第⑭项和第⑯项所列的不正当竞争：使用或表明商品或服务通用术语的行为（不包括名称)；由葡萄或葡萄作为成分制成的物品的原产地，已成为相同或类似商品或业务的通用术语（以下统称为通用术语)，或者为了转让、交付、出口、进口或通过电信线路提供的分配、交付、显示的行为，使用或表明正常名称是惯常做法（包括在通常的情况下通过表示或使用通用术语提供服务的行为等，在第⑭项中列出的不公平竞争的情况下和第⑯项所述段落)。

②第2条第1款第①项、第②项和第⑯项所列的不正当竞争：使用自己名称而无错误目的的行为（意味着获取不法利益的目的、造成他人损害的目的，或任何其他不正当目的；下文中同样适用），或为转让或交付、出口、进口或通过电信线路提供的货物分配、交付、展示的行为。

③第2条第1款第①项所列的不正当竞争：在他人商品被消费者广为人知之前，使用与他人的商品或服务相同或相似的标识；在取得、使用商品或服务的标识时，或在转让、交付、出口、进口或提供电信线路时，转让、交付、展示、使用商品或服务标识的流通货物时，无不正当目的。

④第2条第1款第②项所列的不正当竞争行为：在他人商品成为著名商品之前，使用与他人的商品或服务的标识相同或相似的标识；在取得、使用商品或服务的标识时，转让、交付、展示、使用商品或服务标识的流通货物时，无不正当目的。

⑤第2条第1款第③项所列的不正当竞争中的下列行为：

A. 为转让或租赁而分配、租赁、展示、出口或进口货物的行为，自于日本首次售卖之日起已逾3年；

B. 通过转让获得模仿他人的商品外观的行为（仅限于在通过转让获得商品时不知道被模仿他人外观），并且在不知道所述事实的情况下无重大过失。

⑥第2条第1款第④项至第⑨项所列的不正当竞争：通过交易获得商业秘密的（仅限于在获得商业秘密时），不知道商业秘密存在不正当披露或者不当获取或不当干预行为，并且无重大过失，并在交易获得的所有权范围内使用或披露该商业秘密。

⑦第2条第1款第⑩项所列的不正当竞争：根据第15条的规定，于权利终止后使用商业秘密。

⑧第2条第1款第⑪项和第⑫项所列的不正当竞争：破解技术措施的设备仅用于测试和研究技术措施。

2. 通过前款第②项或第③项所列任何行为侵犯或可能侵犯其商业利益的人，可以要求下列各项规定的人员进行分类。在相关项目中列出的行为使用适当的提示，以防止与他人商品或业务混淆：

①前款第②项所列的行为：使用自己名字作为标识的（重名）；

……

第19条-2 （内阁命令授权）1. 除本法案规定的内容外，内阁命令还应规定调整与没收犯罪有关的没收和处置违法行为之间程序所需的事项。

2. 除本法规定的内容外，第三方干预程序和第32条规定的司法判决程序、第 8 章保全没收和保存收集程序及国际共同程序所必需的事项、第 9 章规定的法律援助（不包括前款规定的事项），由“最高法院规则”规定。

第 20 条 （过渡措施）略。

第 5 章　罚则

第 21 条 （刑事罚则）1. 构成下列任何一项的，被处以 10 年以下的监禁，不超过两千万日元的罚款，或两者兼施：

①通过欺诈行为等获得商业秘密的人（即欺骗、攻击或恐吓某人的行为；本条下文中同样适用）或通过管理权篡改（故意行为）窃取财产、闯入设施，进行未经授权的访问，或以任何其他方式造成损害；本条款同样适用于不法获得或以对所述所有者造成损害为目的的。

②以获取不法利益或对所述所有人造成损害为目的，使用或披露通过欺诈行为等或通过篡夺管理权而获得的商业秘密的人。

③商业秘密所有者披露商业秘密的，以及为了获得不正当利益或对所述所有人造成损害的，通过以下任何一种方式获得商业秘密，违反关于商业秘密管理的法律责任：

A. 盗用包含商业秘密记录的介质等（描述或记录商业秘密的文件、图纸或记录介质，下同）或代表的商品商业秘密；

B. 反编译或记录包含商业秘密等的记录媒体；

C. 拒绝从含有商业秘密等的记录媒体中删除的描述或记录，并伪装已删除了包含商业秘密等的记录媒体中的描述或记录。

④商业秘密的所有人、披露商业秘密的人，以及为了获取不法利益或对所述业主造成损害的人，使用或披露通过前一项的 A 至 C，违反有关商业秘密管理的法律责任。

⑤作为高级职员（指理事会成员、董事、执行官、执行成员、检查员或审计师或其他同等人士；下同）或商业秘密所有人的雇员，业主向其披露商业秘密，以及为了获取不正当利益或对所述业主造成损害，使用或披露所述商业秘密，违反了有关商业秘密管理的法律义务（不包括前项所列人员）。

⑥作为商业秘密所有人的官员或雇员，业主向其披露了商业秘密，并且为了获取不法利益披露商业秘密对业主造成损害，或者在该工作中违反了有关商业秘密管理的法律义务，并在离开该工作后使用或披露（不包括在第④项）。

⑦为了获取不法利益或对所述所有人造成损害，使用或通过对构成第②项或前三项或第 A 项所述罪行的披露而获得商业秘密的人（仅限于构成第

3 款第②项和前三项规定的犯罪的披露部分)。

⑧为了获取不法利益或对所述所有人造成损害而使用或披露所知的商业秘密，而该商业秘密构成第②项所述干预性披露的罪行，通过前一项或第 3 款第④项、第②项。

⑨为了获取不法利益或对所述业主造成损害，为了转让或交付而分配、交付、展示、出口、进口或通过电信线路提供的行为，构成第②项或第④项所述罪行的人或其他人，通过前项或第 3 款第③项。

2. 属于下列任何一项的将被处以 5 年以下的监禁，不超过 500 万日元的罚款，或两者兼施：

①为了不正当目的，实施第 2 条第 1 款第①项或第⑭项所列的任何不正当竞争行为的；

②为了通过使用他人著名的商品或服务的声誉或名誉获取不法利益的，或为了损害所述声誉或名誉而实施任何不正当竞争行为的第 2 条第 1 款第②项所列；

③为获取不法收益而实施第 2 条第 1 款第③项所列的任何不正当竞争行为的；

④为了获取不法利益或为了其商业目的而对他人使用技术限制措施造成损害的，实施第 2 条第 1 款第⑪项或第⑫项所列的任何不正当竞争行为；

⑤在商品或服务或其广告或商业文件或电子通信中做出虚假表示的，可能会对原产地、质量、内容、制造过程、目的，或所述商品的数量，所述服务的质量、内容、目的或数量（不包括第①项所列的）产生误解；

⑥违反保护令的人；

⑦违反第 16 条、第 17 条、第 18 条第 1 款的任何规定的。

3.属于下列任何一项的人，将被处以不超过 10 年的监禁，不超过3 000万日元的罚款，或两者兼施：

①为在日本境外使用而构成第 1 款第①项或第③项所定罪行的；

②构成第 1 款第②项或第④项至第⑬项的，在日本境外使用，明知道接收方是犯罪行为而做出披露的；

③构成第 1 款第②项或第④项至第⑬项，使用在日本境内开展业务业主的商业秘密；

④旨在第 1 款（不包括第②项、第③项的部分）第①项所定的罪行，前款应当予以处罚。

5. 第 2 款所述的罪行，第⑥项属于亲告罪。

6. 第 1 款各项（不包括第④项）、第 3 款第①或第②项或第 4 款所定明的罪行，也适用于在日本境外犯下与日本境内开展业务的所有者的商业秘密有关的所述罪行。

7. 第 2 款第⑥项所定的罪行亦适用于在日本境外犯下该罪行的人。

8. 第 2 款第⑦项规定的罪行（仅限于第 18 条第 1 款规定的部分）应受《刑法》第 3 条（1907 年第 45 号法令）管辖。

9. 第 1 款至第 4 款的规定并不排除根据《刑法》或任何其他法案适用刑法的条款。

10. 下列项目所列财产可予没收：

①通过犯罪行为造成或获得的财产，或作为对构成第 1 款、第 3 款和第 4 款规定的犯罪行为的奖励而获得的财产；

②作为前一项所列财产的获得的孳息、作为所列同一项目财产的对价而获得的财产、为换取这些财产而收取的费用，以及持有或处置该财产而获得的其他财产、在同一项目中列出的财产。

11. 《惩治有组织犯罪和控制犯罪所得法》第 14 条和第 15 条的规定（1999 年第 136 号法，以下简称“有组织犯罪处罚法”）比照适用于没收前一段。在这种情况下，有组织犯罪处罚法第 14 条中的“前一条第 1 款或每一项（第④项）”中的每一项均被视为“第 21 条的每一项”。

12. 由于所述财产的性质而无法根据第 10 款没收，或不适合没收的财产，该财产的使用、权利基础不是犯罪人的，可以从犯罪人处搜集等价物。

第 22 条 1. 当司法人员的代表，或司法人员或任何人代理人、雇员或其他工人犯下下列任何条款所列的违法行为的，或者除违法者受到处罚外，对司法人员处以上述规定的罚款处罚，并处以有关条款规定的罚款：

①第 3 款前条第①项（限于同一条第 1 款第①项的部分）、第②项（仅限于关于第 1 款的部分），同一条款的第②项、第⑦项和第⑧项，或第③项（仅限于第 1 款第②项、第⑦项和第⑧项的部分），或第 4 款（仅限于第 3 款第①项的部分、同一条第 1 款第①项的部分）、第②项（限于同一条第 1 款第②项、第⑦项和第⑧项的部分）和第③项（仅限于第 1 款第②项、第⑦项的部分，第⑧项同一条款的罚款不超过10亿日元）。

②第 1 款第①项、第②项、第⑦项、第⑧项或第⑨项（不包括就物品所定罪行而实施非法使用的人的情况）、第④项通过前一条第 3 款第⑤项、第③项（第 1 款同一条第④项至第⑥项）在本条和第 3 款中称为“非法使用的特定法”或第 4 款（仅限于第 1 款第①项、第②项的部分，第⑦项、第⑧项

或第⑨项同一条，不包括已经实施非法使用特定法的人属于同一条款的情况）同一条款的罚款不超过 5 亿日元。

③前条第 2 款罚款不超过 3 亿日元。

2. 在前款所述的案件中，前条第 5 款规定的投诉是针对同一条第 2 款第⑤项规定，适用于司法人员或者个人。

3. 司法人员或个人根据第 1 款的规定，就第 1 款第①项、第②项规定的违法行为而处以罚款的处罚期，第⑦项、第⑧项或第⑨项（不包括已经实施特定非法使用行为的人属于该类别的情况），第 2 款、第 3 款第①项（仅限于第 1 款前条第①项的部分），第②项（仅限于同一条第 1 款第②项、第⑦项或第⑧项的部分），或第③项（限于有关同一条第 1 款第②项、第⑦项或第⑧条的部分），或第 4 款（限于有关第 1 款的部分，项目同一条的第①项、第②项、第⑦项、第⑧项或第⑨项，不包括已经实施特定非法使用行为的人属于该类别的情况），或第 3 款第①项（限于同一条第 1 款第①项的部分），第②项（限于同一条第 1 款第②项、第⑦项或第⑧项的部分），或第③项（仅限于第 1 款的部分，项目同一条的第②项、第⑦项或第⑧项与同一条的规定中所述的犯罪相同）。

第 6 章 刑事诉讼特别规定

第 23 条 （商业秘密的保护性裁决）1. 当法院处理涉及第 21 条第 1 款、第 3 款或第 4 款规定的犯罪或前条第 1 款规定的犯罪（不包括第③项）的案件时，受害人、受害人的法定代理人或受其中任何一方委托的律师提交请愿书，申请在法庭上不公开披露某事项，以确定构成商业秘密的全部或部分信息，并且法院认定在听取被告或辩护律师的意见后，法院可以裁定所述事项不会在公开庭审上披露，并为此确定范围。

2. 前款所述的请愿书必须事先向检察官提出。在这种情况下，检察官应将检察意见通知法院。

3. 当法院处理第 1 款规定的案件时，被告或辩护律师、检察官提交请愿书，不在法庭上披露全部或部分商业秘密信息。如果法院认定该事项作为犯罪证据或被告人辩护必不可少，但在公开庭审上披露此事有可能严重阻碍被告或其他人的商业活动，在听取了对方的意见后法院可以裁定所述事项在法庭上于一定范围内不进行公开。

4. 法院做出第 1 款或前款规定的裁定（以下称为“保护令”），法院认为必要时，可以听取检察官、被告人、辩护人的意见做出决定；裁决中应把地址或其他信息等商业秘密构成的名称或其他表述进行隐名处理。（“商业秘密构成信息的事项”是指根据保护性裁决，不得在公开法庭上披露的全部或者部分商业秘密信息；下同）

5. 法院发布保护令，发现商业秘密的构成要件在开庭中不进行披露已不适当的，或者不再符合第 1 款规定的情形的；根据《刑事诉讼法》第 312 条（1948 号法令第 131 条）撤销或更改适用的刑法，法院在裁定中必须全部或部分撤销保护性裁定。

第 24 条 （明细表公示的特别规定）如果以《刑事诉讼法》第 291 条第 1 款的规定发布了保护令，必须公示禁止公布泄露商业秘密的内容明细表。公诉人必须向被告出示明细表。

第 25 条 （限制性调查）已发出保护令，案件中有关人员的调查或陈述中包含了商业秘密的构成信息的事项，除非限制所说的调查或陈述会实质妨碍犯罪证明，或者对被告人的辩护可能有很大的损害，主审法官可以限制所提出的问题或陈述。同样的情况也适用于案件中有关被告的问题。

第 26 条 （庭审外的证人测试）略。

第 27 条 （制作命令或显示重要事项以供审查的文件）略。

第 28 条 （阅读文献证据的特殊规定）略。

第 29 条 （预审会议程序中的裁决）略。

第 30 条 （要求在证据披露中保护处理商业秘密）略。

第 31 条 （最高法院规则）略。

第 7 章　没收程序的特别规定

第 32 条 1. 如果第 21 条第 10 款每一项所列财产的索赔等（即不动产和动产以外的财产，同样适用于第 34 条）属于被告以外的人（以下简称为本条中的“第三方”），第三方不参与公诉案件的诉讼程序，司法不得做出没收判决。

2. 如果依据第 21 条第 10 款和第 3 条的规定没收第三方的地上权、抵押权或任何其他权利的财产，则适用前款规定。当事人不得参与公诉案件的诉讼程序。

3.《有组织犯罪处罚法》第 18 条第 3 款至第 5 款的规定比照适用于地上权、抵押权或第三方任何其他权利的财产的情况。根据《有组织犯罪处罚法》第 15 条第 2 款的规定，根据第 21 条第 11 款比照适用，应当没收并继续存在相关权利。

4. 除本法另有规定的事项外，《关于没收第三方所有物的刑事诉讼紧急措施法》（1963 年第 138 号法）的规定比照适用于没收财产的程序第 1 款和第 2 款规定的。

第 33 条　（没收索赔的处理）《有组织犯罪处罚法》第 19 条规定，比照适用于第 21 条第 10 款规定的没收，《有组织犯罪处罚法》第 20 条的规定比照适用于登记申请的情况。根据司法决定，向相关组织转让权利，以便没收在转让其权利时需要注册的财产。在这种情况下，同一条中的“下一章第 1 节”被视为“不正当竞争法”第 8 章所取代。

第 34 条　（刑事赔偿特别规定）《刑事赔偿法》（1950 年第 1 号法）第 4 条第 6 款的规定比照适用于同一法案中关于没收索赔等的赔偿内容。

第 8 章　保全程序

第 35 条　（预期没收的保护令）1. 关于第 21 条第 1 款、第 3 款和第 4 款规定的犯罪的公诉案件，如果法院认为有合理理由，认为有关财产可能是根据同条第 10 款的财产（以下简称“被没收财产”），没收所述财产，可以应检察官或其本国当局的要求发布保护令，禁止预期没收，处置上述财产。

2. 如果法院有正当理由认为该权利将消失，可发出或拟发出保护令，以对存在超额、抵押或其他权利的财产进行没收；或者如法院有正当理由认为权利是伪造的，根据公诉人申请或自己决定，可以单独发布一个附属保护令，以禁止在要求下处分该权利。

3. 如果法官认可前两款规定的理由和必要性，在提起诉讼之前，可应检察官或司法机关警察（关于作为警察的司法警官，仅限于警察检查员、国家公共安全委员会或县公共安全委员会指定的更高级别的人员）的要求，进行前两款规定的假处分。

4. 除前三款规定的内容外，根据本规定处置的，应当按照预期没收的保护令禁止处分的规定和《有组织犯罪处罚法》第 4 章第 1 节和第 3 节规定的附属保护令进行管理。

第 36 条　（预期收集的保护令）1. 属于第 21 条第 1 款、第 3 款和第 4 款规定的犯罪的公诉案件，如果有合理理由认为应按照第 12 款的规定（由于所述财产的性质而无法根据第 10 款没收，或不适合没收的财产，该财产的使用、权利基础不是犯罪人的，可以从犯罪人处搜集等价物）进行搜集的，并且有可能无法或极难执行的，应公众要求、检察官申请或其自行决定，法院可以发出保护令，以禁止被告处置上述财产。

2. 法官根据前一段规定的理由，认为必要，可以在提起诉讼之前应检察官的要求可进行同一段规定的处分。

3. 除前两款规定的内容外，根据这些规定的处理，应根据《有组织犯罪处罚法》第 4 章第 2 节和第 3 节预期收集的保护令禁止处分的规定管辖。

第 9 章　执行司法裁决和没收、收缴的国际司法协助程序

第 37 条　（司法协助）如果外国就执行没收或扣押的财产的最终和具有约束力的决定提出协助请求，或者就该外国国家的刑事案件保全没收或收缴财产（仅限于构成该国的刑事案件，在上述案件中构成第 21 条第 1 款、第 3 款或第 4 款规定的罪行是在日本实施的），除非有关案件属于下列事项之一，可以为所述请求提供帮助：

①如果构成要求援助的罪行（即指称在协助请求中犯下的罪行）在日本承诺根据日本法律和法规不可能实施处罚；

②当构成要求援助的刑事案件在日本法院审理，或者日本法院就此做出最终和具有约束力的判决；

③协助执行援助的没收或保全的财产，如果罪行在日本实施，根据日本法律法规，日本具有最终约束力决定的权利；

④根据日本法律和法规，所犯罪行发生在日本，并可能被提交到日本，法院可以就搜集或保全证据提出司法裁决；

⑤财产请求权或抵押权的所有人有合理理由，由于不能归咎于所述司法裁决，无法在诉讼程序中主张权利。

第 38 条　（被视为收缴的没收）略。

第 39 条　（请求国提供援助的财产转移）略。

第 40 条　（根据《有组织犯罪处罚法》处理援助）略。

补充规定

第 1 条　（生效日期）略。

第 2 条　（过渡措施）略。

第 3 条　略。

第 3 条的规定、第 4 条的主要条款和第 5 条不适用于在本法生效之前继续下列任何行为：

①属于第 2 条第 1 款第②项所列的行为（不包括属于同一款第①项的行为）；

②在第 2 条第 1 款第⑭项所列的行为中，以可能的方式使用服务标识对所述服务的质量、内容、目的或数量或提供服务的行为产生误解。

日本不当景品及不当表示防止法*

第1章　总则

第1条　(目的) 本法旨在通过规定限制和禁令来保护一般消费者的利益，防止客户因与商品、服务和指示交易有关的不合理奖金被诱导，并防止可能阻碍消费者自愿和理性选择的行为。

第2条　(定义) 1. 本法所称经营者，是指从事商业、工业、金融业务或者其他业务的人员，或与从事该业务人员有利益行为的人员、员工、代理人或者其他人员。前款有关经营者的规定适用于下款和第31条的规定。

2. 本法所称集团，是指两个或两个以上经营者的组合，其注册资金来自资本或股东企业（即商业经营者是商业组织的成员，与第40条中相同），其主要目的是促进经营者或其组合的共同利益，不包括那些主要目的是从事商业、工业、金融和其他业务，以赚取利润并实际经营业务的人。

3. 本法中使用的术语“奖金”，是指无论诱导客户的方式，无论采用直接或间接方法，由总理指定的金钱或其他经济利益方式（采用彩票方法同样适用）。

4. 在本法案中，“广告”指经营者将其自身提供的商品或服务的内容、交易条件和与这些交易有关的其他事项作为吸引顾客的手段进行的宣传和其他指示。

第3条　1. 总理应依照前条第3款或第4款的规定进行指定，或者如其拟改变或废除此类事项，应根据《内阁办公室条例》的规定举行听证会，听证会应征求经营者和公众的意见，并听取消费者委员会的意见。

2. 前款规定的名称及其修改和废止，应当公告。

---

* 本章由孙磊编译，本法于1962年颁布。

第 2 章　奖金和广告的规定

第 1 节　限制和禁止奖金、禁止不合理的广告

第 4 条　(限制和禁止奖品) 总理有必要防止不公正诱导客户，并确保普通消费者做出自愿合理的选择，规定奖金的最高金额或总额，提供奖品或禁止提供奖品的类型，或提供方法及其他事项。

第 5 条　(禁止不当广告) 企业不得做出下列任何有关其提供的货物或者服务交易的项目。

1. 向一般消费者展示的商品或服务的质量、标准和其他内容明显优于其实际水平，或提供与商业经营者相似或类似的商品或服务令消费者混淆，利用明显优势地位可能非理性地吸引顾客，并妨碍普通消费者自愿和理性选择。

2. 名义价格或其他交易条件明显低于实际消费者或与其他竞争关系企业，因此这往往会导致客户不公正并阻碍公平竞争。

3. 除前两项所列内容外，消费者可能误解有关商品或服务交易的事项，不合理地诱使、吸引顾客，及总理指定其他可能阻碍普通消费者自愿合理选择的事项。

第 6 条　1. 依照第 4 条规定总理或者根据第 4 条规定指定的县长，有权就禁止奖金及禁止不合理广告进行限制或发布禁令。在做出更改或废除的决定前，他/她应根据《内阁办公室条例》的规定举行听证会，征求有关企业的相关意见和建议，并听取消费者委员会的意见。

2. 根据前款规定决定限制、禁止及变更和废止，应当公告。

第 2 节　措施

第 7 条　1. 总理依照第 4 条的规定，决定限制或者发布禁令，或者因违反第 5 条规定的行为，决定停止、中止或者禁止再次行为，应将决定及有关其他必要事项进行公告。即使违规已经消失，也应向下列人员下达命令。

①违规行为的经营者。

②违规行为的经营者是法人，则该公司因分立或合并成立后存立的法人。

③违规行为的经营者是法人，则成功完成全部或部分业务的公司分部及代表该公司的全部或部分业务的法人代表。

④从违规行为经营者那里继承与违规行为有关的全部或部分业务的企业。

2. 总理在认定有必要审查经营者的广告是否属于第 5 条第①项规定时，

可给予经营者答辩机会，可要求在确定期限内提交证明该广告合理的材料。如果所述经营者未能提交适用的材料，则该广告应被视为违规。

第3节　罚金

第8条　1. 经营者违反第5条规定的行为（不包括属于第5条第③项规定的行为，以下简称“罚金用行为”），总理应按照内阁名单所规定的方法计算：销售额×（期间内交易罚金+交易目标的商品或服务所规定的罚金）-支付国库=政府获得金额的罚金。例外，整个期间内，所述广告属于以下任何一项，经营者非故意，由于不知情而未尽注意。如果金额低于150万日元时，免除罚金。

①对于商品或服务的质量、标准和其他内容的宣传明显优于实际，或者不实宣传自己明显优于提供相似或类似的产品、服务的竞争者。

②关于两种商品或业务的价格、其他的交易条件，实际交易对象明显夸张或与实际不符，做出与提供同种或类似的商品或服务的竞争者相比明显夸张优势的广告。

2. 前款规定的“罚金用期”，是指根据内阁府令规定的措施，不正当地吸引顾客，妨碍一般消费者自主和合理选择的行为期间（自其停止支付之日起6个月内的附加日）。为该经营者提供该商品或服务交易，加上销售，再加上交易期间，该期间超过3年时从该期间的最后一日开始起算3年。

3. 总理在认定有必要审查经营者的广告是否属于第5条第①项规定时，可提供经营者答辩机会，并要求其在确定期限内提交证明该广告合理的证据。如果所述经营者未能提交相应材料，则该广告应被视为违规。

第9条　（减少符合课税对象行为的罚款额）在前条第1款所述的情形中，如果该业务经营者行为根据《内阁办公室条例》就罚金事实进行了汇报，则根据同一条款的规定可减少计算50%所得金额。例外，不适用于由于应对罚金行为进行调查而产生的报告。

第10条　（减少因实施退款措施而产生的罚金）1. 根据第15条第①项规定和地方政令申请退款的，应为在第8条第②项规定的罚金期间购买商品或接受服务的一般消费者。计算方法：购买额+获得金额3%以上的金钱的交付措施（以下这条和下条称为“退款措施”）。实施时，应根据内阁府令的规定退款措施制订退款计划（以下称“实施计划退款措施”），并将申辩书在第15条第①项规定的提交期限之前提交内阁总理大臣，获得批准。

2. 退款计划实施时间表应说明以下事项：

①实施计划和实施期间；

②通知退款措施计划的相关方式、实施计划、退款措施；

③实施退款措施计划及其采购方法所需的资金。

3. 实施退款计划的时间表应包括在根据第 1 款规定的申请认可之前已经执行退款措施的人员姓名或名称、退款金额及计算方法，可作为内阁府令的规定“其他申请前退款措施事项”记载。

4. 申请第 1 款所列批准的人，须按照内阁府令及时退款，并须依照上报批准的退款措施，向总理报告收到退款的用户姓名、退款金额、计算方法，以及内阁办公室条例规定的有关退款措施的其他事项。

5. 除非已经提交了第 1 款所述的认可申请，并满足退款计划的时间表，总理不得批准认可以下情形：

①有关预定实施时间表的还款措施可顺利、可靠地实施；

②退款计划的实施时间表对于接受退款的人员（如果执行计划表中规定了第 3 款规定的事项，或者根据前一条款的规定作出报告）、已经收到退款的人员、特定人员无不合理的歧视；

③第 2 款第①项规定的退款处理时间表中规定了实施期限的，应在该法令规定的期限内完成。

6. 已获得第 1 款所述批准的（以下简称本条及下列条款中的“经核证的经营者”），根据《内阁办公室条例》变更获批计划内容的，应得到总理的批准。

……

8-1. 总理根据第 6 款的规定，经营者变更已获得第 1 款所述认可的退款措施计划的，视为第 1 款规定的证明已取消。

8-2. 如果总理发现已认可的经营者未按照第 1 款认证（包括根据第 6 款的规定对变更计划进行的认证，在下一段和第 10 段的附加条件中简称为“认证”）的退款措施、实施时间表计划实际执行，应取消批准事项。

9. 总理在根据前款规定认可或撤销认可时，应立即以书面形式通知相关主体。

10. 获得第 1 款中总理批准的，即使有第 8-1 款的规定，也不应在规定的计划截止日期之前命令经营者缴纳罚款。例外，不适用于根据第 8-2 款的规定取消许可的情况。

第 11 条　1. 经营者（不包括根据前条第 8 款规定被取消的，包括根据同一条第 6 款的规定承认变更的）根据第 1 条第 1 款批准后的实施计划时间表实施退款的结果，应按规定在实施期限届满后一周内通知已经认可的接受退款者，并报告内阁办公室。同样适用于第 3 款。

2. 在第 8 条第 1 款所述的情况下，总理可以根据前款规定的报告，在前条第 1 款计划批准后实施退款措施。批准后（如果在上述认可实施的退款计划表中已说明同条第 3 款规定的事项，或者报告是根据上述条款第 4 款的规定进行的，包括与上述说明或报告有关的退款措施），根据内阁办公室条例的规定退款措施，根据第 8 条第 1 款或第 9 条规定缴纳的罚款金额，罚金中减去根据内阁办公室条例规定金额计算的金额小于零时，金额应为零。

3. 尽管有第 8 条第 1 款的规定，按照前款规定计算的罚金金额少于 1 万日元时，总理可命令经营者不支付罚金。此时，总理应立即书面通知经营者。

第 12 条 （罚金的支付义务等）1. 收到罚金支付令的，应当按照第 8 条第 1 款、第 9 条、第 9 条第 2 款的规定缴纳罚金。

2. 如按照第 8 条第 1 款、第 9 条或第 9 条第 2 款的规定计算的罚金的数额尾数小于 1 万日元，则该部分可舍去。

3. 处罚对象是法人的，法人资格因合并而消灭时，处罚对象转为合并后存续，或者根据合并设立的新法人。从第 8 条到前条，适用前两项和次项的规定。

4. 有关公司全部转让，或者在该法人作为处罚对象的调查开始日以后公司进行分立的，则分立后的公司继承该处罚对象的全部事业行为；由于合并以外的其他原因导致公司主体消灭的，由该事业的全部或者部分的继受者，或者通过分立承继了该事业的全部或部分的子公司等代替原法人作为处罚对象；根据第 8 条第 1 款规定接受承继特定事业的子公司等，根据第 8 条第 1 款规定继承其他特定事业的子公司等，参照执行。

5. 前款规定的“子公司”，是指拥有过半数股权及表决权的股东（不包括无表决权的股东），以及包括根据《公司法》第 879（3）条（2005 年第 86 号法案）的规定被视为拥有表决权的股东，本段下文同。在这种情况下，为公司及其一个或多个子公司，或拥有公司过半数表决权的股东的一个或多个子公司。

6. 在第 3 款和第 4 款所述的情况下，应由内阁命令规定适用第 8 条第 2 款和第 3 款的规定及第 9 条规定所必需的事项。

7. 自应处罚金的违规行为停止之日起超过 5 年的，总理不应再下令支付罚金。

第 13 条 （给予支付罚金的答辩机会）总理打算发布罚金支付令时，应给予被处罚人答辩机会。

第 14 条 （辩护的方式）1. 答辩方应提交一份书面答辩意见（下一条第

1 款中称为“答辩意见”），但总理批准可口头答辩除外。

2. 在发表答辩时，可提交证据文件或其他证据。

第 15 条 （告知答辩权利的方法）1. 总理应在截止日期前合理时间内（如果有机会进行口头答辩，则为相应口头答辩日期前），以书面形式通知以下事项：

①罚金金额；

②计算罚金的标准和与罚金有关的行为；

③答辩的提交地点和提交截止日期，如果提供口头答辩机会，则通知答辩形式及出庭的日期和地点。

2. 如果不知道被处罚人的收件地址，总理应根据前款的规定，于消费者事务办公室的公告栏上公告该通知，如姓名（如果是法人，为公司名称）、前款三项中的事项。公告从开始发布之日起两周后，则视为送达。

第 16 条 （代理人）1. 依照前条第 1 款的规定收到通知的（包括通过公告视为送达的，在下一款和第 4 款中简称为“当事人”），可以指定代理人。

2. 代理人可以独立为当事人进行答辩。

3. 必须提供代理人资格的书面证明。

4. 当代理人失去代理资格时，当事人必须以书面形式通知内阁总理。

第 17 条 （支付罚金的方案）1. 罚金的支付令应以书面形式，应当包括被处罚人名称、支付金额、罚金的计算标准及交付日期。

2. 根据罚金令制定的命令书副本具有同样效力。

3. 第一项罚金的缴纳期限为签发命令书副本之日起 7 个月内。

第 18 条 （缴纳要求）1. 到期日前未缴纳罚金的，由总理通过催缴通知书指定截止日期，并要求支付。

2. 总理根据前款规定进行催缴的，按照每年 14.5% 的费率计算滞纳金，按递延到付款日后的天数计算。例外，如果欠款金额低于 1 000 日元，则不缴滞纳金。

3. 如果根据前款规定，未缴金额尾数少于 100 日元的，零头舍去。

第 19 条 （执行付款单）1. 依照前条第 1 款规定，收到催缴通知后未按指定期限缴纳罚金的，应当按照总理的命令执行罚金的支付。此命令与需履行执行义务的命令书具有相同的效力。

2. 罚金支付令的执行应符合《日本民事执行法》（1962 年第 4 号法）和其他有关强制执行程序的法律规定。

3. 当总理认为有必要协助执行罚金支付令时，可要求公共机构或团体或私人组织提供必要事项的报告。

第20条　（索赔附加费的权利）《倒产法》（2006年第75号法）、《民事再生法》（1911年第225号法）、《会社更生法》（2004年第150号法）关于适用“び金融机构等の更生手続の特例”等规定（1996年第95号法令）中，有关罚金缴纳命令的请求权及第18条第2款规定的滞纳金请求权统称为“罚金请求权”。

第21条　（送达文书）除本节规定的内容外，送达文书应当由内阁办公室条例规定。

第22条　（比照民事诉讼法送达相关规定）参照《民事诉讼法》第97条、第101条、第103条、第105条、第106条、第107条的规定（1996年第109号法），第108条和第109条中文书送达的规定，同法第99条第1款中的“执法人员”等同于“消费者事务局工作人员”和该法第108条中的“主审法官”，第109条中的“法院”等同于“总理”。

第23条　（公告送达）在下列情况下，总理可以发布公告：

①不知道接收人的住所、营业地址和其他送达地址的；

②涉外送达不适用前条规定的《民事诉讼法》第108条规定的情形，或是不能被送交的情形；

③前条按照《民事诉讼法》第108条在外国管辖官厅发出委托后，经过6个月也没有证明其送达的书面发送的情形；

……

第4节　提供赠品和广告的措施

第26条　（经营者提供赠品和广告的措施）1. 经营者提供商品或者服务时，为避免以提供赠品类或不当广告吸引顾客、妨碍一般消费者的自主合理的选择，需要对赠品类的最高价格、总额、其他赠品的提供事项及商品或者服务的质量、规格等其他广告内容进行合理管理和采取其他必要的措施。

2. 总理应依照前款规定，确定经营者采取适当和有效实施措施所必需的准则（以下简称本章“准则”）。

3. 总理制定指导方针前，应事先咨询负责经营者和公平贸易委员会业务的部长，并听取消费者委员会的意见。

4. 总理制定准则后，应立即公布。

5. 前两款的规定参照适用于指引的变更。

……

第 5 节　报告收集和现场检查等

第 29 条　1. 总理依照第 7 条第 1 款或前一款的规定，发布罚金支付令。当认为有必要提出查询时，可命令经营者或其业务有关经营者提交财产或让相关官员进驻经营者的办公室、营业场所或其他营业地点，检查书籍、文件或其他财产，或者要求相关人员接受问询。

2. 依照前款规定进行现场检查的官员，应当持有证明其身份的证明，并出示给有关人员。

3. 第 1 款规定的权力不适用于进行刑事调查。

第 3 章　消费者组织的索赔权利等

第 30 条　1.《消费者契约法》第 2 条第 4 款（2000 年第 61 号法）规定的合格消费者组织（以下简称"本条和第 41 条中的'合格消费者组织'"），如果经营者实际上将以下项目中列出的行为传达给不特定的多数普通消费者，可要求企业停止或预防它已在各个项目中投放的广告，以及暂停或防止所述行为所需的其他措施。

①对商品或服务的质量、规格、其他内容的标识，让消费者误认为明显优于同种或类似的商品或业务的其他经营者。

②对两种商品或服务的价格及其他的交易条件的标识，让消费者误认为交易条件明显优于其他经营者同种或类似的商品或业务的。

2.《消费者安全法》（平成 21 年法律第 51 号）第 10 条第 7 款第①项规定的消费生活合作团体和消费生活合作人员，对于经营者不特定且多数的前项各款中的行为，当消费者团体提出要求，应在适当的限度提供一般消费者信息。

3. 根据前项的规定，接受提供信息的消费者团体在将该信息使用在除第①项规定以外目的时可拒绝提供。

……

第 6 章　罚则

第 36 条　1. 违反第 7 条第 1 款的自然人，处以两年以下监禁或 200 万日元以下罚款。

2. 犯两罪者，可合并刑期和罚款。

第 37 条　未按照第 29 条第 1 款提交报告或财产，或提交虚假报告或虚假财产，拒绝、阻挠依照该款的规定进行检查的，或未依照同款规定回答问题的，或者做出虚假答复的，处以 1 年以下监禁或者 300 万日元以下罚款。

第 38 条　1. 当违反下列各项所列规定时，除了惩罚行为人外，法人或者公司或个人的代理人、雇员或其他雇员也应当被处以每项此类项目规定的罚款。

①第 36 条第 1 款，处以不超过 3 亿日元罚款。

②前条，同上款。

2. 当非法人组织的代表、管理人、代理人、雇员或其他人员违反下列项目中的规定时，负责人应受到惩罚，该组织还应被罚款。

①第 36 条第 1 款受到处罚不超过 3 亿日元的。

②前条，同上款。

3. 在前第③项的情况下，除了代表人或管理人、非法人团体等可作为民事诉讼主体以外，根据《刑事诉讼法》（昭和 23 年法律第 131 号）的规定，还可将法人作为被告人或犯罪嫌疑人进行刑事诉讼。

第 39 条　违反第 36 条第 1 款的，明知存在违法情形但未采取必要措施的，或者应知违法的行为未采取必要措施的，除对该法人进行处罚，对法定代表人也要处以该项的罚款。

第 40 条　1. 违反第 36 条第 1 款，知道此类违规计划，不采取任何必要措施，未进行预防或应知违规行为不采取任何必要措施进行整改的，该商业实体或其组成企业的董事或其他高级职员或管理人员（包括经营者、董事、雇员、代理人或其他为经营者的利益而行事的人）应分别处以同一款的罚款。

2. 前第②项的规定经营者团体的理事、董事或者管理人，或者不属于法人的其他团体的经营者，该团体的理事、董事或者管理人，适用本规定。

第 41 条　违反第 30 条第 3 款的规定，消费者团体将信息使用在规定目的之外的，处以 30 万日元以下罚款。

第四章 chapter 04

日本游戏行业协会*

一、日本游戏行业协会（JOGA）简介

随着通信基础设施的普及和设备的多样化，日本在线游戏市场迅速扩大，2016年市场规模已达约1.1万亿日元。2007年日本游戏行业协会成立，其主要作用是促进会员企业的信息共享，支援企业开展经营合规活动，从而进一步发展在线游戏产业和由在线游戏派生出来的各种新型商务。

日本游戏行业协会旨在振兴日本国内的在线游戏产业，开展以下各种活动：支援在线游戏相关会员的经营业务；策定并不断更新在线游戏指导线；开展各种在线游戏相关启蒙活动；进行在线游戏方面的调查研究，举办各类讲座和研讨会；促进与在线游戏相关的国内外企业、有关政府部门、地方自治团体和各种团体之间的信息交换及合作关系。日本游戏行业协会的组织结构见图4-4-1。

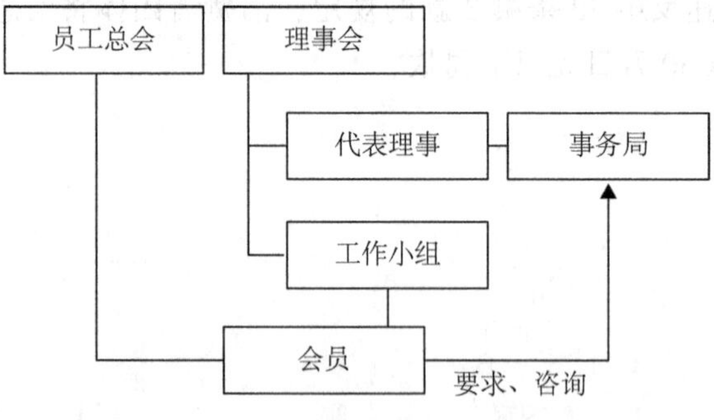

图4-4-1 日本游戏行业协会的组织结构

* 本章由孙磊编译。

（一）日本游戏行业协会活动介绍

2007 年 6 月，为了解决与在线游戏商务有关的问题，由参加在线游戏论坛的成员组成了日本游戏行业协会（又称“日本在线游戏协会”）。表 4-4-1 是其主要活动的概况。日本游戏行业协会的会员分类见表 4-4-2。

表4-4-1　日本游戏行业协会主要活动的概况

时间		活动内容
2007 年	6 月	日本在线游戏协会设立
	7 月	在线游戏市场调查报告刊行（其后每年 7 月刊行）
2008 年	10 月	在线游戏业界指南书刊行
2009 年	9 月	在线游戏指导线公布
2010 年	4 月	为了防止 PC 在线游戏的假冒犯罪活动，引进了与移动电话组合而成的一次性口令的安全基础系统
	10 月	与中华人民共和国文化部等政府有关人员就中日在线游戏的相关问题进行协商
2011 年	4 月	为日本东北地区太平洋沿岸地震的受害者和受灾地提供资金，开展赈灾活动
2012 年	4 月	公布“在线游戏安心—安全宣言”
	8 月	修改并公布“在线游戏安心—安全宣言”，公布“在线游戏中的商务示范的策划设计和运用指导线”“随机型道具提供方式中的标示和运营指导线”“在线游戏安全指导线”（由“有关事件发生时的信息共享的指导线”“对列表型账户受黑客攻击的对策指导线”“一次性口令等安全解决方案指导线”和“与安全销售商相关团体的合作指导线”构成）
2013 年	4 月	公布“智能手机游戏应用软件运用指导线”
2014 年	5 月	对在线游戏中儿童使用信用卡的问题，与一般社团法人日本信用卡协会、独立行政法人国民生活中心一起开展启蒙活动，提请社会注意
	9 月	与日本贸易振兴机构（JOGA・JETRO）共同举办国内外在线游戏企业协调活动（其后每年举办）
2015 年	6 月	开启在线游戏的新建风险企业支援事业
	9 月	由国会议员超党派组成的在线游戏议员联盟成立
2016 年	2 月	整合以前按设备制作的指导线，修改内容，公布“在线游戏安心—安全宣言”“在线游戏中的商务示范的策划设计和运用指导线”“利用随机型道具提供方式的虚拟道具销售中的标示和运营指导线”

表4-4-2　日本游戏行业协会的会员分类

会员类型	会员要求
正式会员	不违反社会公德和在线游戏的相关法令、对青少年在社会通念上被认可是健康的在线游戏及在线游戏相关平台的运营服务的经营者
准会员	从事在线游戏及在线游戏相关平台业务的经营者，准备从事在线游戏及在线游戏相关平台的运营服务、在线游戏相关业务的经营者
特别准会员	不违反社会公德和在线游戏的相关法令、对青少年在社会通念上被认可是健康的在线游戏及在线游戏相关平台的运营服务的经营者，或者从事在线游戏开发且符合 JOGA 新建风险企业支援程序要件的经营者
赞助会员	与在线游戏经营及在线游戏经营者无直接关系的其他经营者、团体、地方自治团体和个人

（二）日本游戏协业协会的工作小组活动

日本游戏协业协会根据工作内容开展了多项工作小组活动，其中连续开展 5 年以上的工作小组如下：

1. 指导线工作小组

指导线工作小组制定“在线游戏安心—安全宣言”“在线游戏商务示范的策划设计和运用指导线”“利用随机型道具提供方式的虚拟道具销售中的标示和运营指导线”（以上对外公开），制定“用于在线游戏服务结束的最佳方案——智能手机 · 本机应用程序篇”“日本游戏协业协会未成年人取消的说明”“收费扭蛋（随机抽取方式）类例集”（以上不对社会公开）。另外，小组既对上述指导线提供最佳方案，也为会员企业提供咨询服务。

2. 用户支持工作小组

用户支持工作小组共享用户支持业务中的信息，除此之外，还开展与消费者相关机构的合作，以及制定面向消费者咨询员的在线游戏指导手册。另外，小组还与日本全国的消费者相关机构合作，开展启蒙宣传活动，举办各种讲座等。

3. RMT 工作小组

RMT 工作小组对 RMT（虚拟物品现金交易）的信息实施共享，掌握在 RMT 方面各家公司出现的实际问题，同时对日本游戏协业协会的活动提出建议。

(三) 日本游戏行业协会会员及会费制度

1. 会员制度

①正式会员包括时代公司（AGE Inc.）、神奇有限公司（Amazing Co., Ltd.）、阿克塞尔马克公司（Axel Mark Inc.）、洞穴互动有限公司（Cave Interactive Co., Ltd.）、三叶草实验公司（Clover Lab., Inc.）、爱斯皮罗有限公司（Espero Co., Ltd.）、极端有限公司（Extreme Co., Ltd.）、祝你好运3公司（Good Luck 3 Inc.）、Hanbit泛在娱乐公司（Hanbit Ubiquitous Entertainment Inc.）、狮子电影有限公司（Lionsfilm Co., Ltd.）、朝日科技日本有限公司（Morning Tec Japan Co., Ltd.）、耐克森有限公司（Nexon Co., Ltd.）、NHN日本有限公司（NHN Japan Co., Ltd.）等。

②准会员包括边境代理公司（Frontier Agent Inc.）、关键词国际有限公司（Keywords International Co., Ltd.）、出风头网络日本有限公司（Limelight Networks Japan Co., Ltd.）、第三波有限公司（Thirdwave Co., Ltd.）、Vantan游戏学院（Vantan Game Academy）等。

③赞助会员包括道华保险有限公司（Aioi Nissay Dowa Insurance Co., Ltd.）等。

④特别准会员包括茨城创造者的房子（Ibaraki Creator's House）。

协办团体见表4-4-3。

表4-4-3　协办团体

协办团体	手机内容物协会（Mobile Content Forum, MCF）；日本智能手机安全协会（Japan Smartphone Security Forum, JSSEC）；日本电子竞技联盟（Japan e-Sports Union, JeSU）
合作团体	韩国文化创意局（The Korea Creative Content Agency, KOCCA）；爱尔兰游戏（Games Ireland）；越南软件协会（Vietnam Software Association, VINASA）

2. 入会资格

入会要满足以下条件：应赞同本法人的经营事业，遵守本法人制定的指导线、方案等，以及本法人员工运营的在线游戏运营规章，协助本法人的经营事业；对知识产权是重要的基本财产权有充分的认识；在法人和团体方面，应不违反社会公德及在线游戏相关法令，具有稳定的经营基础；在个人方面，应具有健全的意识和行动规范；不得有扰乱本法人组织运营的不当行为和在社会通念上使秩序混乱的行为。

3. 会费

日本游戏行业协会会员的会费见表 4-4-4、表 4-4-5。

表4-4-4　正式会员/准会员

资本金	全年会费
1 000万日元未满	12 万日元
1 000万日元以上3 000万日元未满	18 万日元
3 000万日元以上5 000万日元未满	24 万日元
5 000万日元以上7 000万日元未满	30 万日元
7 000万日元以上 1 亿日元未满	36 万日元
1 亿日元以上 3 亿日元未满	39 万日元
3 亿日元以上 5 亿日元未满	42 万日元
5 亿日元以上 7 亿日元未满	45 万日元
7 亿日元以上 10 亿日元未满	48 万日元
10 亿日元以上 20 亿日元未满	60 万日元
20 亿日元以上 30 亿日元未满	72 万日元
30 亿日元以上 50 亿日元未满	84 万日元
50 亿日元以上	96 万日元

表4-4-5　特别准会员/赞助会员

会员区分	全年会费
特别准会员（自入会后两年）	5 万日元
一般赞助会员	36 万日元
个人赞助会员	12 万日元
海外赞助会员	24 万日元

全年会费的期间为自缴纳年月起算一年。

（四）其他

日本游戏行业协会是数家企业自发组织成立的团体，因此无论企业的规模大小如何，基本方针是会员企业之间可共享相同的信息，并进行相互协助。

按照该方针，日本游戏行业协会会员能得到如下支援：会员企业之间的协调支援；提供会员企业活动所需要的法律规制，企业财会、税制，政府部门支援政策的相关信息，随时共享有紧急需要的信息，每月举办一次讲座；与在线游戏相关省厅、政府部门、地方自治团体和在线游戏议员联盟（由超党派的国会议员组成）建立合作关系，支援会员企业的经营活动；与支援进入海外的政府机关和各国大使馆联合，支援会员企业进入海外；对成立 3 年以内的游戏相关新建风险企业，另行以特别程序对其经营加以支援。

1. 游戏提供的结构

国内的游戏公司在 Apple、谷歌等平台上提供游戏，但是在平台上没有像手机那样的年龄认证等结构，所以在线游戏公司在未成年人游戏时和收费时都应导入确认是否成年的结构，为了避免麻烦应进行正确的信息输入。

2. 信用卡的管理

在信用卡的高额消费中，有很多报告称“为了购买游戏应用的道具，孩子擅自从钱包里拿出信用卡来使用”，而信用卡有“信用卡的名义人必须好好地管理、使用卡的信息”等规则。如果是卡的名义人的孩子使用信用卡的话，可以通过信用卡公司对信用卡的名义人进行管理。为了使孩子不能轻易拿出信用卡，请试着考虑一下信用卡的管理方法。

3. 在终端上注册信息的管理（见图 4-4-2）

图4-4-2　终端注册信息的管理

在孩子使用的终端（智能手机或平板电脑）上，有注册你的信用卡的信息（信用卡号码、密码等）吗？第一次注册的信息一般是被保存的。在这种状态下，你的孩子总是通过终端来使用你的信用卡。

4. 终端管理

终端可以设置为购买应用程序时要求密码。另外，也有在网络上使用信用卡的密码，也有可以事先登记的卡。在密码的设定中，不使用孩子能容易推测的生日、电话号码等，也是防止孩子擅自消费的有效手段。另外，对各种 OS（Android 和 IOS）可以使用的功能设置限制的“双人租赁控制”的设定是可能的，建议在孩子使用的终端上设置“出租控制”。

5. 关于购买应用程序

应设置保护孩子的应用程序。保护人经常监视孩子是很困难的。例如，在购买应用程序的时候，遵守可以和孩子一起决定“利用预付款式的卡”“一定要和监护人商量”这样的规则，是防止收费问题的有效方法。

二、使用随机型道具提供方式的道具销售中的显示及运营指南*

本指南是一般公司法人日本在线游戏协会的加盟事业者立足于“在线游戏安心—安全宣言”的在线游戏（主要是电脑、微机等连接到网络的终端设备）在进行企划、开发和运营的时候，旨在遵守法令和保护消费者，消费者可以安心地享受游戏，游戏是为了提供服务而制定的。本指南在JOGA内各会员中被适当讨论，根据围绕着变化的在线游戏的环境随时更新。加盟JOGA的会员在提供的游戏服务中，将遵守以下本指南各道具的要求。

1. 本指南中各种术语的定义

在本指南中列出了各种用语的定义。随机型道具提供方式，一般来说，是指利用偶然性决定提供用电磁式显示文字、图画、符号等，在线游戏上可以使用的角色、道具等的方式。收费是用户需消费使用的随机型道具提供方式。道具是由随机型道具提供方式提供给用户的虚拟物品等。稀有物品是以吸引用户为目的而提供的，收费道具提供的虚拟物品与同一收费道具所提供的其他道具相比，具有提供比例较低或者提供数量和时间有一定限制等显著特征。

2. 关于收费的显示的事项

关于收费的以下信息，应在各在线游戏的官方网站的首页或是付费游戏的各种画面或从这些页链接到的页面（以下统称“小页”）上展示，便于用户阅览。关于由收费道具提供的道具，显示用户可以获得的所有道具的使用名称、插图或种类等。在付费游戏中提供稀有道具的，应显示该道具。如果提供限制数量或限定提供时间的道具，应显示其提供的数量或提供时间等内容。在收费游戏中根据宣传、企划等改变销售中的道具的提供比例的情况下，预先显示该变更的条件和变更的程度（增加或减少的一方）。另外，该显示希望在活动企划等开始的前一天进行。在收费方面，在提高特定的游戏道具的

---

* 本指南于2012年8月2日制定，2012年9月1日施行，2016年1月28日修订，修订后的指南于2016年4月1日起实施。

提供比例或进行比较时，应展示付费游戏的比较对象名字和销售时间等。在收费环节中，应显示同一道具是否可重复获得及条件等。在收费方面发生故障的情况下，应迅速公布事实，进行适当的应对。

3. 关于收费设置的事项

①在提供收费道具时要遵守以下规定：在抽取某一个加分稀有道具之前的估计金额（以设定的提供比例作为期待值的计算金额）的上限为一次收费金额的 100 倍以内，超过该上限的应在页面上显示其估计金额或倍率；取得任何一个加分稀有道具的估计金额的上限为50 000日元，如果超过该上限，在游戏界面上显示其估计金额；显示大小道具的提供比例的上限和下限；显示每一个类别的道具的提供比例。

②关于收费道具要遵守以下规定：如果没有标明收费所提供的虚拟道具的价格，应参照类似或同类道具等的价格；在购买一次收费时提供的游戏道具的价值，应大于或等于抽取一次的价格；抽取付费游戏提供的虚拟道具 10 次提供比例的期望值上的价值，等于或大于收费 10 次的价格；在抽取的使用金额的总数为5 000日元的情况下，收费道具提供的游戏道具的提供比例的期望值上的价值等于或大于5 000日元。

③不提供任何虚拟道具的付费游戏。

4. 关于收费操作的事项

①辅助道具的提供比例在没有事先通知的情况下不得改变，但是在紧急情况下可能发生变更的时候应努力告知大家。

②关于收费的运用应指定管理人；运营负责人将在提供付费游戏之前公开该收费道具的提供比例，并对公开的事实通过书面等来记录其结构；运营负责人应确保按照设定适当地运转，通过书面等记录确认的结果，并保存在公司内。

③要注意系统的设计，以不能轻易地改变收费道具的提供比例。

5. 禁止事项

①关于收费的使用条件和道具内容，不得进行与事实不符的显示，或比实际的东西显著优良、有利，而导致游戏用户可能产生误解。

②关于收费道具，不得违反《不当景品表示法》《不正当竞争防止法》第 3 条关于提供赠品类事项的限制第⑤项的一切服务。

6. 内部监察事项

①为了能够适当地运用本指南，应进行审计。

②审计应由独立于负责收费运营的部门之外的其他部门进行。

③审计结果应公布，如果发现了某些不合适的事实，则根据各事业者的责任迅速整改，同时制定避免再次发生的对策。

三、在线游戏中的商务模型的企划设计和运用指南*

本指南在平成 24 年 6 月 28 日，根据消费者厅公布的“关于提供赠品类事项的限制”的运用标准第五项（以下简称“消费者厅运用标准”）制定。会员应符合公布的操作标准（以下简称“操作标准”），适用于消费者机构操作标准所直接对应表示的“卡片匹配”及原则上无问题的商业模式。

消费者厅运用标准限制基于随机型道具的提供方式（以下皆指“收费”），“游戏的用户在游戏中可以使用道具等，利用偶然性提供道具等方法”收费的情况，在将该提供的道具等准备就绪可以获得其他道具的情况下，提供“其他经济利益，如可以在游戏中使用的物品，指定了两种或更多种不同物品的用户等”。

在本指南中，将付费游戏的“偶然性”“收费”，以及其他道具等赋予的“两种以上的不同种类”“经济上的利益”这四项指标作为重要的标准，来衡量与网络连接的终端设备（这里主要指电脑）播放的在线游戏是否依法展示。

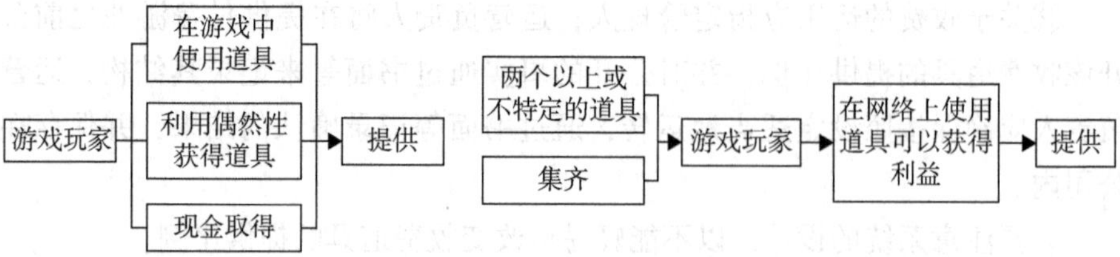

图4-4-3 销售方法

【类例 1】如图 4-4-4 所示的销售方法被认为是与消费者机构操作标准所示的“卡片组合カード合わせ”相对应的典型示例，因此禁止。

---

* 本指南于 2012 年 7 月 26 日制定，2016 年 1 月 28 日修订，修订后的版本于 2016 年 4 月 1 日起施行。

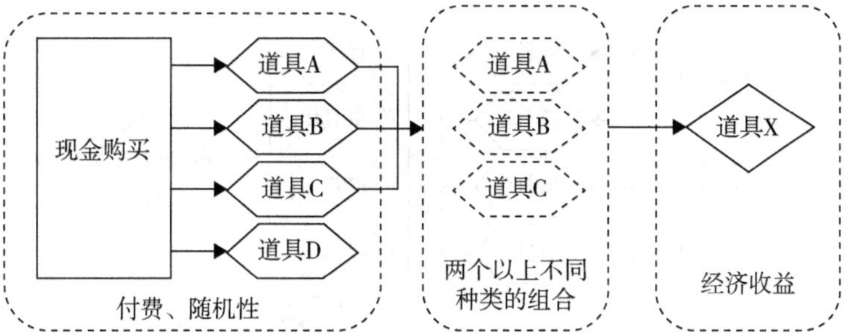

图4-4-4　销售方法典型示例

这是从游戏中抽取获得的“道具A”“道具B”“道具C”“道具D”中的“道具A”“道具B”“道具C”组合时，“道具X”可以获得的情况。

这种模式基于获得“道具X”的必要条件是“道具A”“道具B”“道具C”购买收费和偶然性的抽取（收费），这一点是合典型的“卡片组合カード合わせ”。

另外，对于统一特定的两个以上的不同种类的道具，在没有明确事前其特定的组合的情况下，原则上没有问题。

注意点如下：

①“经济上的利益”不仅包括道具（图形、图像），还包括在游戏中通常要支付对价而获得的使用参数（数值）的上升和效果等。

②下面列举的东西不属于“经济上的利益”。但是，如果包含支付对价以提升在游戏中的使用参数（数值）和效果，就相当于“经济上的利益”。

A. 表现出荣誉的东西，如表彰证书、表彰盾牌、表彰徽章、奖杯、头衔、结果展示等。

B. 简单的鼓励努力的信息，如消息显示“祝贺”表示已经实现了某些成就。

③“道具A”“道具B”“道具C”组合后消失的方式（所谓合成方式或者交换方式），也符合“卡片组合カード合わせ”。

④禁止“道具A”“道具B”“道具C”的道具名称、图案等表现出统一感，但在不明显位置这些道具也有符合“组合”的可能性。

【类例2-1】包含从收费游戏中得到的道具的合成和交换的结构1（见图4-4-5），应被禁止。

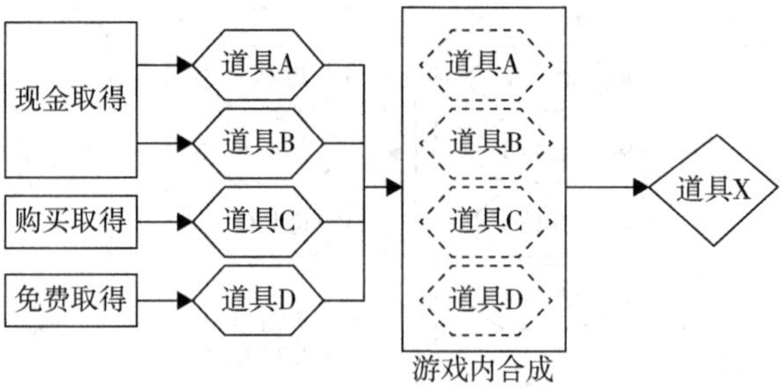

图4-4-5　结构 1

这是从游戏中抽取获得的两个以上的“道具 A”“道具 B”和购买获得的“道具 C”的方法（免费且没有利用偶然性）获得的“道具 D”在游戏中组合可以获得“道具 X”的情况。

【类例 2-2】包含从收费游戏中得到的道具的合成和交换的结构 2（见图 4-4-6），被认为没有问题。

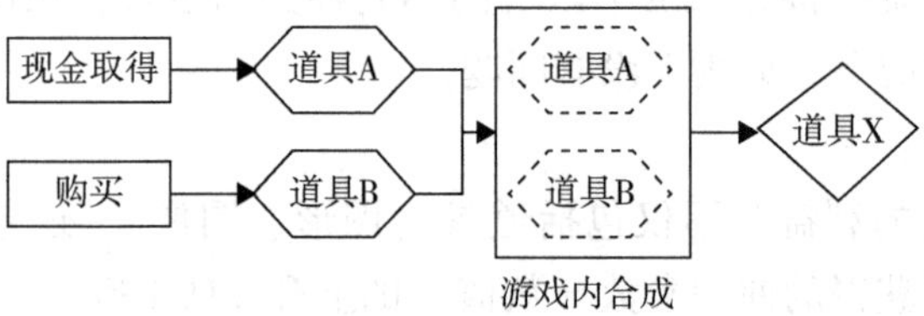

图4-4-6　结构 2

这是从游戏中抽取获得的“道具 A”和用户购买的“道具 B”在游戏内组合时可以获得“道具 X”的情况。

【类例 2-3】包含从收费游戏中得到的道具的合成和交换的结构 3（见图 4-4-7），被认为没有问题。

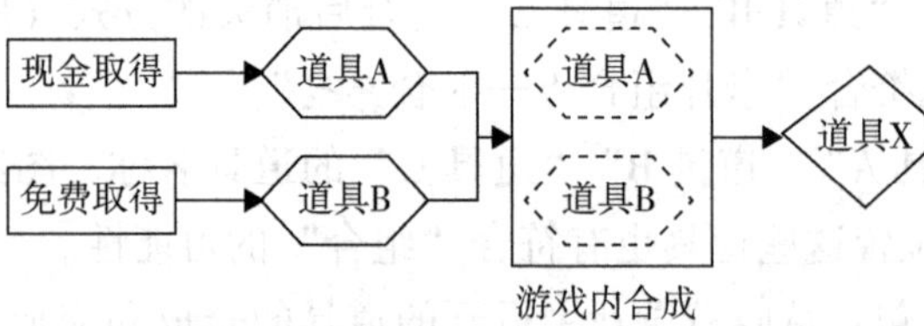

图4-4-7　结构 3

在游戏内组合免费获得的“道具 B”、抽取的“道具 A”得到“道具 X”的方法。

注意“道具 A”若从抽取中得到的不合适，应禁止。

【类例 2-4】不包括从收费游戏中得到的物品的合成和交换的结构（见图 4-4-8），可以认为没有问题。

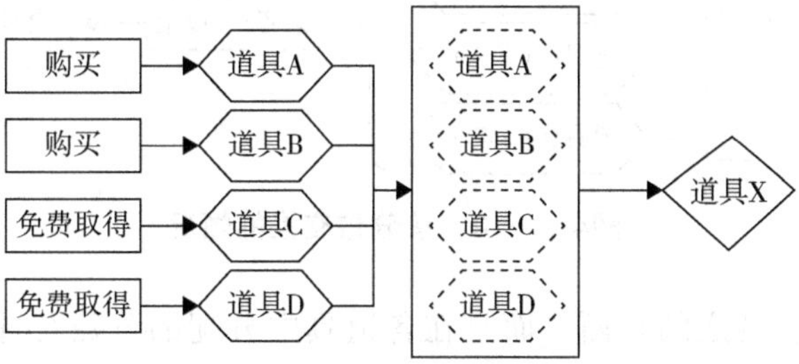

图4-4-8　不包括从收费游戏中得到的物品合成和交换结构

以非抽取方式（免费或收费，没有利用偶然性）获得的“道具 A”“道具 B”“道具 C”“道具 D”的组合，可以获得“道具 X”的情况。

【类例 2-5】组合具有多个获得手段的道具的结构（见图 4-4-9），原则上是没有问题的。

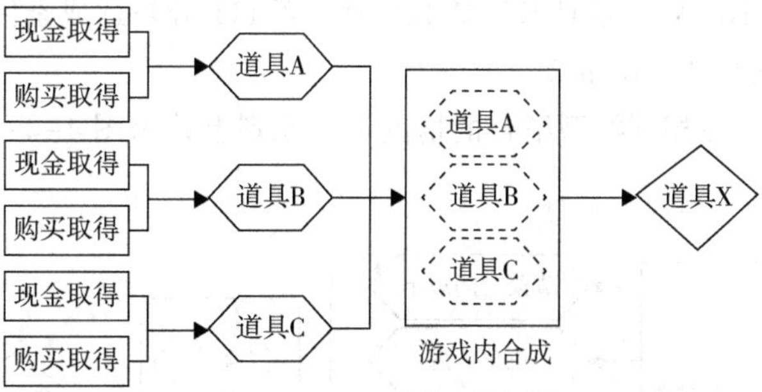

图4-4-9　组合具有多个获得手段的道具的结构

通过付费或者抽取的“道具 A”“道具 B”“道具 C”组合来获取“道具 X”的情况。

要注意当获得“道具 A”“道具 B”“道具 C”的金额低于“道具 A”“道具 B”“道具 C”合成的“道具 X”可能发生支付价格的价格，应禁止。

【类例 3】按分数交换的情况见图 4-4-10，在原则上是没有问题的。

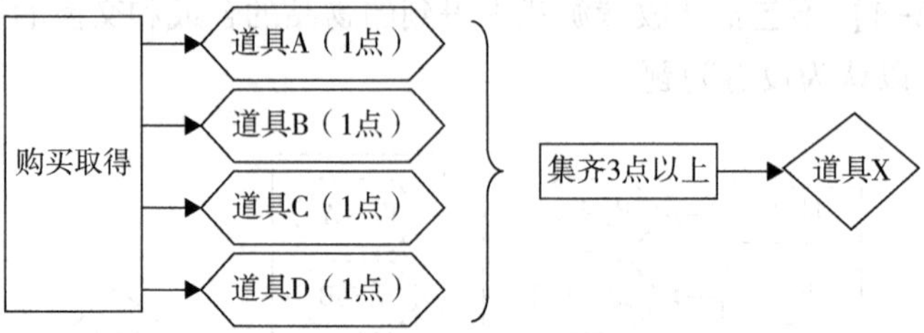

图4-4-10　按分数交换的情况

这不是组合特定的东西，而是在各道具中分配的分数合计达到一定数额时可以获得“道具X”的情况。

注意点如下：

①对组合的各道具标明分数。如只以成为对象的道具数量为准，与所有的道具都相当于1分的情况相同，也可以不明确分数。

②尽管每个道具清楚地指出的分数不一定必须相同，却可以通过分数组合隐含指定获取“道具X”所需的分数。在图中，如果“道具A”是1分，“道具B”是10分，“道具C”是100分，而111分是达成条件，则隐含指定了需要逐个获得A、B和C。

【类例4】在相同类型组合的情况下，原则上认为图4-4-11的内容没有问题。

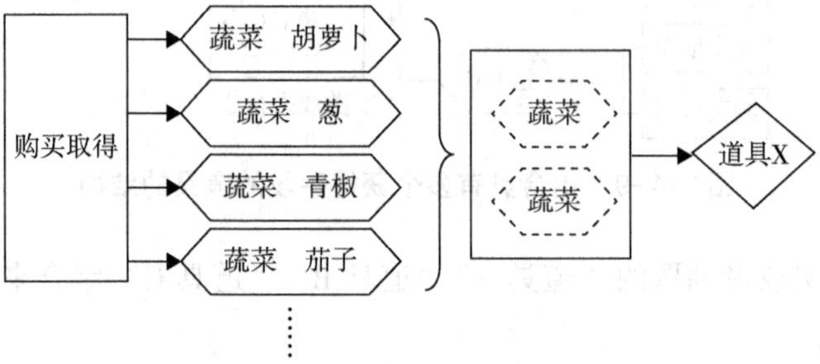

图4-4-11　相同类型的组合情况

注意点如下：

①在图4-4-11中组合的内容如果是“哎呀”的话，就什么都可以。如果所有的“瘦身”为1分，则与类例3相同。

②设置特定的两个以上不同种类的组合，如将“胡萝卜”和“洋葱”组合成“道具Y”这样的特殊情况，则符合典型的“卡片组合カード合わせ”，

应禁止。

③不能组合的情况（如不能组合“胡萝卜”和“胡萝卜”），因为有不恰当的情况，所以应禁止。

【类例 5】在不确定的形式组合的情况下，图 4-4-12 的内容在原则上是没有问题的。

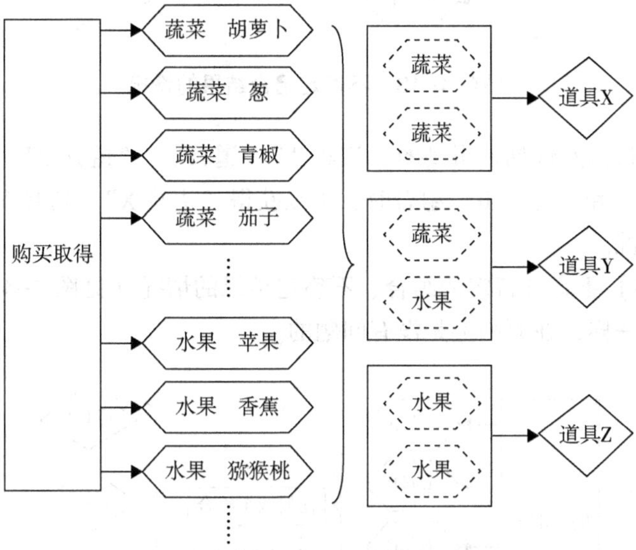

图4-4-12　不确定的形式组合

这意味着当用户已获得的道具中的“蔬菜”和“蔬菜”组合在一起时可以获得“道具 X”，并且当将“蔬菜”和“水果”组合在一起时可以获得“道具 Y”，当将“水果”和“水果”逐一组合时可以获得“道具 Z”。

注意点如下：

①在图 4-4-12 中组合的东西，如果是“な”的话，不管什么都好，同样是“水果”的话什么都可以，其中“道具 X”“道具 Z”和类例 4 相同。

②设置特定的两个以上不同种类的组合，如通过组合“茄子”和“苹果”来获得“道具 Q”，是典型的“卡片组合カード合わせ”，所以禁止。

③不能组合的情况，如“苹果”和“苹果”、“胡萝卜”和“胡萝卜”。此类组合是不合适的，所以禁止。

④“瘦身”的数量极少（如两种），同样在“水果”的数量极少（如两种）的情况下组合的数量被限定（如 2×2＝4 种的组合），应禁止。

【类例 6】不确定组合结果的情况见图 4-4-13，应禁止。

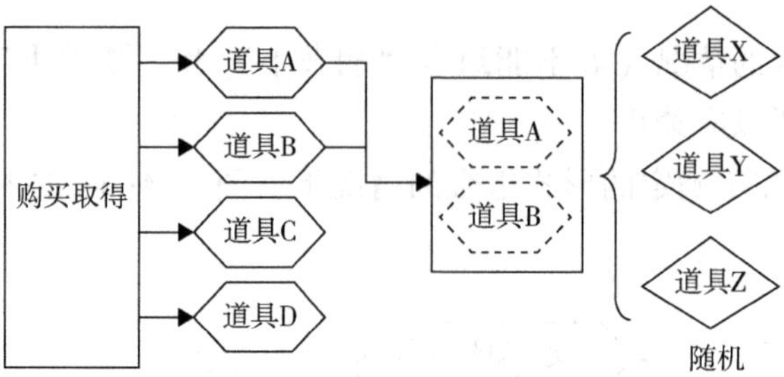

图4-4-13　不确定组合结果的情况

这是通过偶然性抽取得到的“道具 A”“道具 B”“道具 C”“道具 D”中的“道具 A”和“道具 B”组合时，可以获得“道具 X”“道具 Y”“道具 Z”中的一种情况。

【类例 7】不备齐特定的组合、不确定结果的情况（见图 4-4-14），其内容和类例 4 一样，在原则上是没有问题的。

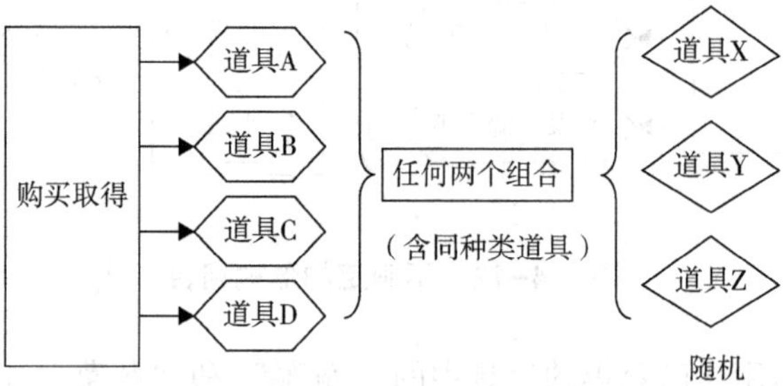

图4-4-14　不备齐特定的组合、不确定结果的情况

注意在获得“道具 X”“道具 Y”“道具 Z”中的某一个之后，再加上其中特定的两个以上种类（见图 4-4-15 中“道具 X”“道具 Y”）的时候，可以获得“道具 Q”的情况，应禁止。

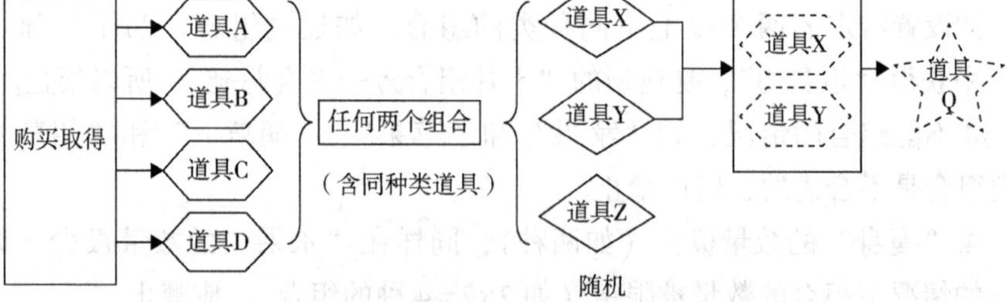

图4-4-15　获得道具 Q 的情况

【类例 8】道具强化（见图 4-4-16）的内容与类例 2-2 一样，在原则上是没有问题的。

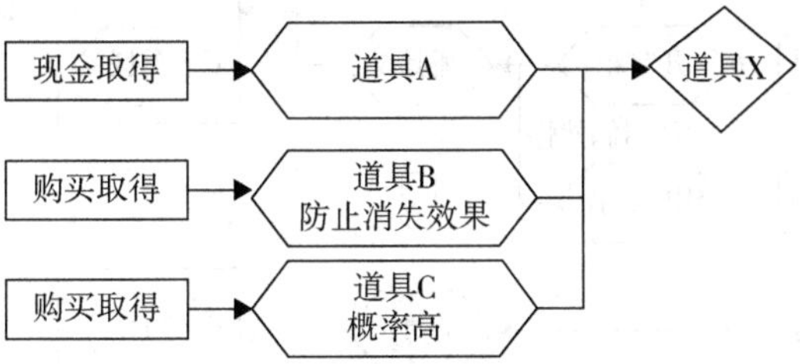

图4-4-16　道具强化情况

从游戏中抽取获得的“道具 A”，由所选用户购买的具有“防止损失效果”的道具（“道具 B”）和具有“成功率增加效果”的道具（“道具 C”）的组合，在这种情况下可以获取“道具 X”。

【类例 9】在收费和免费混合的复杂合成的情况下，图 4-4-17 上侧的内容因为可以与其下侧的内容相同，所以与类例 2-2 一样，在原则上没有问题。

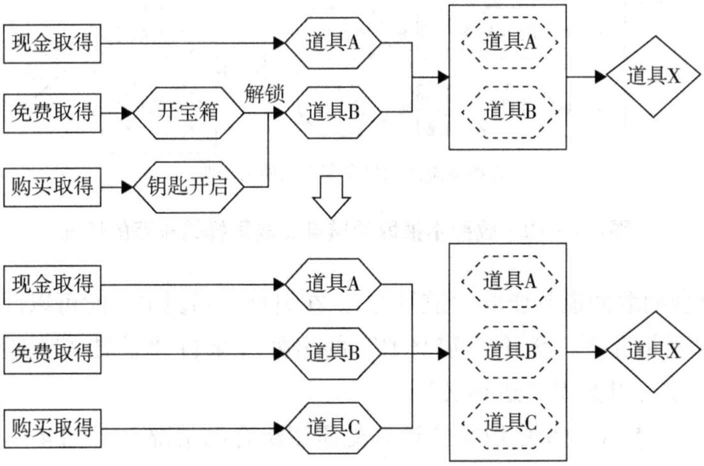

图4-4-17　收费和免费混合的复杂合成情况

免费获得的“包含道具 B 的宝箱”，玩家通过“密钥”开宝箱获得的“道具 B”与付费得到的“道具 A”组合获取“道具 X”。其中，通过组合“包含道具 B 的宝箱”和“密钥”而获得“道具 B”的时候没有偶然性。

注意通过与付费购买的“密钥”组合而利用偶然性抽取“道具 B”时，如图 4-4-18 所示可以视为付费获得“道具 B”，所以禁止。

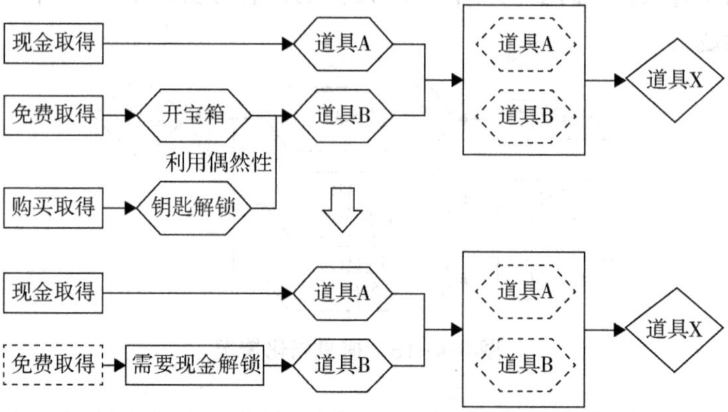

图4-4-18　与付费购买组合而利用偶然性抽取的情况

【类例 10】如果从收费中抽取的道具变成同样的东西（见图 4-4-19），则可以认为没有问题。

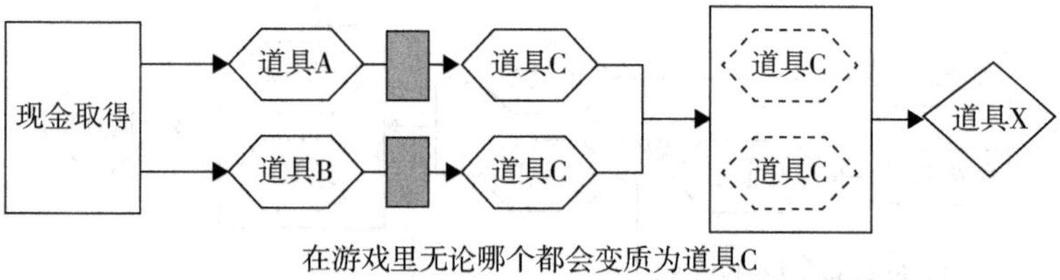

图4-4-19　收费中抽取的道具变成同样的东西的情况

从收费抽取的道具变成“道具 C”，在组合“道具 C”时可以获得“道具 X”。在这种情况下，无论“道具 C”的出处（来自“道具 A”还是“道具 B”），一定可以获得“道具 X”。

【类例 11】从收费中取得的道具变质而组合的情况（见图 4-4-20），其内容应禁止。

图的上部是从收费抽取的道具在游戏内利用偶然性变成其他的道具；图的下部是根据选择购买的道具在游戏内利用偶然性变质为其他道具。无论哪一种情况，将两种以上道具组合后获得道具“X”，是禁止的。

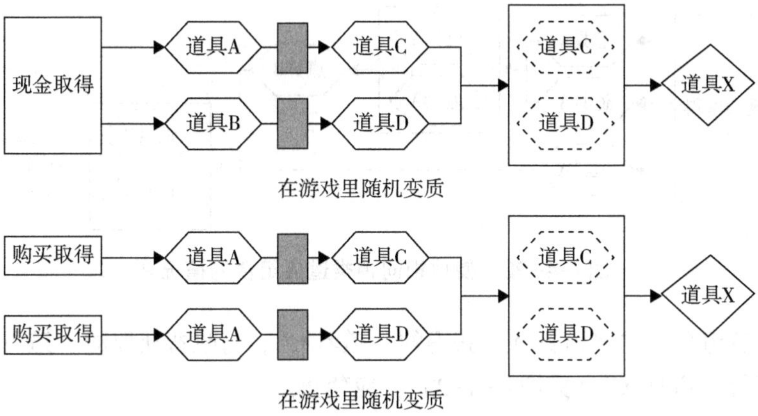

图4-4-20　收费中取得的道具变质而组合的情况

【类例 12-1】在组合中使用相同种类道具的情况 1（见图 4-4-21），是没有问题的。

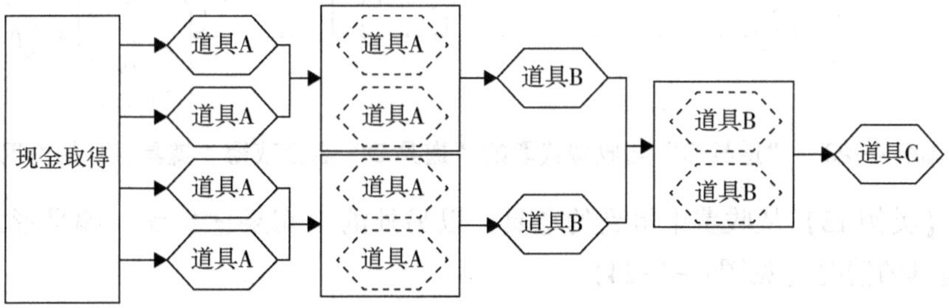

图4-4-21　使用相同种类道具组合的情况 1

这是在组合两个“道具 A”时可以获得一个“道具 B”，再将两个“道具 B”组合获得“道具 C”。在这种情况下，实质上只将道具“A”作为组合的对象。

【类例 12-2】在组合中使用相同种类的道具的情况 2（见图 4-4-22），在原则上是没有问题的。

组合两个“道具 A”可以获得“道具 B”，在组合“道具 B”和“道具 A”时可以获得“道具 C”。在这种情况下，实质上只将“道具 A”作为组合的对象。

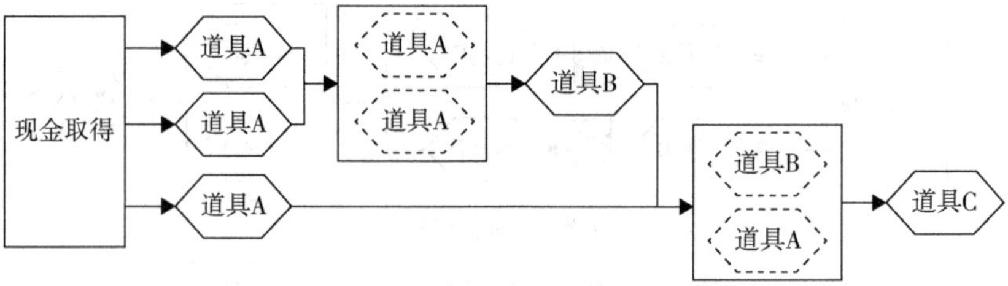

图4-4-22　使用相同种类道具组合的情况 2

注意组合上述“道具 A”获得的“道具 C”，与收费获取的“道具 D”组合时获得“道具 X”（见图 4-4-23），应禁止。

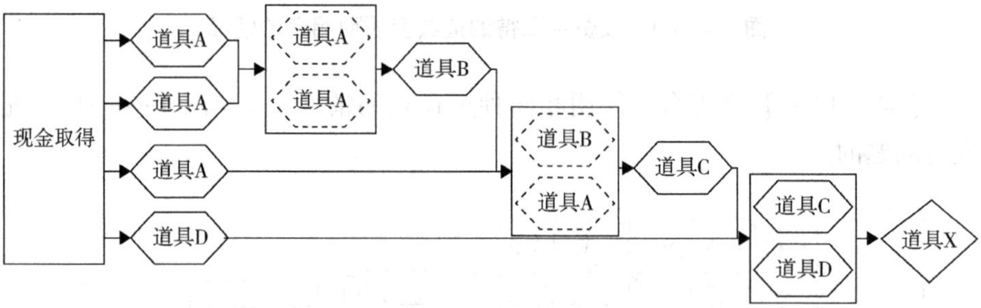

图4-4-23　“道具 C”与收费获取的“道具 D”组合获得“道具 X”的情况

【类例 13】从收费中得到的道具，以另外的“宾果ビンゴ”编号形式获得道具的情况（见图 4-4-24）。

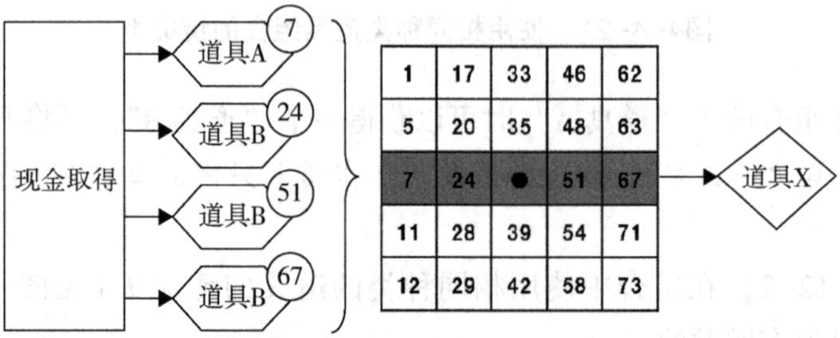

图4-4-24　收费中得到的道具以编号形式获得道具的情况

这是付费的道具与宾果形式获得的与道具种类无关的“号码”组合获得“道具 X”的情况。

【类例 14】填满空白的“图鉴”的情况（见图 4-4-25），应禁止。

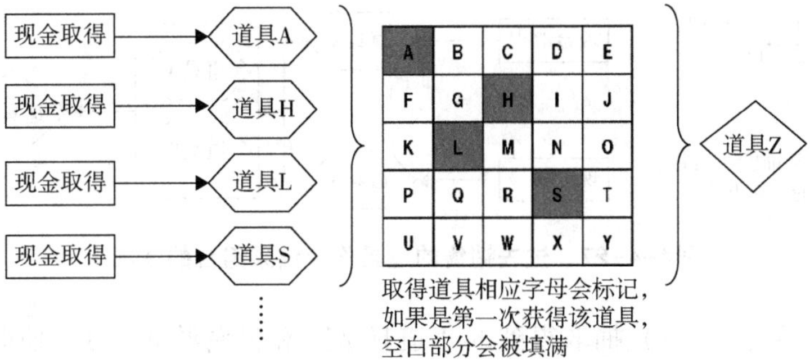

图4-4-25　填满空白的“图鉴”的情况

这是一个通过各种方法抽取道具，每次得到道具的时候都会出现在“图鉴”形式的列表中，图鉴的空白项目全部填满的时候（图鉴项目的道具以收费为前提，可以获得两个以上的道具）可以获得“道具Z”。

由于图鉴的性质，图鉴中不能有两个以上相同的道具（如得到了“道具A”，图鉴的A栏填满之后，即使再次获得“道具A”，图鉴的另一栏也无法填补）。

【类例15】图4-4-26的内容，可被认为没有问题。

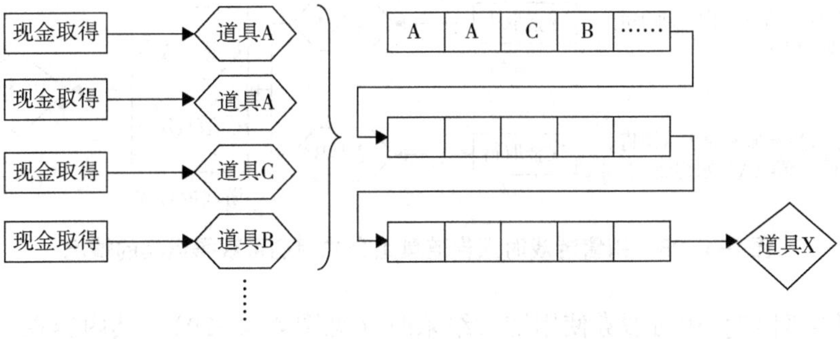

图4-4-26　付费抽得道具在打卡栏填满时获得“道具X”

从游戏付费抽取得到道具，在打卡栏（如商店里能得到的印章卡和广播体操的出席卡）被填满时可以获得“道具X”。无论道具的种类，也可以加入多个相同的道具（所谓打卡）。

【类例16】以过去销售的道具作为结果进行组合的情况（见图4-4-27），只要没有二次销售过去销售的道具，就可以令其将来能与其他道具组合，在原则上是没有问题的。

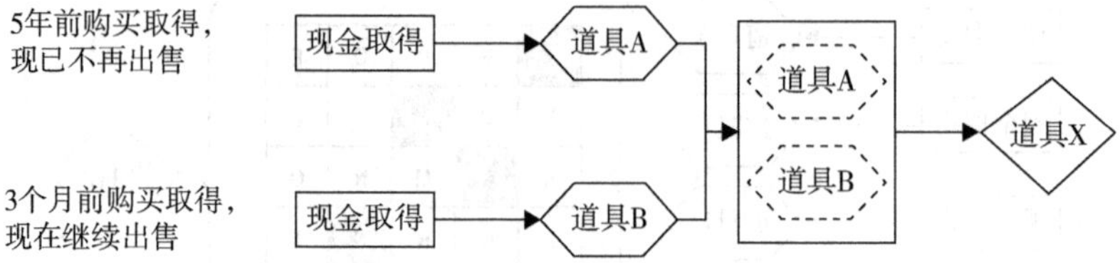

图4-4-27　过去销售的道具作为结果组合的情况

从付费游戏（α）抽取得到的“道具 A”和付费游戏（β）抽取得到的“道具 B”组合时可以获得“道具 X”，并且游戏（β）付费时游戏（α）没有实施付费。

注意点如下：

①包括“道具 A”的付费游戏（α）不得再次实施抽取。例外，从付费游戏（α）得到的“道具 A”和付费游戏（β）得到的“道具 B”组合获取“道具 X”时，游戏系统本身废止了。

②“道具 A”任意购买，在原则上是没有问题的。

③如图 4-4-28 所示，在销售付费游戏（α）时预告将来要与某些道具组合或明确表示可能获得某种道具是不恰当的，应禁止。

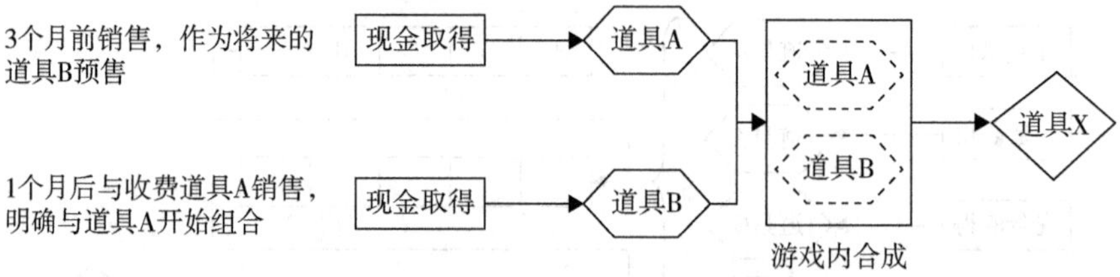

图4-4-28　销售游戏时预告道具组合或明确可获得道具的情况

【类例 17】用付费券使用游戏结果时（见图 4-4-29），其内容在原则上是没有问题的。

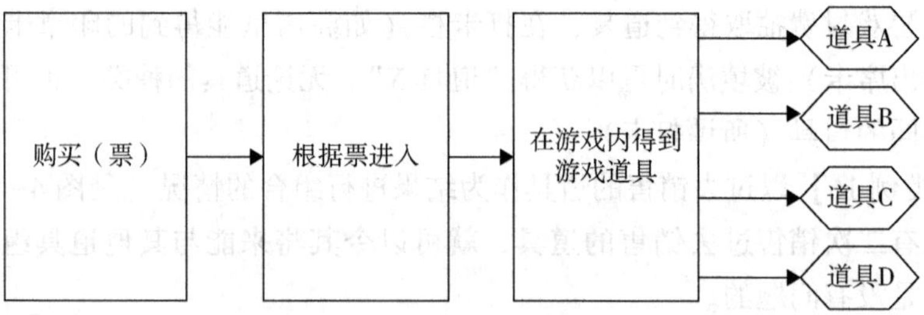

图4-4-29　用付费券使用游戏结果

用收费购买券（游戏中游戏场形式的一种）等进行游戏，作为结果可以得到道具，但是购买券的目的在于游戏的游戏场本身。

注意点如下：

①如图 4-4-30 所示，可以通过组合游戏使用组合机制，在游戏场中玩的多个道具来获取“道具 X”，注意不要引导用户专门为获取“道具 X”而玩。

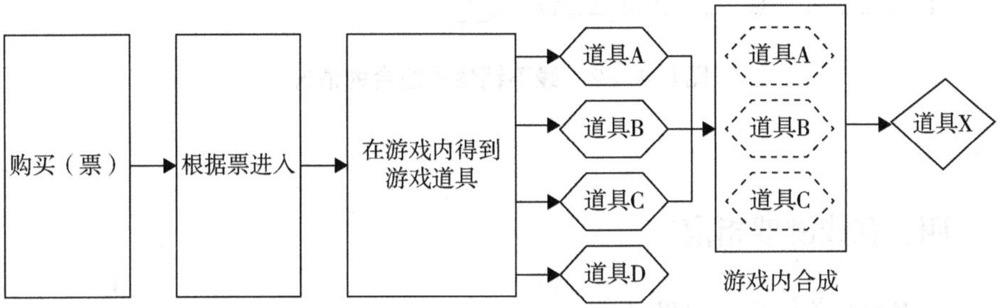

图4-4-30 组合游戏中的组合机制

②图 4-4-31 的内容在原则上是没有问题的。

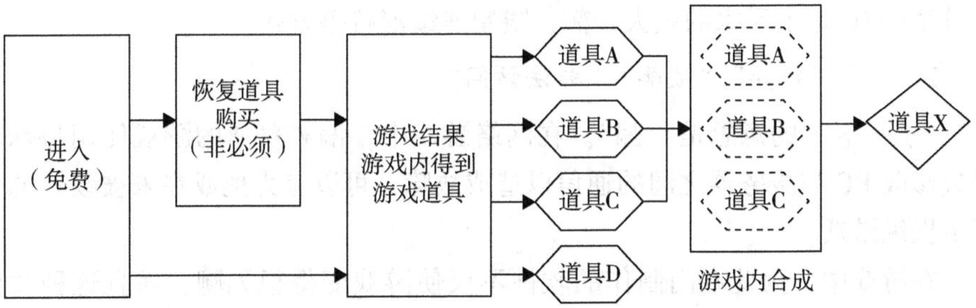

图4-4-31 玩家免费入场可使用收费道具的情况

如图 4-4-31 所示，如果玩家入场是免费的，在游戏场里玩的过程中可以使用恢复道具等收费道具。除此之外，作为规则要购买该收费道具，也可以认为没有问题。

【类例 18】线下销售中组合的情况（在商店、活动场所直接销售商品等），如图 4-4-32 所示内容不合适，因此禁止。

在游戏内输入收费商品两个以上的附带代码等，组合获得“道具 X”。

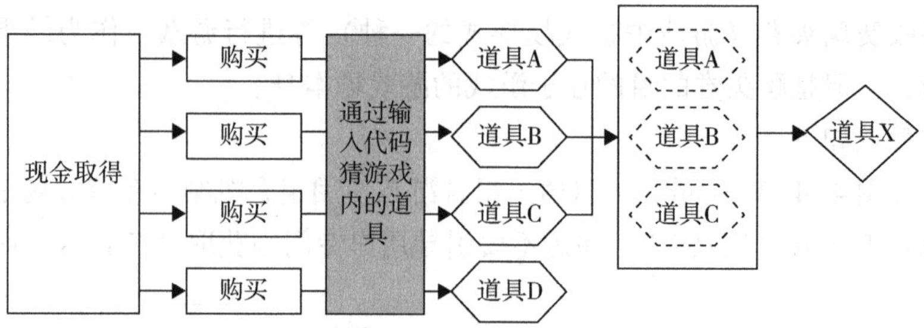

图4-4-32　线下销售中组合的情况

四、在线游戏指南*

1. JOGA 成员公司的倡议

每个 JOGA 成员公司（在线游戏提供商公司）都应增加服务使用费支付的便利性，解决方案的介绍、支付手段的介绍应易于理解。

为了防止网络游戏提供公司在游戏内容或结算中过度支付，有必要设置每月每个 ID 每个玩家的最大金额，限制连续消费等方式。

2. 关于“作弊”“破解”“非法访问”

“チート”的意思是“骗”。在网络游戏中，偏离普通的游戏使用特殊软件或修改 PC 与服务器之间的通信以造成故障，可以有力地或在未被设计的情况下操纵游戏。

在游戏中，为此专门制作的软件不仅使游戏变得很无聊，而且这种软件的复制蔓延会使网络游戏出现损失。

大多数的玩家都在遵守游戏规则和交流礼仪，而“cheat”行为会扰乱和谐，引起周围玩家的厌恶和疏远。提供网络游戏的企业经常使用管理工具监视游戏的状态，并将数据的流程存储在服务器上（称为日志）。

3. JOGA 会员企业的处理

JOGA 会员企业共享“cheat”“破解”“非法访问”等信息，正在采取符合各游戏标题的对策及其运用。

(1) 安全、犯罪

“cheat”软件有时会进行不正当访问，有时会给网络游戏造成损害，并给

* 即オンラインゲームガイドライン，于 2009 年 8 月制定。

在线游戏公司带来损害，也可能构成“毁损电子计算机妨害罪”。

（2）关于 RMT

RMT（Real Money Trading）是指在游戏中的玩家之间就游戏内的货币、物品、角色、ID、密码等进行付费交易（或玩家和中间人之间的付费交易）。

游戏和提供在线游戏的游戏公司不参与 RMT。提供网络游戏的企业不将利用玩家的 RMT 作为前提。例外，关于这一点将在后面叙述，基本上是将占大多数的 RMT 作为违法行为来描述的。另外，游戏中的所有数据只是在特定的游戏和游戏门户使用的服务中的一环，是储存在提供在线游戏的游戏公司的服务器上的数据，无论怎样的收费方式、是否支付，玩家都没有数据本身的所有权。因此，在游戏中 RMT 使用的 ID、密码、游戏内货币、道具等在使用规则中几乎是被禁止的。请仔细阅读游戏标题的使用规约。玩家的 RMT 利用被发现时，会有停止游戏等处罚。

RMT 不仅是个人之间，也通过中介商进行，但是中介商是与在线游戏提供企业完全无关的业者。同时，在 RMT 中发生金钱纠纷和各种数据的骗取时，网络游戏提供企业不负任何责任。

游戏内货币、道具是在线游戏提供企业提供的内容中的有效服务，禁止随意买卖。